“一带一路”沿线国家社会发展丛书：印度系列

重铸阶序

［加］希拉·辛格（Hira Singh）　著
何雪松　译

華東理工大學出版社
EAST CHINA UNIVERSITY OF SCIENCE AND TECHNOLOGY PRESS
·上海·

图书在版编目(CIP)数据

重铸阶序 /(加) 希拉·辛格(Hira Singh)著；
何雪松译. -- 上海：华东理工大学出版社，2024. 9.
ISBN 978-7-5628-7145-3

Ⅰ. D06

中国国家版本馆 CIP 数据核字第 2024RP2799 号

著作权合同登记号:"图字 09-2017-031 号"

策划编辑 / 刘 军
责任编辑 / 秦静良
责任校对 / 王雪飞
装帧设计 / 徐 蓉
出版发行 / 华东理工大学出版社有限公司
地址:上海市梅陇路 130 号,200237
电话:021-64250306
网址:www.ecustpress.cn
邮箱:zongbianban@ecustpress.cn
印　　刷 / 上海新华印刷有限公司
开　　本 / 710mm×1000mm 1/16
印　　张 / 15.5
字　　数 / 227 千字
版　　次 / 2024 年 9 月第 1 版
印　　次 / 2024 年 9 月第 1 次
定　　价 / 178.00 元

前　言

成长于种姓环境中并研究种姓

——一个人与专业的故事

我生长于北方邦东部的一个多种姓村庄。村里人的所有社会交往都按种姓来进行。印度的地主、理发师、洗衣工、牧师、工匠和庄稼汉，每一种职业都属于某一特定的种姓：这就是人们对村里人的看法，这也是在这个环境中长大的我对他们的看法。我们被告知自己是如何降生（上帝创造的）和生活的，这就是业（karma，我们前世的行为结果）和法（dharma，我们今生注定要做的事），这就是种姓制度的主流观点。我也这样理解，并将其内化。我没有意识到，这其实是占主导地位的种姓阶层对种姓的看法，在种姓身份的背后，是根植于占主导地位的经济政治关系（最重要的是土地关系）中的具体物质利益，这些利益决定了种姓所扮演的角色及其所处的地位。这也形塑了我们的种姓意识。换句话说，村里的种姓意识是种姓结构的产物，而种姓结构的基础是土地关系。

这个村庄的居住条件是隔离的。村中心有三户拉吉普特（Rajput）家庭。村里还有许多婆罗门（Brahman）家庭。这里居住着巴尼亚斯人（Banias），还有金匠、铁匠、理发师，有卡尔斯（Kahars）和一户卡亚斯特（Kayasth）家庭，其中还有许多阿比尔（Abir）农民家庭和加德里亚（Gaderia）牧民家庭。与这些家庭隔离的是两个被称为查玛尔蒂（Chamrauti）的查玛尔种姓（Chamars）的定居点。我们可以在大部分地方自由活动，但在查玛尔蒂不可以。特别引人注目的是，我们和来自拉吉普特、非拉吉普特家庭的孩子一起玩耍，但不与查玛尔聚居地的孩子一起玩耍，尽管我们几乎每天都能看到这些孩子跟着父母或哥哥姐姐出现在我们家附近。我们没有和他们一起玩，一点儿也不觉得尴尬。弗兰肯贝格(Frankenberg,1993)曾指出，美国白人和黑人居住地之间的物理距离标志着他们之间的社交距离。物质分界也是一种象征分界。她还展示了童年所处的社会环境如何塑造一个人的意识，在这种意识中，种族分界(无论是物质分界还是象征分界)变得自然。种姓也是如此。我在村子里长大，这里的社会环境塑造了我的种姓意识，在这种意识中，种姓的物质分界和象征分界都变得理所当然。

我在村里看到了拉吉普特人和婆罗门人不从事体力劳动，尤其是农业生产劳动，而农业生产劳动是所有村民的主要经济活动，也是他们的主要生活来源。比较特别的是，婆罗门种姓和拉吉普特人都不会碰耕地用的犁，而阿希尔人(Asirs)和查玛尔人会经常用犁。阿希尔人耕种的土地要么归拉吉普特人或婆罗门人所有，要么是他们租赁的；查玛尔人耕种的土地则归拉吉普特人或婆罗门人所有。这表现出来就是一种"自然"的事物秩序，我之前也是这样认为的。拉吉普特人和婆罗门种姓从事体力劳动会降低他们的地位，而其他种姓从事这些活动却十分正常。多年后，我读了马克斯·韦伯(Max Weber)的著作，重新回过头来思考：其实从事或不从事体力劳动是与"负面"和"正面"荣誉相关联的"地位是否够格"的问题。拉吉普特人和婆罗门种姓(尤其是拉吉普特人)拥有大部分土地，包括村里的公共土地。这使他们免于体力劳动。而没有自己的土地的查玛尔人为了生存不得不在拉吉普特人和婆罗门种姓拥有的土地上劳作，这是我之前从未想到过的。

我成长的家庭和乡村环境都笃信宗教。我家院子里就有三尊神像，屋内有塔库尔·吉(Thakur Jee)。成人要先向塔库尔·吉礼拜后才可进食。与家井相连的菩提树下有一座供奉湿婆神(Shiva)的小神龛，前面不远处还有哈奴曼(Hanuman)的庙宇。十胜节(Dussehra)、灯节(Diwali)、洒红节(Holi)，都有相关的宗教传说和仪式。家里仅有的几本书也都是有关宗教的，包括《罗摩功行录》(*Ramcharitmanas*)、印地语版的《罗摩衍那》(*Ramayana*)、《摩诃婆罗多》(*Mahabharata*)、《普瑞姆湖》(*Prem Sagar*)和《吉塔》(*Gita*)。杜尔迦(Durga)神庙所在的镇距离我们村大概有20公里，我家每年都会去那里朝拜一次。家庭牧师每年都会来我家一次，并住上一周左右。也有一些游走四方的圣人和苦行僧经常来我家,用我家提供的食物做饭吃,并一起谈论神、女神、天堂、地狱、虔诚和罪恶。我从小就相信我所听到的这些。我最早看的书是《罗摩功行录》和《摩诃婆罗多》,它们主张拉姆(Ram)和奎师那(Krishna)是神的化身。宗教告诉我们,因陀罗(Indra)为我们带来了雨水,帕万(Pawan)神为我们带来了风。后来,我在学校里了解了关于降雨的科学知识,但我很难把下雨与科学联系起来。联结宗教故事与当下环境的正是根植于宗教习语中的种姓。我们被教导要尊重婆罗门,向他们鞠躬;我们被告知拉吉普特人就是为统治而生的,所有其他种姓都必须服从他们;我们被告知种姓的权利与义务是由神授的。此外,我不可作他想。在成长的过程中,我很自然地认为村里依靠宗教维系着不同种姓,因为种姓的权利和义务都是用宗教习语来表达的。土地是村庄种姓故事中不可缺少的一方面。比如,同所有其他与特定种姓有关的权利、义务一样,拉吉普特人拥有土地权,而下层种姓却没有土地权,这都是上帝规定的。

离开村庄并不意味着摆脱了种姓制度。上小学时,我得面对种姓制度。我在另一个村子的学校里上学,学校离我们村大约有一公里,我们(不同种姓的孩子)结伴而行,彼此之间有一种属于同村的群体认同感。此外,我们还有独特的种姓认同感,这决定了我们彼此之间的关系。上层种姓的孩子有一种理应得到尊重的感觉,虽然这并没有明文规定,但大家都认为是理所当然的。在教室里、操场上,在午休时,种姓差别更加明显,也有其他用以区别不同种姓的标志。对教师的称呼也体现着种姓差异:属于婆罗门种姓的教师被称为 Pandit Jee,来自拉吉普特群体的教师被称为 Babu Saheb,其他家庭出身的教师都被称为 Munshi Jee;穆斯林教师被称为 Maulvi Saheb;基督徒教师被称为 Master Saheb。

想起我小学时代经历的种姓制度,不得不提起一件在我的意识中留下了长久印记的特殊事情。有一天放学回家,我看到一些拉吉普特种姓的成年人坐在屋外,他们头上缠着绷带,周围是来自同一种姓的人。当时氛围非常沉闷,我有些害怕,跑进屋里,想知道发生了什么事。屋子里的气氛更加沉闷,没有人愿意告诉我任何消息。我渐渐发现,原来是有一块土地出现了纠纷：一个拉吉普特家族的人声称这块地是祖传的财产；而一位前佃农（属于较低种姓）不同意，认为在殖民统治结束后，新政府废除了地主所有制，根据这一立法条款，在长期租用的基础上，他可以获得这块土地的独立所有权。地主家庭的成员在其种姓（村里其他拉吉普特家庭）的其他成员的陪同下，去占领有争议的土地。他们感到惊讶的是，这些前佃农及其支持者并没有表现出拉吉普特地主所期望并且习惯的"自然"秩序的尊重，反而动手攻击他们。因此，这些受到羞辱和损伤的拉吉普特人第二天就开始寻求报复。几十年后，我仍然记得那天我所目睹的一切。

种姓也是影响高中和预科学校（介于高中与本科之间）安定的一个因素。婆罗门学生和拉吉普特种姓学生明里暗里因争夺统治地位而关系紧张，有时甚至发生肢体冲突。在整整五年的学习期间，我住在寄宿公寓里，我们只能一起在公共食堂里吃饭。食堂里的厨师一直是婆罗门人，我们尊敬地称他为潘迪特·吉（Pandit Jee）。寄宿学校里没有一个来自较低种姓的学生，尤其是来自表列种姓（Schedule Castes）的学生。

我在大学读书的时光也伴随着种姓制度的影响。在大学教书后，我从一所大学转到另一所大学，先后从勒克瑙（Lucknow）到斋普尔（Jaipur），再到德里（Delhi），其间种姓仍然是一个影响因素。它不仅是我研究印度拉贾斯坦邦的要素，还是我研究南非印度契约劳工的要素。

我成为社会学家：默认的选择

殖民统治结束后，在印度独立初期，我开始上学了。当时人们非常重视自然科学，希望进入医学院或工学院学习。我在高中学习了通识科学和农学，并进入预科学校学习农业，将物理、化学和数学作为补充学科。我很快意识到自己在农业、科学和数学方面远远落后了，后来开始对上学失去兴趣。放弃科学和数学意味着放弃未来在工程或医学领域内发展。然而，对于我来说，这个选择是放弃科学和数学或者直接辍学。想到在科学课上，我在学校里的每一天都感到茫然，越来越无法忍受。我脑海中的主要想法不是对未来职业的憧憬，而是找到一些能让自己产生共鸣、让自己在学校里感觉良好的东西，于是我不顾家人的反对，转到了文科。这并不容易，因为家庭是我情感、社会和经济支持的唯一来源。我还是挺了过来，当然，是在家人的支持下。在勒克瑙大学（Lucknow University）读本科时，我选择了人类学专业，但在硕士研究生阶段放弃了。那时，大学里社会科学方面的唯一选择就是社会学，于是我自然而然地成为一名社会学研究者。

从社会学到政治经济学的转型

勒克瑙大学的社会学的重点是古典理论（主要是涂尔干和韦伯）和社会哲学，以及印度社会理论部分。我们必须阅读凯恩（Kane）的《法论》（*Dharmasastra*）、拉哈克里希南（Radhakrishnan）的《印度教》（*Hinduism*）、A. K.库马拉斯瓦米（A. K. Coomaraswamy）的《印度教与佛教》（*Hinduism and Buddhism*）以及对《摩奴法典》（*Manusmriti*）的注释等。到拉贾斯坦邦大学（Rajasthan University）当讲师后，我对发展研究产生了兴趣。我从拉贾斯坦邦大学来到麦吉尔大学（McGill University）攻读发展领域的研究生，但一年后不得不退学。这是我学术（和政治）方向的一个转折点——我不仅对自己的社会学取向，而且对更多事物开始持怀疑态度。在那之前，我对政治经济学一无所知，主要是因为我从未接触过。然而，在我先后以国家研究员和讲师的身份加入德里经济学院（Delhi School of Economics）之后，我开始从社会学转向政治经济学。紧急状态期间的经历及其余波使我不可逆转地走上了政治经济学的道路，它为我观察社会和历史以及主流社会学提供了概念工具和批评视角。本书从政治经济学的视角对主流种姓社会学进行了批判性的审问。

搬去加拿大

我对种姓的兴趣可以追溯到我学习社会学的初期。为了获得勒克瑙大学的社会学学位，我不得不阅读关于种姓的书籍。写硕士论文时，我对种姓的兴趣变得更加浓厚，我发表的第一篇文章就是关于种姓制度的。随着时间的推移，我一直在直接或间接地写关于种姓的文章，但从未想过要写一本关于种姓的书。从印度搬到加拿大，特别是找工作时经历的挣扎，削减了我对种姓制度的兴趣。加拿大的大学对与印度社会有关的问题几乎都不感兴趣,更不用说种姓问题了。与此同时,我发现了另一个与加拿大乃至西方密切相关的问题,那就是族性和种族。我的第一份工作是在加拿大海洋省份的一所大学里教授族性,那是一段特别有趣的经历。我在滨海诸省的 3 年时光里,曾在两所大学里教书,每一年都教授有关种族或族性的课程。在之后就职的维多利亚大学和劳里埃大学,我也是教授相关课程。之后我去了约克大学,在那里的前 5 年,我每年都开设一门种族或者族性的课程。现在,我对此已经有了足够的了解(也安定下来了),所以我开始对比性地思考种族、族性和种姓。然而直到我开始教授“社会分层”课程时,我才第一次在教学中谈及种姓,而且颇为犹豫。这对我来说一直是一段有趣的经历,更重要的是这段经历使我重燃对种姓的兴趣。

研究中的机缘巧合

在我动身前往南非的前夕,狄潘卡·古普塔(Dipankar Gupta)在多伦多对我说,鉴于时间及资源有限,我在南非了解到的关于印第安人的信息可能不多,但是我有可能发现一些有关印度的趣事。这番话十分具有预见性。我确实在南非找到了有关印度的趣事,那就是契约奴隶制结束时及之后种姓和种姓制度的变化。我去南非的本意并不是研究种姓,但最终确实是在那儿做了这件事。

为何写这本书?

从南非回来一段时间后,我在一次会议上遇见了我的朋友和前同事阿卜杜勒·卡拉姆(Abdul Kalam)。我们谈及种姓社会学,特别谈到了种姓中时间和空间的变化,这在社会学中是明显缺失的,因为它围绕特定的观点形成了种姓的一致性。我们决定写一篇文章解决这个问题,以及关于种姓的社会学研究中的一些其他问题。当我开始为写文章阅读一些有关种姓的新旧文献时,我突然为严重的文献缺失感到震惊。这使我关注了一个又一个议题,我也意识到一篇文章是无法补足主流种姓社会学的缺失的。尽管存在内部分歧,但是主流社会学中确实缺少了重要的一部分。本书介绍的即是主流种姓社会学中缺失的部分并且本书也提供了替代性的观点。

诚邀商榷

我在有关种姓的文章中曾提出，在种姓的研究中有些理论上或方法上的重要问题需要商榷（Singh，2008）。提及种姓研究时有两种解决方法：主流社会学和马克思主义。主流社会学规避历史，并且在不考虑现实的情况下主要从观念的层面研究种姓。从整体上来讲，马克思主义者并没有研究种姓。社会学家认为，马克思主义者不研究种姓是因为他们认为种姓是由“物质基础”决定的“上层建筑”，因此是次要的，是不那么重要的。这种观点是将马克思主义庸俗化。种姓是物质基础还是上层建筑这种问题是没有必要研究的——种姓处于经济基础和上层建筑的交界处。但是，社会学家在反对马克思主义的意识形态的过程中走上了一条错误的路，将重心放在上层建筑而完全不顾及物质基础。路易斯·杜蒙（Louis Dumont）便是如此。主流社会学内部对路易斯·杜蒙的批评并没有解决这一重要问题。种姓的社会学研究中的另一个严重问题就是忽视历史。最终主流社会学称马克思主义为意识形态，但是并不承认自己的意识形态倾向及如何形塑种姓的观点。本书并非为了谴责主流的种姓社会学，而是希望更多的人参与到有关种姓的讨论中。

致　谢

我感谢许多个人、机构和组织为完成这项工作所提供的帮助。首先，我要感谢我的家人、我出生和成长的村庄，让我接触到种姓制度。感谢勒克瑙大学、拉贾斯坦大学和德里大学社会学系的老师、学生和同事，我从他们那里进一步了解了种姓制度。在德里大学德里经济学院的社会学系和高级研究中心，我有了接触种姓社会学的最好机会。社会学系有许多杰出的教师，他们对种姓制度研究的贡献得到了广泛的认可。种姓制度是该系教学和研究的重点领域之一。在每周五的研讨会上，人们经常以这样或那样的形式讨论这个问题。离开德里大学的社会学系对我的种姓制度教育是一个无法弥补的损失。在德里大学，我要特别感谢夏尔马（R. S. Sharma）。除了得益于他开创性的种姓、印度封建主义和亚细亚生产方式（我们都很感兴趣的领域）的著作外，我还多次与他讨论其他学术议题，尤其是种姓研究中关于历史和社会学的问题。我真的很遗憾，当他还在我身边的时候，我没能完成手稿。

在印度的朋友和前同事中，我首先要感谢阿卜杜勒·卡拉姆，他让我重新燃起了对种姓制度的兴趣，并就我在书中遇到的各种问题分享了他的观点。沙里特·博米克（Sharit Bhowmik）、迪克西特（V. K. Dixit）、马赫什·乔希（Mahesh Joshi）、比斯瓦莫·帕蒂（Biswamoy Pati）和阿马尔·法鲁基（Amar Farooqui）分享的信息和提供的反馈，一直是我灵感和支持的来源。这本书的副标题是比斯瓦莫建议的副标题的修订版。特别感谢我的朋友戈卡瑞恩·辛格（Gokaran Singh）。作为一名训练有素的专业土木工程师，辛格对社会问题充满热情。他对瓦尔纳和迦提的质疑和评论，根植于直接的经验和不受学科术语约束的反省，值得我思考和反思。

我要借此机会感谢我在南非的朋友希河·吉安·辛格(Hriday Gian Singh)及其家人、博达·辛格(Boda Singh)及其夫人、维诺德·加内什(Vinod Ganesh)博士及其夫人拉什米卡·加内什(Rashnika Ganesh)博士、达亚(Daya)博士及其夫人的盛情款待。马拉·辛格(Mala Singh)医生把我介绍给她的母亲,她的母亲提供了一些罕见的家庭档案,这些文件与19世纪90年代印度人在南非的移民和定居有关。感谢桑尼(Sunny)、基鲁(Kiru)和凯利·奈杜(Kelley Naidu)在我访问德班期间给予我的友善热情款待和支持。感谢吉塔·杜科哈兰(Gita Dookharan)博士和她的家人在彼得马里茨堡对我的慷慨款待,让我与社区建立了宝贵的联系。如果没有上述这些人的信任、合作和支持,我就不可能知道在奴隶契约期间和之后南非的印度种姓发生了什么。特别感谢贾内拉·萨马鲁(Gianella Samaroo)允许我使用她的家族史(从19世纪60年代的第一个移民到现在这一代人)关于特立尼达印第安人奴隶中种姓制度衰败的宝贵资源。

罗伯特·布兰(Robert Brym)在很多方面都非常慷慨,帮助我发起并完成了这个项目。他还提出了这本书的书名。感谢鲍勃(Bob)。感谢查希尔·巴贝尔(Zaheer Baber)和迈尔·阿莫尔(Meir Amor)对韦伯、社会理论和种姓社会学研究相关问题的反馈。拉朱·达斯(Raju Das)让我为《农民研究杂志》(*Journal of agricultural Studies*)写一篇关于种姓问题的评论文章,这让我想到了一本书,在这本书里,我可以提出在书评中不可能提出的问题。在完成这本书的过程中,我一直依靠拉朱的持续支持和鼓励。除了对书中讨论的各种问题进行评论和提出建议外,查瓦卡·帕蒂(Charvaak Pati)还分享了信息和参考资料。感谢特里·拜尔斯(Terry Byers)和汤姆·布拉斯(Tom Brass)在我撰写最初发表在《农民研究杂志》上的两篇文章时给予的帮助。

在过去几年里,约克大学的部分学生选修了我开设的关于社会不平等的课程。在这门课中,他们能一直接触本学科最前沿的内容,了解我关于种姓制度的各种已经证实和未经证实的观点。尽管与种族、性别和阶级等其他不平等领域相比,他们对种姓制度相对陌生,但他们在学习过程中提出的问题和见解，尤其是他们对本课题始终不减的兴趣，一直是激励我坚持下来的不竭动力，我对此感激不尽。

在约克大学社会学系，许多同事也给我提供了很多帮助。丽娜·科恩（Rina Cohen）和萨罗杰·乔拉（Saroj Chawla）始终倾听着我大胆的想法，并努力从中发掘价值。彼得·兰德斯特里特（Peter Landstreet）建议我开设与社会结构和社会变化相关的基础课程，并授权我随时使用他最新的手稿《社会学的世界》（*the World of Sociology*），这对我理解平等主义社会向阶级社会的转变极有帮助。我还要感谢马克·古德曼（Mark Goodman）、大卫·特夫斯（David Toews）、洛娜·韦尔（Lorna Weir）和菲利普·沃尔什（Philip Walsh）对我的帮助。各位同事都耐心且礼貌地听了我在系里各种会议和研究讨论会上的自由发言。南茜·曼德尔（Nancy Mandell）和拉里·拉姆（Larry Lam）配合了我的教学计划、委员会工作和其他事务的展开，允许我在全职教学的同时坚持写作。托尼·特瑞丁（Tony Turrittin）和简·特瑞丁（Jane Turrittin）、戈特弗里德·帕舍（Gottfried Paasche）和卡罗尔·帕舍（Carol Paasche）让我通过看电影缓解写作压力，还会在用餐和休息时间听我的看法并给出及时的反馈。杰奎琳（Jacqueline）、黛比（Debbie）、卡罗琳（Caroline）、乔尼（Joni）、丽塔（Rita）、伊丽莎白（Elizabeth）和莫妮卡（Monica）等行政工作人员也为我的日常工作创造了愉快且有利的环境，我对此深表感谢。

而在塞吉出版社（SAGE），我要感谢修伽陀·高希（Sugata Ghosh）和瑞卡·纳塔拉詹（Rekha Natarajan），他们在我未能及时交出手稿时，就预付合同进行了谈判，使之继续履行。如果没有他们的耐心和信任，我可能就违约了。但遗憾的是，我没能在他们离开之前完成手稿。感谢维韦克·梅赫拉（Vivek Mehra）和苏南达·高希（Sunanda Ghosh）两位先生的协助，他们解决了我对手稿问题的担忧。此外，与委托编辑苏塔帕·高希（Sutapa Ghosh）和苏普丽亚·达斯（Supriya Das）共事令人愉快。感谢他们对我的礼遇和他们的专业精神。感谢伊莎·萨奇德瓦（Isha Sachdeva）的耐心和专业编辑。最后，感谢塞吉出版社读者们的匿名评论以及提出了一些问题，这对我修改手稿很有帮助。

感谢舒希拉·格罗弗(Shudhira Grover)和拉吉夫·格罗弗(Rajive Grover)的倾听,并在我的观点走向成熟的过程中提出了许多建设性的意见。最后,弗莱沃(Frehiwot)也始终在协助我,她是一个耐心的倾听者、细心的读者和洞察力极强的批评家。我对此感激不尽。

引　言

追问《阶序人》

在印度，关于种姓制度的研究很多，但有关理论却很少。杜蒙的《阶序人》(*Homo Hierarchicus*)是一部重要著作，它声称提供了一种关于种姓制度的理论。该书受到了很多人的批评，也获得了很多追捧，在种姓研究中占有重要地位。本书是对杜蒙种姓制度研究理论—方法论框架的全面批判。这种批判的意义在于，现有的对《阶序人》的批判没有质疑其基本的理论前提：脱离物质环境的观念被赋予优先地位。杜蒙理论的所有要点都借鉴了韦伯的观点。我批判性地研究了韦伯关于种姓研究的著作。韦伯和杜蒙关于种姓的主流社会学研究的基本理论主张在当时是无人超越的。本书便对主流社会学中种姓研究与经济政治关系相脱离的倾向提出了批判。结果是，种姓制度中的经济、政治和意识形态之间的关系被神秘化了。

《阶序人》还存在其他问题。这些问题在主流社会学的批判中要么被忽略，要么被敷衍，均需要进行批判性的审视。我将问题简要归纳如下。

第一，缺乏历史视角。

《阶序人》忽视历史，主流社会学界内部的现有批评没有对此提出疑问，主要是因为主流研究方法漠视甚至反对历史方法。事实上，历史方法是种姓研究不可或缺的。种姓的主流社会学研究由于忽略历史而导致的局限，是贯穿本书论述的一个主题。本书提供了一个强有力的证明：克服社会学与历史之间的割裂，是对主流社会学研究中占主导地位的“瓦尔纳”和“迦提”的无历史和超越历史观点的十分必要的纠偏。

第二,瓦尔纳与种姓制度的混淆。

本书所考察的瓦尔纳和种姓制度之间的混淆远远超出现有种姓文献的呈现。这种考察对理解从瓦尔纳到种姓制度的转变至关重要。杜蒙坚持的瓦尔纳与种姓之间的同源性其实存在严重的不一致性。一个尚未被其他任何研究关注到的不一致是,在最初的三级或四级瓦尔纳划分中,商人和农耕者属于同一类,均被归类为吠舍。后来,吠舍被商人独家占有,农耕者的权益被剥夺,他们不属于四个瓦尔纳阶层中的任何一个。商人和农耕者这两个最初属于瓦尔纳同一层级,而后来的(经济、政治和文化层面)分化对种姓等级、种姓内部、种姓阶层之间关系及过去与当下的种姓运动有着难以估量的影响。但现在没有人提出这个问题,更别说给出回答了,这就是种姓研究的缺漏之处。

第三,社会劳动分工。

种姓制度下的社会分工十分重要,但饱受争议。关于种姓制度中的劳动分工是宗教的还是经济政治的这个争议,我们可以追溯到黑格尔(Hegel)和马克思的观点分歧。在黑格尔看来,这个问题是宗教性的;而对马克思来说,这是经济政治方面的。韦伯和杜蒙支持黑格尔的观点,反对马克思。他们把种姓下的劳动分工描述为神圣的宗教性质的分工。他们的描述还忽视了种姓制度下劳动分工中存在的剥削和额外的经济压迫。通过将种姓制度中的剥削和额外的经济压迫定位在社会生产关系中,有人认为种姓制度中的劳动分工是系统性的,而非偶然的。

第四,种姓和土地问题。

未能阐明土地权利在种姓制度中的核心地位,是《阶序人》最大的局限性,而且并非孤例。对于整个主流社会学来说,论述种姓制度中的土地关系是一个重大挑战。即使引入土地关系,土地获得和种姓地位之间的关系也仍然是颠倒的,即把获得土地解释为种姓的一个结果,而不是把后者视为前者的一个结果——这也是韦伯的观点,他认为地位高低(文化实力的强弱)是决定经济实力强弱的因素。就种姓而言,这一观点可在宗教文献中找到论据。同时,历史—经验证据展现的却是另一番景象。

印度的饮食规则对“什么可以吃”和“与谁共餐”这两点有严格的规定。

有些人连看一眼食物都不被允许！这些表现了等级森严的种姓制度的地位特征。不同种姓的社会地位取决于最高种姓的人从谁那里接受未煮熟或煮熟的食物，以及与谁一起用餐和抽烟。韦伯（1958 b:43）认为，一般来说，在上述方面，婆罗门的地位是最高的。从这个角度来看，主流社会学对种姓制度中的共餐现象的过度关注是可以理解的。在饮食规则上，我们做了许多详尽的描述：哪些人共餐，哪些人可以接受或者不可接受未煮熟的（kaccha）、煮熟的（pakka）食物，以及如果不考虑食物的提供者是谁这个因素，哪些人吃什么及其背后的原因。利奥·休伯曼（Leo Huberman，1968:3）写道：从前，电影导演们喜欢做一些"趣事"，比如电影中，人们坐着出租车四处闲逛，三三两两，上上下下。这些人游遍全城，乐在其中……就这样，好像不花钱似的。

片面关注杜蒙和韦伯所强调的地位的符号边界——共餐规则（还有内婚制），导致我们忽视了千年以来种姓制度之下的严峻现实，那些服务于高种姓的低种姓群体受到高种姓的苛刻对待，同时在神、法、业的名义下，他们受地位最高的宗教祭司和宗教经书的约束，但他们的饮食习俗往往是种姓社会学的研究焦点。在种姓制度中，食物十分关键，可以说是最重要的。然而，社会学家已经改变了研究形式，避免谈起食物背后的实质联系，即种姓制度中的土地关系决定了食物的生产和分配。

此书旨在讨论土地权、政治权和种姓制度中的地位这三者之间的内在联系。讨论范围涵盖了微观层面和宏观层面，即瓦尔纳到贾蒂的过渡、等级制度、地位和权力、种姓之间和内部（及亲属）的不平等、种姓意识和种姓运动、种姓间和种姓内的紧张关系，土地问题是其中最核心的话题。

第五，祭司（地位）和王公（权力）孰高孰低。

在种姓制度中，祭司（宗教权力）和王公（政治权力）之间的关系一直存在争议。尽管这是种姓研究中论述最广泛的问题之一（即便不是最广泛的），但仍有许多重要问题未得到充分解决。此处提出的韦伯和杜蒙对地位和权力区分的批判与其他批判不同，后者认为在种姓制度中，以王公为代表的政治权力比以祭司为代表的精神权力更重要（Dirks，1987；2001），但回避了政治权力基础的问题。显而易见，在对杜蒙的批判上，论者与杜蒙有着更多的共同点，因为将政治权力与经济权力区别开来，将文化权力与经济权力和政治权力分离开来，从本质上肯定了韦伯对阶级、地位和政党的区分。

另一个与地位—权力有所区别的相关问题是印度的封建主义（和种姓制度）。韦伯对此问题进行了讨论，杜蒙也不加批判地认同这一主张，但主流社会学的种姓研究未提起过这个问题。这一问题对于种姓理论来说十分关键。印度没有封建制度，仍是一个等级森严的宗族社会，或称部落（因为一般来说，宗族社会中没有私人财产，没有阶级和国家）。韦伯将祭司（地位）相对于王公（权力）的优越性归结于印度封建主义。宗族社会缺乏经济政治分化，除了祭司和王公外，不存在其他群体（如封建时期的地主贵族），这使得王公在处理一些公共事务（宗教和世俗事务）时需依赖祭司。

在最新的研究中，印度封建主义发展与否归根结底在于土地封建产权的发展或不发展。基于民族志和历史证据，韦伯对印度土地产权发展的观点受到了审视和驳斥。

第六，祭司和王权的合法化。

在印度，祭司的地位高于王公通常归因于祭司是王权合法化的最终权威的角色。首先，此观点基于许多文本阅读，这些文本涵盖了不同历史时期的祭司和王公的关系。许多学者（包括杜蒙）将祭司的显赫地位追溯到吠陀时代，那个时代既无王公，也无王国，最珍贵的财产是牛群、骆驼、服装和黄金。在《梨俱吠陀》赞美诗中，土地不是礼物，“王公”（酋长）不是土地的保护者，而是牲畜的保护者，部落间冲突的根源是牛和女性，而不是土地。牛和女性也是婆罗门为武士首领祈祷而收到的常见礼物（Thapar，2000：524）。梨俱吠陀社会绝大部分是牧民社会，牧牛主为首领，而非王公——布帕提斯（指土地所有者）。这对国家和王权的发展至关重要，尤其是之后步入后吠陀时期（从牧牛主到土地所有者的过渡，参见 Sharma，1979；引自 Thapar，2000：622）。

基于与拉贾斯坦邦相关的民族志和史料证据，我认为，在王权合法化中祭司的作用是相当有限的，被同侪（封建地主的兄弟会）的作用所掩盖。在某些情况（涉及一些面积最大的地区和具有重大历史意义的地区）下，当地部落首领（他们不在种姓制度之内）在王权合法化方面发挥了重要作用。

第七,宗教(印度教)和种姓。

杜蒙认为,核心问题在于种姓制度是否具有宗教性。专家和非专业人士普遍认为,种姓具有宗教性,印度教和种姓是密不可分的。印度教和种姓的紧密相连性在许多著名政治思想家的观点中得到了进一步的响应,其中包括圣雄甘地(Mahatma Gandhi)和巴巴萨海布·安贝德卡(Babasaheb Ambedkar)等。相反,有人认为印度教不足以创造和维持种姓制度,因为种姓制度不是印度教的核心。与南非和加勒比群岛印度契约农工相关的史料和民族志证据表明,虽然印度契约农工及其后代的宗教(印度教)观念根深蒂固,但种姓制度却解体了。

印度契约劳工和种姓制度的例子,被用以突出圣雄甘地在种姓制度的立场上存在的矛盾。在南非,人们把印度契约劳工及其后代视为印度文化的传承者,尽管后者已经抛弃了种姓制度。被遣返回印度后,甘地认为这些印度古老文化的传承者已经丢失了印度文化,因为他们脱离了种姓制度。

第八,现代西方的平等主义。

在主流社会学领域中,《阶序人》的批判者没有认真审视过杜蒙理论的另一个分点,即现代西方的平等主义。贝泰尔(Beteille,2006)在与杜蒙的争论中提到了这一点,但此处的批评有着根本性的差异。对现代西方社会平等的假设进行了批判性审视,以强调两个基本观点:首先,现代西方是孤立发展而来的,这是根本性的概念和历史错误。其次,不平等是现代性(现代西方)的基础。现代西方的不平等不是反常的,而是正常现象,这是它生生不息的起点和基本条件。现代西方保留了这种不平等,还将其在全球范围内推广。除了现存的阶级和性别的不平等,它还创造出了种族的不平等,这是现代西方的独特创造。有学者争辩说,平等主义社会应置于现代西方社会的对立面,现代西方社会的确在结构和意识形态上都是平等主义的对立面。就像种姓中的等级制度一样,杜蒙只看到了现代西方平等主义意识形态的表面,却将其视为整个社会现实。

第九,客观性与社会正义。

这里主要涉及主流种姓社会学中的客观性、意识形态和社会正义问题。社会学家声称客观地研究种姓制度。尤其是在反对马克思主义时,他们利用客观性作为挡箭牌。此处的问题是：为什么对种姓制度的客观研究一直忽视剥削和胁迫的问题，而剥削和胁迫又是种姓制度几千年来最顽固的客观现实？

第十，将种姓制度视为仪式的常识。

在决定落后种姓制度的地位时，印度最高法院坚持认为种姓是一种宗教仪式，并把种姓排除在获取经济政治资源和利益之外。在做出关于种姓本质上是仪式的决定时，尊敬的法官们依据的是主流社会学中关于种姓的主流观点，还特别参考了著名社会学家谢利尼瓦斯（Srinivas）教授较为权威的看法（参见 Dixit, 2009）。对种姓制度的看法能影响印度最高法院对此种国家大事的判决，社会学家们当然有正当的理由高兴。然而，当我们想到主流社会学普及的种姓仪式观点并不代表种姓制度的现实情况时，就没那么值得庆祝了。主流社会学观点的特征是将种姓与经济政治关系分离，使种姓制度更加令人迷惑不解。

替代视角

对主流社会学中相关观点进行批判并不是我的唯一目的。我还建议使用另一种方法，即从历史的角度把种姓（和瓦尔纳）作为经济政治关系和意识形态（带有宗教和世俗成分）的交叉点进行研究。因此，种姓制度的连续性和变化，可以从特定时空中经济政治、意识形态条件的连续性和变化角度出发予以看待。主流社会学倾向于将种姓制度的规范和仪式与经济政治关系分离开来，但这里提出的是另一种方法：将种姓制度的规范和仪式与经济政治关系相结合，作为一个整体来看待。这里提出的整体概念与杜蒙使用的概念本质上不同，在杜蒙的概念中，仅由思想构成的“整体”只是外化的经济和政治的一部分。

章节计划

以下简要总结本书的章节安排和主题，以进一步强调本书的独特之处，以及为什么本书是系统的和必要的。前三章论述种姓研究中的理论和方法问题，其余四章为前三章的主要论点提供经验—历史论据。目前还没有其他讲述种姓制度的著作将以下三个部分结合在一起：(1) 对主流社会学理论和方法的批判；(2) 提出一种替代视角；(3) 在微观和宏观层面上以一定的理论为基础的经验—历史研究肯定了批判和替代视角。这就是撰写本书的缘起。

第一章是《种姓研究：理念、物质条件和历史》。

杜蒙对种姓制度的构建扭曲了印度与现代西方的社会和历史。他没有将种姓视为印度社会和历史的产物，而是将印度历史和社会化约为种姓，将种姓描述为静态的、跨历史的，铭刻在神圣的文本中。他的建构基于对宗教文本的选择性解读，而这样的解读脱离了其历史背景。如果种姓制度的历史现实不能证实他对种姓制度的构建，他就弃之一旁。因此，他并没有提出一个可以根据证据进行修改的理论，而是采取了修改证据或者干脆罔顾证据的方式为自己的理论辩护。杜蒙及其支持者和大多数批评者都倾向于重复唯心主义的种姓观，将其与物质环境分离开来。他们采取的方法是从抽象和一般开始，然后转向具体和特殊。作为一种替代方法，我建议从具体和特殊开始，再转向抽象和一般。于是我选择从研究种姓开始，因为它实际上曾存在于某一特定时期的某一特定地区，并展示了它是如何因物质环境即土地关系的变化而变化的。然后，我再把它与其他地区和历史时期的特征进行比较，以便对种姓不平等的本质做出经得起推敲的归纳总结。

杜蒙在将现代西方描绘成平等主义的过程中也扭曲了事实。首先，他看不到现代西方和其他地方之间的联系，然而这两者是相互交织的。其次，当有关现代西方的事实不能支持其观点时，他就选择忽略这些事实。杜蒙扭曲事实的主要原因是，他在理论上致力于将脱离物质环境的思想放在首位。人们可能会赞同杜蒙选择使用比较的方法来研究种姓不平等的做法。然而，对于种姓的比较理论来说，将印度种姓不平等的结构性基础与西方前现代、前资本主义时期不平等的结构性基础进行比较是很重要的。杜蒙没有这么做。相反，他将现代西方与前现代印度进行了对比，后者认同一种虚构的种姓观。在这两种情况下，他把自己局限在与实践隔绝的意识形态中。正如脱离种姓制度的实际物质环境孤立地研究种姓制度的意识形态是不可能理解种姓不平等一样，通过聚焦脱离物质—历史背景的平等意识形态来研究现代西方毫无意义。

第二章是《祭司与王公：地位与权力的泥潭》。

唯心主义种姓观的核心是两个成对出现的概念，即地位和阶序观（杜蒙使用）。韦伯认为，社会地位是基于社会声誉的权力来源，而阶级则是纯粹的经济分类。没有一项关于种姓的研究严肃考察韦伯提出的地位—阶级之阶序观的其他不合理之处。古普塔（Gupta，2000）提到了地位—等级之别，但是没有解决这个问题。米尔纳（Milner）不假思索地用地位这一概念来解释种姓制度。杜蒙采用了韦伯的地位概念，并将其进一步扭曲为纯粹的宗教范畴，否定地位的世俗观念是社会分层的标志。地位，就其转化的宗教意义而言，是杜蒙阶序观的核心，代表了种姓制度的本质，但坚持这一观点只能通过不断否认现实逻辑和实际经验来获得。在唯心主义者看来，种姓是宗教的、神圣的；而从经验—历史现实的角度来说，种姓是世俗的、亵圣的。

另外，我认为种姓不是韦伯和杜蒙所描述的地位或阶序制度，而是一种基于不平等获得物质生存条件的不平等制度，其中最重要的就是土地。地位和等级使种姓虚拟化。作为概念工具，它们掩盖了种姓不平等的基础，即土地关系的不平等（以及相应的政治和文化资源的不平等）——以此延续种姓的神秘化。

杜蒙种姓阶序观关注的是占统治地位的祭司（精神力量）和居于从属地位的王公（政治力量）之间的关系。尽管杜蒙一再强调要致力于民族志研究，但他并没有考察过任何一位真正拥有领土的王公和祭司之间的真实关系。到20世纪40年代末，印度共有大约500个公国，但杜蒙并没有考察其中任何一个，而是通过研究占统治地位的种姓来考察村庄的王公和祭司之间的关系，颠覆了他宣称的不会通过研究其组成部分（村庄）来了解全部（王国）的研究方法。德克斯（Dirks，1987）显然不同意杜蒙把王公归为祭司的从属的观点，他确实研究了小公国中王公和祭司之间的关系。不同于杜蒙认为的政治权力服从于精神权力，德克斯将政治权力精神化了。在杜蒙和德克斯的观点之间，有一种意识形态上的亲缘关系，他们把种姓从其真正的基础即土地上隔离开来。他们的种姓观是规范化的、仪式化的。与杜蒙和德克斯相反，我展示了土地权利与种姓不平等之间的关系，这一点得到了拉贾斯坦邦公国的历史经验证据的支持。

此章除了描述土地权利等级制度与种姓不平等的关系,还考察了王权的合法性。杜蒙及其批评者都指出,祭司在使王权合法化方面的作用有助于保证祭司信仰的优势地位。但我的研究表明,使王权合法化的决定性因素是贵族支持王公权威的合法性,贵族包括地主群体、自己种姓的成员及其亲属,这些人与祭司种姓不同且关系疏远。有例为证,王公可以通过免去祭司职位或指定新祭司来解决祭司在王权合法化时带来的障碍。然而,没有任何一个例子表明,王公能够克服贵族对其权力合法化的抵制。合法化的故事部分是由领土征服的历史背景塑造的。错误强调合法性完全或主要由信仰决定的部分原因是对王权的真实性质及其历史背景缺乏了解。根据拉贾斯坦邦公国的证据,我认为王权的合法化本质上是一种政治现象,而不是一种宗教现象。王权不是神圣的,而是世俗的。

第三章是《从瓦尔纳到种姓:宗教和经济政治》。

瓦尔纳和种姓之间的混淆(瓦尔纳—种姓之谜)是种姓社会学研究中一个公认的问题。韦伯将两者互换使用,而杜蒙则坚持两者之间的同源性。学界在瓦尔纳—亚种姓之间的关系问题上分歧很大,但普遍认为瓦尔纳的出现先于种姓。一个重要的,但或许并不是最重要的问题是:瓦尔纳是怎样转变为种姓的,这种转变背后的驱动力是什么?杜蒙用他的研究方法得出了一个新的概念以回答这个问题,即洁净—不洁。相反,我赞成印度历史学家(Kosanbi,Sharma,Thapar)的观点,认为瓦尔纳向种姓过渡的驱动力是经济和政治的演变,而不是洁净—不洁的宗教观念。一些学者也不同意以洁净—不洁为驱动力的观点,他们试图从亚细亚模式向封建主义的过渡来解释瓦尔纳向种姓的转变(瓦尔纳是亚细亚模式的一个特征,种姓是封建主义的特征)(参见 Gupta,2000)。我不同意这种观点的原因有很多(参见 Singh,2008),最重要的是,亚细亚模式的概念在经验主义上和历史上都存在问题(参见 Sharma,2009;Singh,1986;Thapar,2000)。

这里所讨论的瓦尔纳—种姓同源的不合理之处之一,是将吠舍瓦尔纳分化为商人和农民,这两类最初都被归为吠舍。由于之后吠舍专指商人,不再包括农民,因此主要农民种姓并不适合四类瓦尔纳中的任何一类。如果我们意识到，在一个以农业为主的经济社会中，从事农业的种姓占有重要的位置，就可以认识到这一问题的严重性。分为四类的瓦尔纳无法包括农民这一关键种姓，引起了瓦尔纳与种姓之间是否有连续性的严肃问题，更重要的是人们思索从瓦尔纳向种姓制度过渡背后的推动力是什么。令人惊讶的是，没有任何关于瓦尔纳和种姓的研究提到过这个问题。

种姓制度的两个关键问题是“土地所有权和控制权”和“劳动分工”。韦伯和杜蒙对这两个问题的处理都是有问题的。与韦伯和杜蒙认为的种姓制度中的劳动分工是半自治的观点相反，我认为这是一种经济—政治的分工。韦伯、杜蒙及大体上的主流社会学强调的是相互依赖和互惠。为了纠正这种不平衡，我认为相互依赖不能解释种姓制度固有的剥削。鉴于主流社会学强调的剥削、和谐和共识的中心地位，掩盖了维持种姓制度的胁迫事实，这是贝利(Bailey)在早些时候提出的看法(1963:28)。种姓制度中劳动分工的秘密不在于观念——不论是宗教的还是世俗的，而在于生产的社会关系，即土地所有权和控制权。一般来说，主流社会学最薄弱的一点是无法在考虑区域和时间变量的情况下处理种姓制度中的土地问题。

第四章是《种姓和庶民研究：精英意识形态和修正主义史学》。

庶民研究中的种姓概念特别有趣，它从土地所有制结构及其反抗的角度看待种姓制度。庶民研究的出发点是对马克思主义种姓观的批判。马克思主义种姓观将种姓制度归结为上层建筑的附带现象、以宗教为构成力量的思想体系。为了给予宗教以中心地位，庶民研究效仿法国大革命的修正主义史学，后者将革命的动力彻底改写为典型的宗教力量，而非社会或政治力量。可以理解的是，庶民研究最终选择支持杜蒙的观点，即正是宗教的意识形态力量(达摩)将种姓联结在一起。在这一章中，我分析了有关拉贾斯坦邦土地关系和庶民反抗的证据，分析了来自南非的印度契约劳工的证据，以此证明，在一个持续不平等的体系中，宗教并不是维系种姓的力量；相反，种姓之所以得到巩固，原因就在于不均等的土地使用权和土地所有者的政治约束。我的研究还证明，一旦对以超经济强制为支撑的生存资料缺乏控制，种姓制度就会逐渐消亡。

我对庶民研究的批判(如同对《阶序人》的批判)仍然具有现实意义，尽管庶民研究已经改变了方向,但它与时代相关并作用很大(Chatterjee,2012)。可以看出,查特杰(Chatterjee)代表庶民研究的主张与卡雷(Khare)代表阶序人的主张有相似之处(Khare,2006)。我对查特杰和卡雷持有同样的疑问:把宗教作为种姓庶民研究的核心,而回避土地和种姓制度关系这一重要问题,目的何在?

第五章是《种姓内外的不平等:亲族、种姓与土地》。

有关不同种姓间不平等现象的研究十分普遍,但对种姓内不平等现象的研究却很少。种姓内不平等现象的普遍存在是一个严重的挑战,尤其是对唯心主义的阶序观念而言,因为通常假定同一种姓成员享有同等的社会荣誉程度和洁净(或是不洁)程度。尽管他们的洁净程度是相同的,不平等的土地使用权却造成了种姓内部巨大的经济、政治和社会不平等。此章探讨了土地权利的不平等渗透到种姓中甚至王权国家优势种姓的亲属结构中的方式,也探讨了在面对基于阶级利益的动员时这一过程对集体动员的影响。这种方法使我能够质疑且挑战韦伯对社会行动的阶级动员与社区行动的集体动员的错误理解。

第六章是《变化的土地关系与种姓:村庄的视角》。

此章从微观角度分析了种姓制度及其在村庄一级的内部动态。在北方邦东部废除地主所有制后,种姓阶级矛盾开始出现。此章基于对这些矛盾的经验观察,展现了对土地所有权的垄断的丧失如何使几个世纪以来的地主权威受到先前的佃户(包括农民种姓阶层和当地种姓等级中的中间阶层)的挑战,这些佃户获得了先前地主所拥有的土地的所有权。这一分析让我重申,种姓不平等的根源在于受政治权力和文化制约支持的土地垄断。垄断的丧失为下层阶级挑战优势种姓的权威创造了条件。改变优势种姓地位的不是地位或宗教,而是由庶民运动推动的政府立法。新的法律结束了地主种姓(和阶级)对土地所有权的垄断,进而削弱了地主种姓的权威和地位。

第七章是《契约制、宗教和种姓:印度教和种姓的两大迷思》。

有关种姓制度的两大根深蒂固的迷思是:第一,种姓是印度教的产物;第二,种姓对印度教至关重要。基于印度契约劳工及其后代的档案和民族志证据,我对上述两大迷思提出了怀疑。

19 世纪 30 年代到 20 世纪的头十年,成千上万的印度人被送往远在大英帝国殖民地的异乡。向大英帝国在加勒比、斐济和南非的殖民地种植园运送印度契约劳工以取代奴隶劳工是一项典型的帝国殖民计划。印度契约制起源于印度的殖民化进程,结束于印度的去殖民化进程。印度契约劳工维系大英帝国种植园经济的时间长达 80 年,却很少受到重视,可谓对印度殖民史学的可悲写照。

作为一个社会学项目,契约移民可以被人们视为从社区到商品再到社区的迁移。被迫远离原始社区的契约移民变为商品,成了种植园上的劳动单元。在 5 到 10 年的契约期结束后,契约移民在殖民地重建了社区。值得注意的是,虽然宗教在契约制实行期间的作用仍十分强大,并在契约移民从商品到社区的转变过程中发挥了凝聚作用,但种姓制度却彻底消失了。

如果宗教是种姓的一个关键因素,种姓制度就应当得到重建,即使不是在契约制实行期间得以重建,也应当在契约期结束后社区重建过程中得以重建。毕竟,类似的过程也出现在一夫一妻的家庭制度中,在男女比例为三比一的契约制实行期间,一夫一妻制家庭几乎不存在,但在契约期结束后,一夫一妻制家庭又重新出现了。那么为什么种姓制度消失了呢? 这个问题的提出鼓励我们研究种姓制度的经济和政治基础。正如我所指出的,种姓制度消失后是不可能重振的,因为创造和维持种姓制度的经济和政治基础不复存在了:独占的土地所有制连同占统治地位的种姓的政治权力被宗教或世俗的观念合法化了。

结语:种姓制度的秘密

种姓社会学家援引宗教、认知、宇宙论、天堂和地狱来寻找种姓和种姓制度的起源、发展和生存的秘密。在这个过程中,他们错过了种姓和种姓制度的真正秘密,而种姓制度正是政治经济与意识形态的交汇点。

目　录

第一章　种姓研究：理念、物质条件和历史

对印度社会和文化感兴趣的印度籍和非印度籍的社会学家（和社会人类学家）所从事的研究中，对种姓制度的研究比其他任一主题的研究都要多很多。即使那些所研究的主题不是关于种姓的学者，也常常不得不面对它。追溯到古典传统可以发现，韦伯研究印度宗教，本是作为他关于“为什么资本主义在现代西方而不是在印度发展”这个更大主题的一部分，但最终转向了对种姓的研究。尽管种姓一直是社会学研究的热门主题，但直到现在还没有关于种姓制度的理论。原因是种姓社会学研究中存在严重的脱节现象，即在种姓制度中经济—政治的现实和意识形态之间存在着脱节。这一脱节现象启发了我的研究从何处开启。

目前关于种姓制度的社会学研究中，最具影响力的著作当数杜蒙的《阶序人》（Dumont，1970，1980）。它赢得了广泛的赞誉：“我认为……杜蒙的书最具有影响力，是种姓综合理论中理论构建最巧妙的”（Chatterjee，1996：171）；“《阶序人》的成就有目共睹，它将长期作为了解印度社会的基础读物而存在”（Madan，2006：47）。我认为，杜蒙研究文明的方法最有价值和创新性。一些人称颂它“振奋人心”（Banerjee-Dube，2008：xxi），一些人赞扬它“朴实、优雅和紧凑的表达”（Appadurai，1988：42－43；Banerjee-Dube，2008：xxi；Quigley，1993：30），还有人认为它的“影响力和重要性无可比拟”（Smaje，2000：10）。同时，它也经常受到批评：有人称其歪曲了比较法，并对现代西方和传统印度形成了一种有缺陷的观点；把人为的统一性强加在差异性之上（Beteille，2006）；模糊了瓦尔那和迦提之间的区别（Srinivas，2006）；强调等级却忽略了差别

(Gupta，2000)；将理想置于物质之上（Beidelman，1959)，聚焦于共识却忽视强制（Bailey，1960)；重视婆罗门却对“贱民”不予理会（Berreman，1963)。那些赞同杜蒙的人当然支持他的基本研究方法。尽管批评家们对杜蒙的许多批评都有理有据，富有价值，然而总的来说，它们仍然止步于相同的基本框架内——将种姓大体上视为意识形态。而那些考虑了非意识形态因素的研究，除极少数采取其他方法（政治经济学）进行研究外，未能将意识形态因素与意识形态在历史角度上系统地关联起来。

《阶序人》是一部富有争议的作品。它创作于冷战巅峰时期，有着特殊的意识形态攻击对象：“在马克思主义大规模思想控制的强烈影响下，出现了地方性的唯物主义倾向。”这至少可以部分解释为什么“这部作品有时被谴责，有时被颂扬……仍然在种姓研究的历史上被授予了荣耀的地位”(Dumont，1980：xiii)。我主张批判性地考察杜蒙成果中理论和方法的主要组成部分。由于杜蒙理论的主要来源是韦伯那篇关于阶级、地位和权力的具有重大影响的论文，且杜蒙在印度宗教的研究中进一步探究了韦伯论文的主题，因此我的批判扩展到对韦伯那些成果的考察。我的一些批判是针对《阶序人》的，其余批判针对的是主流社会学对种姓制度的研究方法。这样做是由于主流社会学对种姓的研究局限于韦伯和杜蒙所界定的领域，尤其是韦伯划定的领域。与杜蒙相比，韦伯在种姓制度的社会学研究中受到的关注相对较少，这是一个相当奇怪的现象。

第一节　方　　法

比较方法

杜蒙称，在研究印度的种姓制度时，他采用了“比较社会学”方法。马丹（T. N. Madan）指出：“文明间比较的范式——将存在阶序的印度与信奉平等主义的西方作比较——是杜蒙研究的中心点。”“……我认为，杜蒙研究文明的方法是最有价值和最新颖的贡献。”(Madan，2006：81，85）正如杜蒙所承认的，选择方法论的灵感主要来自托克维尔对《旧制度与大革命》中法国的平等主义思想和等级主义思想的比较研究。托克维尔在法国贵族社会的经历使他能够理解美国的平等社会。杜蒙则以他在平等社会（现代法国）的生活经验来看待（传统的）印度——一个阶序社会，因为他找不到更好的案例给现代西方的读者来介绍一个如此不同的世界。这解释了杜蒙研究种姓制度的兴趣缘由（Dumont，1980：15－18）。

人们可能会好奇，为什么托克维尔在美国发现了平等主义，而不是在现代法国或者欧洲？杜蒙发现，在现代西方，尤其是现代法国，平等主义普遍存在，但是在前现代法国（或前现代西方）并不存在阶序主义。在寻找纯粹形式的阶序主义时，他注意到了梨俱吠陀时代的传统印度，并找到了与古代法国贵族相对应的替代品——梨俱吠陀时代的婆罗门。人们可能依旧会问，为什么杜蒙不像托克维尔（的主要灵感来源）那样，将前现代法国（或欧洲）的等级制度与现代法国（或欧洲）的平等主义进行对比？如此做是有缘由的。根据杜蒙所言，传统印度的阶序是纯宗教的，但是在前现代法国并不是。杜蒙感兴趣的是在印度社会和历史上建立的宗教统治，这解释了他优先选择传统（前现代）印度而不是前现代法国（或前现代西方）的原因。社会学家采用的理论、方法和重要选择都不是随意决定的，他们受自己意识形态的影响。杜蒙受此影响，将传统印度和现代西方进行比较，将印度社会和历史展示为种姓制度的历史——本质上是（非）观念的历史，尤其是宗教观念的历史。

尽管有对比，但杜蒙采用的文明比较范式并不像马丹宣称的那样新颖。他采用的文明比较范式是西方已有传统的延续（Beteille，2006：111）。正如撒帕尔（Thapar，2000：11，23）指出的那样，莫斯（Mauss）和布格勒（Bougle）对印度社会与西方社会之间的差异很感兴趣。“对布格勒而言，在一个更广泛的社会学领域即平等主义研究领域内，种姓社会就是比较研究。”这种方法是韦伯方法论的核心，杜蒙几乎借用了其种姓制度理论中的每个主要元素。在韦伯的《新教伦理与资本主义精神》“导论”部分（Weber，1958b：13－31），我们可以简略地接触到韦伯的比较方法，其重点不在相同点上而在不同点上——这本书是他对社会学最重要的贡献之一，是现代社会科学中最著名和最具争议的成果之一（参见 Giddens，1972）。

韦伯主张，只有西方文明中才出现了标志着普遍意义和普遍价值发展的文化现象。他进一步指出，有效的科学、建筑、印刷、高等教育机构、现代国家、理性法、法理学和科层制在其他地方——尤其是东方——也以某种形式存在着，但是以一种不尽相同的形式存在着。与西方不同，它们缺乏理性。他在哲学和神学中也发现了这一点：东方与西方不同，东方的哲学和神学都是不系统的，政治思想也是如此。韦伯说，印度有马基雅维利（Machiavelli），但没有亚里士多德（Aristotle）。在所有这些领域中，人们可能会发现一些与西方“表面上的相似之处”，但是东方没有西方的系统理性，这一根本性差别不容忽视。最后，现代生活中“最重大的力量”——资本主义——只在西方发展起来了。资本主义理性与西方历史上存在的系统理性非常合拍；而系统理性在东方的缺失解释了其资本主义发展的缺失。事实上，韦伯（Weber，1958c：30－31）进一步从他所谓人类学角度进行了解释：

> 当我们一次又一次地发现，某些类型的合理化在西方而且只在西方已经发展起来时，我们很自然地怀疑最重要的原因在于遗传的差异。作者……倾向于认为生物遗传的重要性非常大。

正如保罗·海耶斯（Paul Hayes，1989：187－192）指出的，在殖民主义—帝国主义时代，对生物遗传的重视已经成为西方思维的一部分，即使像韦伯那样的自由主义思想家，也不能免除其影响。

和韦伯一样，杜蒙的比较社会学方法实际上是一种对比的方法：将传统印度的阶序主义和占支配地位的意识形态分别与现代西方的平等主义和占支配地位的意识形态进行对比。因此，我们可以理解杜蒙强调两者间的差异性和不连贯性，而忽略相似性和连续性（Beteille，2006：118；Khare，2006：88－89）。

埃里克·沃尔夫（Eric Wolf）指出，社会学和社会人类学倾向于强调将文化的特殊性和相互分离作为人类的特点，这一趋势从历史的观点上说是不准确的。他认为，即使在所谓“没有历史”的原始人中，也很容易找到与之相反的证据（Wolf，1982）。他进一步提出了一个重要的问题：“如果到处都存在联系，那么为什么我们要坚持把动态的、相互联系的现象转变为静止的、分离的事物呢?”他的回答是，原因可能在于西方人教导、学习自身历史的方式。沃尔夫（Wolf，1982：5）写道：

> 在课堂内外，我们被教导存在一个被称作西方的实体，我们可以把这个西方看作一个社会和一种文明，它独立于并对立于其他社会和文明。

沃尔夫进一步指出，西方的许多人在成长过程中都相信，西方与文艺复兴、启蒙运动、民主制度、工业革命、生命权和自由权一脉相承，这是西方与非西方的区别。他说，这种历史观从一开始就有误导性，因为它把历史变成了道德故事，将历史看作道德成就史，却忽视了其他因素，尤其是与道德无关的方面。例如，古希腊——它是自由女神的领域、西方谱系的一部分，建立在奴隶制之上，和自由相对立。沃尔夫论点的主旨是“通过赋予社会或文化内在共性、外部独特性和界限分明的特质……典型的西方形象与同样典型的东方形象形成了对比”。他说，这些具体化的类别体系成了思想工具，对理论和实践发展影响深远。最严重的是，将各个类别板块视为“相互对立的固定的实体……干扰了我们理解它们相互接触和对抗的能力。用这些板块建起东西方形象的高楼，只会增加理解的难度”（Wolf，1982：5－7）。杜蒙关于文化对立的比较社会学方法（Khare，2006a：15；Madan，2006：81，85）的公认价值，应该从这一角度来看待。

批评印度还是为印度正名

杜蒙（1980：21）说，《阶序人》并不是赞扬或贬低印度，而是寻求理解它。后者是一种夸大的说法。更可能的是，他的研究方法总体上会妨碍人们对印度的理解，尤其是对种姓制度的理解。至于前者，人们可能会同意贝泰耶（Beteille，2006）的观点，即杜蒙从许多西方人看不起印度的各个方面为它辩护。这是一个有趣的世界历史问题，即为什么西方看不起印度——明明西方曾那么热衷于探索发现印度，找到符合心中印度人形象的民族就欢呼雀跃。在这个过程中，西方塑造了无数印度身份形象，直至今天仍然影响着我们的生活（哥伦布以为自己找到了印度人，其实是印第安人）。看不起印度（不是在某些特定的方面，而是就其整体而言）是殖民—帝国心态的一部分。现代化进程中的西方需要殖民地，同时将它们置于一个新的全球等级的底部——这完全由现代的平等主义的西方创建。在帝国时代，西方利用国内的平等主义来使全球实践中的不平等主义合理化。

并不令人意外的是，杜蒙不仅比较了不同的社会，还将比较的社会按等级排列——传统印度和现代西方不在同一层次上（Beteille，2006：17）。将人类文化按等级排列确实是殖民主义人类学固有的倾向。正如弗朗茨·法农（Frantz Fanon）指出的，在西方殖民统治过程中，殖民地的人类学将殖民者和被殖民者的文化进行等级排列，并将后者置于底层。他写道："将价值标准强加给某些文化……是受到了自我中心、自我社会中心观点的影响。"他进一步解释说，在这个殖民地文化等级体系中，有这样一个假设：有的人类群体没有文化，文化之间有高低优劣之分，由此出现了文化对比。他说，"从对其他文化整体上的否定，到对关键问题和具体问题的认识……都是文化人类学的层面上……一段破碎的历史"（Fanon，1967：31）。

贬低经验证据的重要性

首先，杜蒙种姓制度理论的意识形态至上观点是一个假设：相悖的经验证据不会对其产生影响。如果经验证据不能佐证他的假设，他就会抛弃这些证据。他写道："在特定的方面，我们将给出具体的案例……但是……我们必须在很大程度上舍弃事物实际发展中的事实方面。"（Dumont，1980：xlvii-xlviii）他的立场在经验（民族志的）证据方面还存在其他前后不一致的地方。他写道："……缺乏……民族志基础，我们的研究就没有根基……然后，他的想法发生了改变……随着时间的推移，了解到我在巴黎的同事们的总体倾向，我不再信任详细的民族志描述有直接作用。"（Dumont，2006a：246—247）要不是他对民族志—经验证据几乎不关心，我们就无法理解杜蒙何以得出如此前后矛盾的结论。他对意识形态方面和经验方面的关系的立场是明确的："意识形态不考虑区域因素，它忽略之，但可以涵盖之。"（Dumont，1980：45）马丹说，杜蒙模型中的理论包括了经验证据（2006）。

与宗教文本中的证据相比，经验—历史证据的贬值是杜蒙著作的内在特征。洁净与不洁的阶序作为一个宗教概念，是杜蒙理论模型的核心。但是杜蒙在选取证据时也对证据做了等级划分，即认为来自宗教文本的证据比来自经验—民族志的证据重要。有人要求他将经验属性放置在同一平面上，和宗教属性同等权重，杜蒙感到愤愤不平，认为“属性平等谬误”在社会科学中盛行。经验证据的贬值与他的理论中对于地位和权力的区分是有关的。正如在他的理论中，地位超越权力；在研究方法中，宗教属性超越经验属性。他声称，当然应该存在不重视经验证据的情况，因为不是所有经验材料都处在意识形态的同一水平上（Dumont，1980：xxi-xxiii）。这与夏尔马（R. S. Sharma）有趣的观察非常相关：一些学者就像婆罗门轻视体力劳动那样轻视事实（Sharma，2009：19）。

杜蒙在经验—民族志的研究方法运用中，还存在其他前后不一致之处。他更倾向于研究南部印度的单一种姓聚落，而不是北方邦东部的多种姓聚落（一个村庄中有 36 个副种姓）。因为他不能将后者中所有现存的种姓纳入四大瓦尔那体系中。这引出了一些有趣的理论与方法问题。首先，杜蒙一再主张我们应该去研究种姓制度，而非一个种姓。这难道不是要求人们应该选择研究北方邦东部的多种姓村庄，而不是南部印度的单一种姓村庄？然而，除了研究多种姓村庄的“固有困难”外，杜蒙选择研究泰米尔纳德邦（印度东南部的邦）单一种姓聚落还有其他理由，“……对于来自泰米尔纳德邦的人来说，北方邦东部看起来相当单调乏味。泰米尔人是天生的社会学家，他们的文化很美”（Dumont，2006：248）。当一位训练有素的人类学家发现“天生的社会学家们”是一个更有吸引力的研究对象之时，我们很难就方法论的严谨性与其辩驳。

在不同层面上，另一个更为严肃的问题是，瓦尔那和贾提（Jati，种姓）的等同是杜蒙理论的核心（稍后将详细介绍）。由于杜蒙认为瓦尔那就是贾提，因而如果后者与前者不完全相符时，就会舍弃贾提。通常情况下，如果实际情况不符合推理出的理论假设，就应该修改或放弃理论假设；杜蒙则将它反过来，并称之为科学的方法。

有人指出，迄今为止，反对杜蒙理论（其中宗教涉及现世）的唯一经验性或民族志的成果是斯利尼瓦斯（Srinivas）对村庄层面的优势种姓的研究（Khare，2006a：19）。总体上，人们可能会赞同德克斯的警示，即“人类学的理论建构面临的问题是，将具体个例看作普遍现象，用一个村庄一年多的经验作为概括整个次大陆数千年来的历史的基础”（Dirks，2001：79）。

忽视历史

杜蒙针对批评家对他的指责，即“不合理地使用古印度‘深奥’性质的文本”，做出的回应是：“他们（批评者们）被当前共时结构功能主义主导的氛围所误导，在这种环境中，抛弃了对起源的思考。历史不被考虑。”由此得出的结论是，杜蒙采用历史的视角弥补其在结构功能方法上的缺失。例如，婆罗门（祭司）地位高于刹帝利（王族），可以从吠陀时代的仪式构成推断出来：“现在和年代非常久远的时期之间存在着一种连续性，更确切地说是持久性。”另一个例子是吠陀时代的四个传统瓦尔那和现今无数种姓间的同源关系。杜蒙声称，由此产生的理论是复杂的，并且超过了共时这一平面……尽管这引起了一些人的不满，但它尚未被取代（Dumont，1980：xxiv－xxvii）。

首先，如果一个有缺陷的理论没有被取而代之，并不意味着这一理论就具有优势，毋宁说，这是由这一学科领域的理论现状所决定的。其次，杜蒙声称阐述了祭司和土邦王族之间的关系，但他的研究仅局限于行为准则和价值观两个方面，简而言之，仅触及了关系的表面观念而非关系本身。相反，真正的历史研究法并不是局限于仅研究思想史。正如撒帕尔（Thapar，2006：36）指出的，社会史涉及对有关民族的组织、仪式、技术和经济的调查。更重要的是，研究要有一个更广阔的框架结构，将各个方面组织在一起。基于从吠陀时代的仪式中得出的推断来概括土邦王族和祭司之间的关系，违反了历史研究法。其中一个简单但重要的原因是，将一个特定的社会经济结构的思想借鉴给另一个在根本不同基础上组织起来的社会经济结构。早期的吠陀社会主要由牧民构成，没有国家制度和土邦王权，主要是因为土地上没有私有财产——国家和土邦王权（领土权力）发展的基本条件。杜蒙跨历史研究方法的问题是：为了获得更广泛的概括性，而忽略印度历史上不同时代的特殊性。鉴于社会学家们对历史的厌恶，他们并不质疑这一点。

杜蒙在尝试将历史带入共时人类学时，有选择地依赖于《法论》（*dharmasastras*）、《吠陀本集》（*samhitas*）和《吠陀经》（*smritis*），但是，他没有查阅档案资料以弄清楚王族和祭司、王宫和寺庙是如何紧密相连的。实际上，直到20世纪40年代末，印度有500多个君主国。印度国家档案馆和许多邦的档案馆拥有大量关于王族和祭司间关系的各个方面的资料，例如土地授予祭司、寺庙和其他宗教机构的过程中，宗教和世俗在王权仪式中交织在一起，包括这个过程的合法性。杜蒙忽略了这些，并完全依靠对吠陀时代祭祀仪式的研究，来论证自己理论的核心——关于王族（权力）和祭司（地位）间关系的论点。因此，杜蒙的历史视角是有缺陷的。

正如罗米拉·撒帕尔（Romila Thapar）指出的，马塞尔·莫斯（Marcel Mauss）和亨利·休伯特（Henry Hubert）——杜蒙继承了他们的思想观念——对宗教尤其是祭祀的研究很感兴趣。关于祭祀仪式和吠陀生活中重要仪式的吠陀文献，对他们来说有很大价值。吠陀文本身就是祭祀指南。对巫术和宗教感兴趣的西方学者也被这些吠陀文所吸引（Thapar，2000：22）。杜蒙的种姓阶序理论以宗教为中心，有鉴于此，他偏好古代宗教文本也是理所当然的。如果人们遵循撒帕尔对印度史学中的历史系统（itihas）和史诗（epic）的区分，那么杜蒙忽略了前者，几乎完全依赖于后者。事实上，他的方法中的历史问题更为严重。

杜蒙的理论假设和研究方法，在核心上回避了印度社会的历史因素，尤其是种姓系统的历史因素。他对瓦尔那和种姓变迁的论述非常明确。为什么人类学家有研究变迁的动机？他（Dumont，2006：219）推测，其中一个原因是：

> 不管是“辩证的”还是“非辩证的”（对他而言没有什么区别），历史哲学在很大程度上是唯物主义的。变革问题就是讨论社会“下层基

础”变化与“上层建筑”变化的联系。而他作为“反历史唯物主义运动”的一员，认为这种研究倾向没有取得什么科学成果，而且非现代社会也没那么容易让生产力居于首位。他强调，“比起发现和分析的工具，把黑格尔—马克思辩证法看作关于运动的推断理论更有用处”。

因此，他不喜欢研究种姓制度的变化。

借鉴杜蒙早期提出的对辩证唯物主义和历史唯物主义研究方法的夸张描述，对讨论毫无意义。但我们必须补充的是，杜蒙的种姓结构概念有缺陷，他的概念建立在以远古意识形态为中心的假设之上，这也是导致其研究方法论出现缺陷的主要原因。在杜蒙看来，从历史的角度讲，无论种姓制度发生了什么样的变化（如果有的话），都局限于外部——经济和政治；而内部，种姓制度的本质——建立在洁净与不洁对立基础之上的意识形态——这一点没有改变（Dumont，1980：228）。这里的主要问题由两部分组成。首先，将经济和政治视为“外部”从理论上讲是错误的。其次，认为思想不受经济和政治因素变化影响的假定在历史和经验上是不准确的。正如夏尔马（Sharma，2009：1）指出的，那些超越时间和空间，声称发现了印度社会或种姓制度不变特征的社会学概论，对历史方法构成了真正的威胁。

撒帕尔追溯到主流社会学的开创者们——埃米尔·涂尔干（Emile Durkheim）和韦伯，注意到他们在对印度的研究中，认为过去的社会制度到现今几乎保持不变。她还指出，涂尔干并不太重视对印度的研究。但莫斯（对《摩诃婆罗多》的研究）、休伯特（对宗教，尤其是祭祀仪式的结构和功能的研究）、迪梅齐（Dume'zil，对印欧社会和神话的研究）和布格勒（对种姓的研究）都受到了涂尔干关于社群、宗教和分层思想的影响（Thapar，2000：21－23）。正如杜蒙所承认的，在这些思想家的影响下，他不遗余力地将“不变”的观念带入了对种姓制度的研究。他写道：“一项研究要被称为历史研究，它的主要目标必须是发现一个时期和另一个时期之间的变化。至于对种姓制度的研究不应被称为历史研究，这是因为，与此相反，它首先关注的是一些永恒的东西。”（Dumont，1980：21－24，287）

杜蒙在追求种姓制度的永恒时，将它最终定格在了时空中。值得称道的是，从事民族志研究的社会学家借助极其丰富和有价值的经验数据的支持，正确地质疑了“不变”的理念和种姓的“不变”。然而，他们没有提供关于种姓制度结构和变化的历史记录。正如前面（及其他相关处）所讨论的那样，忽视历史也是杜蒙成果中的一个主要问题。这一问题普遍存在于种姓社会学的主流思想中。

与普遍的误解相反，种姓社会没有“不变的刚性”。然而，全神贯注于共时的种姓习俗是研究变化的主要障碍（Thapar，2000：11）。正如夏尔马指出的，杜蒙在强调种姓制度的“活力”和“持久性”时，忽视了变革的过程和动力，这确实是一个错误。即使描述了变化，问题仍然存在。这是因为，基于共时研究的解释，在某个特定时刻对特定制度的结构和功能的说明似乎是正确的，但是它无法解释社会结构转变这一基本问题（Sharma，2009：1－2，7）。

最近编纂的一本书广受关注，其名为《历史上的种姓》。其《引言》中写着，这本书“通过追溯种姓曲折的经历来纠正种姓研究中的失衡……这一失衡存在于对17—20世纪的印度不同地区的研究中”（Banerjee Dube，2008：15）。毫无疑问，这是印度历史上的一个重要时期。然而问题是，正如杜蒙主张的，种姓像公元前几千年的早期吠陀时代一样古老（杜蒙强调瓦尔那和种姓的同源性），如果说从17世纪开始了对种姓历史的研究，就遗漏了那段历史的重大部分。然而，在谈到缺乏历史视角时，我并不是指研究没有涉及某个相关的特定时期，而是一系列关于经济、政治条件和意识形态的关键历史事件导致了种姓制度的产生。更重要的是，这种关键事件的变化如何导致种姓制度的变化。主流社会学显然拒绝采用这种观点，由此维持自己的学科边界，以区别于历史。杜蒙对历史尤为漠视。他坚持认为，从早期吠陀时代一直到现代村庄时期，等级的基本原则是，祭司与王权之间的绝对区别和祭司统摄王权，一直保持不变。这就是“关于印度研究中普遍价值的最大收获”（Dumont，1967：34）。因此，种姓的跨历史性是印度研究的真正价值所在。

杜蒙主张，在种姓制度中，经济和政治方面的变化是不可否认的，但问题是这个领域（经济—政治）在“整体”中占据了什么位置。他的答案是，政治和经济并不支配社会生活的其余部分，而是“被包含在一个整体的宗教环境中……每一事件的发生，就好像系统只允许在其某一次要领域内发生变化”。他声称，这就是种姓制度可塑性的秘密（Dumont，1980：228）。实际上，这不是种姓制度可塑性的秘密，而是错误的阶序观念的可塑性的秘密——在这种观念中，“整体”只由意识形态构成，不受经济和政治变化的影响，好像经济和政治被排除在“整体”之外。杜蒙研究方法上的问题确实出在理论问题上。

梵化和优势种姓

由谢利尼瓦斯提出的成对概念“梵化”和“优势种姓”，对修正以婆罗门为中心的种姓观点和种姓制度中的“不变”观念有着重要贡献（参见 Thapar，2000：11）。首先，它们展示了优势种姓因地区而异，通过实证反驳了婆罗门中心主义观——一种以婆罗门普遍至高无上地位为前提的观点。其次，在种姓阶序中，一个较低种姓的人渴望提升时，效仿的不是婆罗门的生活方式，而是该地区优势种姓的生活方式。杜蒙对梵化和优势种姓一直是轻视和回避的。他问道：“……如果这种倾向已经存在了几千年，那么所有印度教教徒是如何没有完全‘被梵化’的？”（Dumont，1980：192）答案在于，对困在底层数千年的低种姓的人而言，他们缺乏享有经济和政治权力机会。

梵化和优势种姓并没有给予社会学家们想象的启迪。事实上，谢利尼瓦斯本人在充分利用他的两个创新概念时受到了限制，主要是因为他没能打破自己对英国人类学中结构功能传统的信奉，而这妨碍了历史方法的使用。此外，谢利尼瓦斯的批评者们并没有克服无历史背景的结构功能主义的局限性，且将梵化这一概念视为毫无价值的。对梵化的许多批评集中在谢利尼瓦斯是一个婆罗门，而不是他的社会学方法（结构—功能的）及其局限性。埃德蒙·利奇（Edmund Leach）问道：“如果谢利尼瓦斯不是一个婆罗门，那么他的叙述是否会不同？”（Pandian，2010：104）问题不在于谢利尼瓦斯是不是婆罗门，而在于他的方法是历史的和唯心主义的——

其将种姓视为一个与经济和政治利益分离的信仰与仪式体系。不管是不是婆罗门，甚至一些非印度教（基督教、穆斯林或犹太教）的学者，只要采取了这种方式，其关于梵化或种姓的叙述都同样不会有本质上的不同。事实上，这归功于谢利尼瓦斯，他将梵化过程与优势种姓联系起来，使梵化过程去婆罗门化，而不是将其局限于婆罗门。利奇称谢利尼瓦斯的种姓观点以婆罗门为中心，但他自己的方法并没有什么不同。以婆罗门为中心的种姓观不是社会学家身份的问题，而是社会学家选择了什么样的方法，跨越婆罗门和非婆罗门之间界限的问题。

“梵化是精英主义行为”（Ilaiah，2013）这一评论被广泛接受。从某种意义上说，精英主义者包含了在适当地点和时间效仿优势种姓（精英）生活方式的低种姓。然而，研究历史—民族志的材料发现，如果较低的种姓或外部群体获得了经济和政治权力，为了索取与优势种姓相等的身份地位而效仿优势种姓（阶级）的生活方式，那么他们就不是精英主义者。例如，各种非种姓的群体强调自己刹帝利的身份，使占领土地的统治者地位合法化了。韦伯指出，印度西北部的拉吉普特人不是原始的克萨特里亚人的后裔，而是“梵化”部落。他们占领土地，并声称自己是克萨特里亚人，婆罗门合法化了他们的主张（1958b：65）。历史—民族志的材料表明，较低的种姓或外部群体获得了经济和政治权力后，在适当地点和时间效仿优势种姓的生活方式。以精英主义为理由压制这些证据，违反了研究的基本原则。它不能解释庶民的成因。研究“梵化”，不应该将“梵化”误解为种姓制度中“不被梵化”的唯一途径。

“梵化”没有得到充分考察的一个基本特征是：渴望地位提升的种姓在经济状况上的改变是梵化的基本前提。值得一提的是，很早以前，韦伯（Weber，1958b：103）就谈到过种姓制度下的典型过程，在这一过程中：

> 一个特定的种姓抛弃旧的仪式并采用新的仪式，主要是由于这一种姓内部财产发生了变化。这使有财产的那部分人采用上层种姓的仪式成为可能，并与自己种姓中无财产的那部分人断绝社会交往。

进一步说，“……单纯的财产差异往往是……共同体分裂的时机……（因此）我们最感兴趣的是种姓和亚种姓起源的经济原因”（Weber，

1958b：103）。后来的社会学家，甚至是那些追随韦伯的人，都没有将自己的理论建立在他这一重要的洞见之上。

借鉴西方理论和阶级理论

有人主张将种姓制度从政治、经济和宗教角度分开讨论，然后像西方分析模式那样，借鉴社会阶级理论，观察它们在多大程度上相互关联（Tambiah，1967：25；Khare，2006：206－207）。他们进一步指出，社会阶级理论在其定位上非常实用，或者说是工具性的，它很少关注社会中的宗教方面。阶级制度中的剥削是经济和政治的剥削；而种姓制度中，剥削与宗教相关，不那么直接（De Vos，1967：21）。人们想知道，关于种姓的社会学和社会人类学主流研究同样倚重西方观念，而非马克思主义观念，但两者是否都认为马克思主义不属于西方产物。问题是，我们没有非西方的社会学概念或分析模式，用以研究非西方的社会和文化。思索各民族社会学发展是另一个问题，我在这里不作论述。不过，我想强调的是，沉浸于西方与非西方的划分只会白白分散注意力。比国家民族或地理的划分更重要的是意识形态的划分——唯心主义和唯物主义、历史主义和非历史主义。有趣的是，那些反对使用西方阶级分类的人，使用了相同的西方分类以构成他们的反对意见。总之，在主流社会学中，西方分类被当作马克思主义的委婉语。马克思主义的反对意见对研究种姓的主流社会学产生了极大影响。

反马克思主义的修辞

1967 年，在 CIBA 基金会主办的种姓和种族学术报告会上，利奇提出，要警惕将种姓与阶级和剥削混为一谈。他写道，“马克思主义已经如此深刻地影响了我们的思想”，以至于我们倾向于信仰平等、自由和一个没有阶级斗争的社会。“自由和阶级是政治思想：它们在社会学分析中没有地位，但它们必然涉及……地位差异。”“……作为一名人类学家，我会敦促我的社会学同事在考虑这些问题（‘这些问题’指种姓、种族、阶级）时，更多地关注内婚制，更少地关注经济因素。”（Leach，

1967：14－15）如后文所述，杜蒙反复提到，受马克思主义的影响，我们无法理解阶序。这里需要重点指出的是，从韦伯到杜蒙的主流社会学，总体上都使用了印度的种姓和种姓制度作为对马克思主义的矫正，尤其是在阶级分析中。种姓被当作极好的例子，来证明相对于文化（宗教）因素而言，经济和政治因素重要性的降低。印度的独特性及其对社会学的独特价值就在于此。杜蒙（Dumont，1980：xiii）写道：

> 我想通过种姓制度表达的是权力重要性的降低——常见社会学术语意义上的权力重要性的降低。这一特征与现代思想背道而驰……现代意识形态以经济观点为主导，将人与人之间的关系置于人与物（财产）等之间关系之下的次要地位。我们清楚地知道，如果将传统的印度特征组合起来，就能形成一种与之相反的形式——在这种形式下，人与物之间的关系被用来表现人与人之间的关系。

“经济的观点”作为对马克思主义的委婉说法（实际上，是马克思主义的庸俗化），并没有在现代意识形态中占主导地位。总的来说，经济的观点从来没有在社会学特别是关于种姓的社会学中占主导地位，甚至正好相反，它对种姓制度的研究是微不足道的。然而这不是重点。关键是杜蒙借用了马克思的一句话并修改了它，以证明他与马克思主义的方法相反。这很重要，需要进一步说明。马克思主义不是一种经济的观点。正如阿明（Amin，2004）所指出的，纯经济的范畴属于古典政治经济学。值得肯定的是，马克思主义证明了古典政治经济学（劳动和资本）中纯经济的范畴实际上是社会范畴：劳动和资本之间的经济关系是劳动者和资本家之间的社会关系，这种关系是不平等的和剥削性的。将此应用于种姓制度，意味着不同种姓的人们间不平等关系的基础在于他们与“物”（生产资料）的不平等关系——这种不平等关系由政治权力的垄断和主导意识形态（如“洁净”与“不洁”的对立）的合理化所维持。“不洁”的人是否由于他们的“不洁”而无法获得生产资料，或者反过来，因为他们无法获得生产资料，才被视为“不洁”，这是问题所在，稍后再谈。

客观性与主观性

据说“被剥削者充满幸福，不知道自己是被剥削的受害者，剥削者则认为自己在遵循上帝的旨意”（Aiyappan，1965，引自 Mayer，1967：27）。人们可能会认为被剥削者是无知的，无论是否幸福。然而，这提出了一个重要的问题：并非无知且致力于客观的社会学家的角色是什么？如果剥削是客观存在的，有的种姓垄断经济政治资源，有的种姓为他们工作以谋生存，两者关系中确实存在剥削，那么社会学家有责任承认这一点吗？他们这么做了吗？在种姓制度中，不强调剥削的常见论据是：我们看待一种制度时，不应该从外部看，而应该从内部看；不应该客观地看，而应该主观地看，即从利益相关人的角度看待。即便如此，正如贝里曼（Berreman）指出的那样，更多情况下，婆罗门的发声被听到，而“贱民”的声音不被听到（引自 Dumont，1980：xxi）。我们可以补充说，近几十年来有关达利特的文学作品迅速发展，这是一个重大突破，同时将底层民众的声音加入了先前由上层声音主导的话语体系中，位于种姓阶序底层和中层的声音被掩盖了。然而，在研究种姓制度的理论框架中，使两种声音成为一体仍然是一个挑战。在质疑主流社会学研究的“权威中立性和客观性”时，人们可能同意潘迪安（Pandian）的观点，但不一定同意他提出的二选一观点（Pandian，2010：102－104）。在将种姓理论化的过程中，问题不在于根深蒂固的话语，而在于理论和方法的框架——在这一框架中，话语往往脱离现实的生活交往。

第二节　理　　论

作为一个“整体”的阶序：整体中的漏洞

杜蒙的出发点是将阶序作为种姓制度的基本原则。他说，两个原因使得人们必须这样做。首先，它是经过思考后，对部分（种姓）和整体（种姓制度）关系的描述。杜蒙把阶序定义为一个控制阶梯，在这个阶梯中，较低的梯级被有规律地包含在较高的梯级中。从这个意义上说，它是一个被系统化分层的权力，例如军事阶序中，从列兵到总司令都有逐级的从属关系。其次，印度的阶序（意为种姓制度；在杜蒙的研究中，将印度简化到种姓制度是司空见惯的）是有区别的，因为它包含的分层既不是权力的，也不是权威的。为了表明阶序在印度的含义，杜蒙使用了阶序的定义，其在理论上包含了天使、圣物的统治、有组织的神职人员群体和按等级排列的人或物组成的团体（Dumont，1980：65）。正如后面所讨论的，种姓制度中阶序的起点是天国的和神圣的，这不是巧合。

杜蒙认为，将种姓作为一个体系来看，会形成两种“不同的含义”，一种是经验上的，另一种是理论上的。从经验上讲，种姓是指“在一个领域内共同存在的实际种姓”。他认为，问题在于，从理论上讲，经验的观点既不充分也不重要。种姓制度是泛印度的：“一个思想和价值体系……一个思想观念体系……我们的首要任务是理解这个思想体系——这种意识形态。”为支持这一观点所援引的科学原则是，我们不能从研究部分（种姓）入手来理解整体（种姓制度）。因此，我们需要从整体开始研究。正因如此，杜蒙更倾向于用布格勒的方法，反对赫顿（Hutton）的方法，因为布格勒方法的出发点是整体，赫顿方法的出发点是部分（Dumont，1980：xlvii-xlviii，34－35）。

什么构成了种姓阶序的整体？杜蒙的回答是：“整体建立在两个对立面共存的基础之上，这种共存不可避免且按等级划分。”布格勒提出了种姓制度的三个属性：等级化、分离和相互依赖。这三个属性源自一组基本对立概念，即宗教意义上的“洁净”和“不洁”。因此，种姓制度中的阶序是宗教性的。我们被告知，在印度生活中，“洁净”和“不洁”的成见一直存在。设想西方现代人对宗教在社会生活中的地位持怀疑态度，那么毫无疑问，这种怀疑已经被黑格尔、涂尔干（Durkheim）、韦伯和整个人类学界提出过（Dumont，1980：43）。由杜蒙强调的种姓阶序中的宗教性质，获得了一些著名印度学者的大力支持。在大部分社会中，宗教提供了一种从整体上看待社会的观点。因此，印度的种姓等级必定是宗教性的（Madan，2006：80）。同一性和差异性的统一，即“洁净”和“不洁”的统一，为将整个种姓关系定义为一个体系提供了充分的基础（Chatterjee，1996：170－71）。

杜蒙结构上的“整体”有一个漏洞，其理论中的“整体”（种姓制度）是由思想构成的，这些思想使物质条件得以具体化。杜蒙（Dumont，1980：

6）为此提出的理由是：

> 人实际上没有“行为”。他们根据头脑中的想法“行动”……人的行动是想法的功能……这是法国社会学界所坚持的观点，也是他们的主要贡献：社会存在于每个人头脑中。

首先，社会并非一种纯粹的精神现象，社会的主要成分也不是精神。把社会简化为人们头脑中的思想是一个严重的错误。社会关系是社会形成的基本单位，它客观地存在于男女头脑之外。奇怪的是，杜蒙称赞“社会存在于每个人头脑之中”这一观点是法国社会学的特点和贡献。如此，考虑到涂尔干反对通过每个人的头脑去看待社会，那么涂尔干在法国社会学中岂不是没有立足之地？不过，这不是此处的重点。我想强调的是，仅由观念（洁净与不洁对立的观念）构成的、排除了经济和政治因素的阶序是不完整的，在完备的整体中留下了漏洞。或者说，经济因素、政治因素与观念互相联系，共同构成了整体。正如贝泰耶和其他学者（Beteille，2008：21；Wolf，1982）所提出的那样，马克思宣称，“人们在生活的社会生产中，介入明确的关系当中，这些关系不可或缺，并且独立于人们的意志”，对社会制度进行社会学分析时，必须将这一点看作出发点。这是因为，生产过程中的社会关系是经济政治关系和思想的内化表现，而经济政治关系和思想对体系整体而言是必不可少的。正如贝泰耶指出的，涂尔干强调社会事实的外在性和约束性，类似于马克思提出的社会关系的不可缺少性和独立性。然而，涂尔干在构建观念时存在的问题是，他举的例子中，社会因素只包含了集体的表现（思想）。杜蒙的举例也有同样的问题。

杜蒙对社会事实的两个互补组成部分进行了区分：“一个（意识形态）犹如展示在光天化日之下；另一个（经济政治部分）如影随形，模糊却必不可缺。”（Dumont，1980：xlviii）将“经济政治部分”简化为意识形态的影子，是一种庸俗的唯心主义的做法。具有讽刺意味的是，杜蒙一再指责马克思主义者将思想简化为物质条件（不止他一个人这么认为），可他自己又将物质条件简化为意识形态的模糊阴影。将社会简化为意识形态的影子，忽略了社会关系的客观现实。值得注意的是，在马克思、涂尔干和韦伯三位古典思想家中，只有马克思强调社会关系的中心性。涂尔干和韦伯强调把社会行为的意义和集体表象作为社会的中心和社会学的主要焦点。社会学中，种姓研究集中在规范、价值观和意义上——简而言之，集中在观念上，这绝非偶然。用排除经济政治关系的思想来构建作为一个整体的种姓制度，就此而言是一个有缺陷的起点。

沃尔夫指出，将经济和政治排除在外，研究规范、价值观和意义，即研究意识形态的倾向，可以追溯到 19 世纪中叶社会科学中的一个“决定性的关键转折点”，即将对人类本性和种类的研究分为不同的专业和学科。他认为，这种划分本质上是意识形态上的，但对理解和思考社会科学是合理的，而且“这点在社会学研究上，最为显而易见”（Wolf，1982：7）。圣西门和奥古斯特（Saint-Simon and Auguste，创造了“社会学”这一术语）开创了社会学。他们最初提出的理念是：社会学作为一门新的社会科学，主要目的是寻找“一种‘解药’来对抗社会瓦解”（Shaw，1972：37）。这里所说的社会瓦解，是指由封建主义向资本主义转变而引起的社会分裂和混乱。马克思和恩格斯的著名言论，最贴切地揭示了这种转变是混乱的和不清楚的：“一切坚固的和结实的东西都烟消云散了，一切神圣的东西都被亵渎了。”（Marx and Engels，1987：24）如同杜蒙的种姓制度一样，孔德和涂尔干忽视资本主义和新工业秩序内部的矛盾而强调“整合”，与主流社会学对整合的长期研究相一致。

社会学中，政治经济不断从社会关系的领域中被割离出去。沃尔夫（Wolf，1982：8）借用马克思的观点，总结了或许能被称作社会学的主要假设的内容：

> 在社会生活中，个人与他人建立了关系。这些关系可以从经济、政治或意识形态的背景中发现、分离出来，并被视为特殊的。它们是自主的，构成了自己的领域、社会的领域。

有人指出，社会学的实证主义（与法国传统密切相关）作为社会学的出发点，是由被失去财产的贵族创立的，他们对封建主义向资本主义的转变感到不满。孔德想假借科学的掩饰来复兴中世纪的等级制度和宗教（Shaw，1972：35）。杜蒙强调的种姓制度中的阶序（本质上是意识形态的，与政治经济分离），正是这个法国传统的延续。这种传统和主流社会学共同存在的真正问题在于其假设：社会关系可以在不涉及经济和政治因素的情况下被分析与理解。正如肖（Shaw，1972：35）指出的，这一立场完全是意识形态的。

然而，必须补充一点，即主流社会学并没有明确否认种姓制度中的经济和政治部分。问题在于，从历史的角度看，主流社会学没有用概念框架和理论框架来分析种姓制度中的经济、政治和意识形态之间的关系。它声称马克思的方法是片面的经济观，并拒绝采用；同时取而代之的是没有历史背景的、片面的唯心主义。

阶序和现代人

有人认为，一个普遍的问题是，现代人实际上无法识别阶序。杜蒙认为，阶序位于现代意识形态中“未经深思部分”的核心。从一开始，现代人根本没注意到这一点。如果它确实明显引起了人们的注意，那么人们往往倾向于将其作为偶发现象予以消除。尤其是对现代西方人来说，阶序已经变得特别陌生了（Dumont，1980：xvi，xlvii）。这里要提醒人们，《阶序人》是为西方读者而写的，准确地说是为法国人，而不是印度人（Dumont，1980：xiv）。杜蒙认为，所有对阶序的批评都是出自某种心态，都是用现代西方人的思考方式做出的批评。一个印度人如果不能理解阶序，就不再是印度人了，这个印度人已经被西方化、世俗化，或者说被麻痹了（Dumont，1980：xi－xvi，66）。

如杜蒙所说，如果他的目标是提醒现代西方人存在阶序——因为平等主义的盛行使它对人们而言变得陌生，那么为什么不把前现代西方的阶序与现代西方的平等主义相比较呢？（参见 Beteille 2006）涂尔干确实这样做了，他比较了现代西方的有机团结与前现代西方和其他地方的机械团结。同样，托克维尔对西方如现代美国和前现代法国的平等主义和阶序主义进行了比较。如果现代西方的人不了解阶序，他还能了解自己的过去，了解前现代西方吗？有人可能会追问，为什么现代西方人要学习了解传统印度的阶序，而可以对自身历史上曾出现过的阶序视而不见呢？

等级和分层

杜蒙认为，种姓制度并不是一种社会分层，而是阶序。正如他所定义的那样，阶序是社会分层的反面。他指出，之所以借用印度的社会阶序观念，把社会分层放在社会阶序的对立面，主要目标就是要“论证意义先于外部形式，社会分层只是单纯的外部形式”。杜蒙认为，将种姓制度当作社会分层的一种极端形式，是在草率套用从现代西方社会借来的标签。种姓制度中的阶序意味着宗教的优先性，正是宗教的优先性使阶序带有印度的独特性。每每将种姓看作某种事物的极端，而且这种事物也存在于西方（指社会分层），种姓制度宗教的一面就会变成次要的。他强调，阶序与分层之间的混淆，是天真的平等主义和对其他意识形态偏见的结果，也是在自鸣得意的社会中心主义或肤浅的社会学的要素基础之上轻率建立社会科学的结果。把种姓看作一般分类是在牺牲科学发展，以行当下之便。他还说，尽管对社会分层这个表述存疑，但并非所有使用社会分层这一表述的作者都具有社会中心主义或肤浅的社会学这一倾向。使用该术语的塔尔科特·帕森斯（Talcott Parsons）是个例外，他真正承认阶序概念（Dumont，1980：xx，3，19，26－27，66，410）。

杜蒙发现，只有帕森斯建构观念的思路和他的“阶序-分层对立”观点相关，这并非巧合。正如米尔斯（Mills）指出的那样，帕森斯术语的问题是建立在价值阶序、互补性和角色期望的假设之上的。帕森斯构建社会分层概念的方法不足以处理结构性对抗、冲突和胁迫等问题。要接受他的思路，人们必须排除嵌于经济和政治结构中的“权力事实”，简而言之，不去考虑所有统治结构。帕森斯迷信他的概念。结果，虽然某些历史现实的的确确承载了人类和社会机构的存在，我们却无法依据这些历史现实来认识社会世界。他的构思方法是评价性的，通篇“海绵词”① 把研究的问题越扯越乱而不是越辩越明。他对社会的看法就意识形态而言是保守的（Mills，1958：42－43，48）。

---

① 米尔斯将一些抽象、饱含意识形态意义，但是语义暧昧难以界定的词语称为“海绵词”，如“自由”“正义”“真理”。——译者注

马丁·肖（Martin Shaw）写道，“年轻的塔尔科特·帕森斯，现代社会学的大祭司”，在社会学思想方面支持反革命。与黑格尔不同，他的保守主义没有“理性内核”。帕森斯在社会分层上对均衡和整合的关注是对20世纪30年代资本主义秩序的不平衡所产生的焦虑的保守回应。阿尔文·古尔德纳（Alvin Gouldner）所说的“帕森斯式结构-功能主义”之所以会强调道德和观念要素，是为了一个重要的意识形态功能——掩盖不平等社会制度下的内部矛盾。它也被视为马克思主义理论的替代性选择，同时避免直接对抗马克思主义（Shaw，1972：39－40）。正是这种意识形态的亲和力，使杜蒙偏好帕森斯的分层概念。

作为必需品的阶序

杜蒙认为，阶序是自然的，也是必需品。在帕森斯看来，他找到了阶序的普遍理由：“思考就是拥有价值，采用价值就是引入不可或缺的阶序。”（Dumont，1980：19－20；Dirks，2001：4）首先，阶序是谁的必需品？它是优势群体的必需品。将它推广至整个社会就是混淆优势群体（这里是优势种姓）的特殊必要性和所有群体（这里是所有种姓）的一般必要性，是对主导意识形态的一种重申。其次，阶序不是自然产物，而是社会性的。如果认为思考就是有价值，有价值就是有阶序，那么平等主义社会（不要与下述现代西方社会相混淆，它们是平等主义的反面）一定没有价值观。转引蒂莫西·英格尔德的观点，威德利克（Widlok，2005：3）写道，“如果社会的定义是以权力机构和权威机构为前提组织起来的一堆关系，那么根据对这个概念的定义，许多狩猎采集者并不生活在社会中”。

阶序的本质：洁净和不洁的对立

有人断言，除非从思想角度看，否则洁净和不洁这对对立概念并不是社会的基础。但是，通过影射洁净与不洁的概念，种姓于生活在其中的人来说，就显得一以贯之、合乎理性了。这个事实很重要。洁净和不洁之间的对立显示出了两个极端种姓等级——婆罗门和不可接触的“贱民”——之间的对比。婆罗门从事牧师的工作，在所有种姓中占据着最高序列并受到其他种姓的尊敬。不可接触的“贱民”，作为非常不洁净的仆人，等级最低，被隔离在村庄之外，背负着诸多障碍，如不可以使用上层种姓的水井喝水，不可以进入寺庙。为什么要隔离不可接触的“贱民”？是因为他们身上习以为常的恶臭吗？虽然卫生问题通常也被看作不洁的理由之一，但不洁并不是不卫生，而是宗教意义上的不洁。（Dumont，1980：44－49）

首先，痴迷于洁净和不洁的人，是那些不劳而获就能保证生活所需，实际上有更高水平生活的群体。一方面，相同的社会规则给了他们仪式上的和世俗的权利，允许他们超份额地消费，且可以免于劳动；另一方面，那些努力工作却难以果腹的人，不会担心洁净与否，也没有余力担心，因为他们就生活在不洁的环境中。在这种情况下，洁净和不洁的观念是现实生活条件中洁净和不洁的映射。种姓的宗教理论将其前后倒置，使洁净和不洁成为他们生活状况的基础。

强调仪式的洁净和不洁是主流社会学的共同点，主流社会学可以追溯到韦伯（1958b：43）。他重点关注谁和谁一起吃饭，而不是谁吃了什么、为什么吃这个。这是一个严重的缺陷。声称生活在种姓制度下的人依据洁净和不洁来理解阶序的含义，在经验上是站不住脚的。正如印度社会学者古普塔指出的那样，相对而言，低种姓的人并不认为高种姓有其地位是因为他们是洁净的，持同样看法的不只是低种姓的人。他指出，低种姓的人意识到优势种姓在经济和政治上的特权，这远远超出了洁净和不洁的对立观念。他们能够否认，且确实否认了认为自己不洁的看法，也否认了上层种姓洁净的观念。然而，这并不能够改变他们在日常生活和斗争中的身份地位和现实（Gupta，2000；2006）。杰拉尔德·贝里曼（Gerald Berreman）根据他的喜马拉雅山村种姓制度的实证研究得出了类似的结论。他指出，通过和村庄里的首陀罗和不可接触者“贱民”谈话可以得知，他们并不认为自己和上层种姓处于社会等级两端是任何神圣的规则（洁净和不洁）促成的；相反，他们认为这严格说来就是经济剥削（Berreman，1967：26）。洁净和不洁是优势种姓的意识形态。对于较低的种姓而言，它纯粹是虚构的。

杜蒙的观点，即现代人对宗教在社会生活中的地位的质疑已经被黑格尔、涂尔干和韦伯回答了，并且如前所述，整个民族志就是对意识形态的重申。人们对宗教在社会生活中的地位一直存有争议：长期以来，人类的宗教本质的观点（黑格尔），宗教是社会纽带的基础（涂尔干），宗教或宗教思想看作历史的推动力以及新教伦理与资本主义精神之间（韦伯）的关系等观点一直争论不休。除了理论上的弱点，宗教观在经验—历史证据基础上受到来自相反证据的怀疑。然而，这并不能阻止宗教观点的狂热爱好者。到目前为止，我的重点放在是否应该以宗教视角为主要观点，是否应该以洁净和不洁这对对立概念为基础来看待种姓制度。

洁净与不洁的陈词滥调

杜蒙说，理发师和洗衣工，因其社会角色需要，会暂时涉足不洁的世界，但只要……“在事毕沐浴净身”，就摆脱了不洁的状态。他辩称，在印度，君主或与他有同等地位的人实际上主要扮演着雇主的角色，但他们的地位相对低于婆罗门和祭司，两者之间相对存在洁净和不洁的对立。但是，“君主从来都是洁净的，因为他一刻也不能无所事事……这个君主例子让人印象深刻。有人看到这里，认为印度人是现实的……”（1980：48－51）。这一切都是理论的一部分，像是科学实验一样，一旦现实不符合假设，阶序理论就对现实视而不见。洁净的人可以在进入不洁的环境后，通过沐浴净身恢复洁净，尽管沐浴用的水来自不可接触者挖掘的深井，不可接触者却终生都是不洁的。

印度人在一种情况下是务实的，在另一种情况下又恰恰相反。古普塔提出了一个有理有据的观点，种姓制度在本质上……没有阶序的特征，不管怎么说，阶序并不一定建立在洁净和不洁这对概念之上（Gupta，2006；2000）。正如夏尔马（Sharma，2009：7）指出的那样，把种姓制度的形成和发展归因于洁净和不洁的理论，是“一顶旧帽子，修修补补，以迁就那些被种姓的外在表现形式所吸引的人的品位”。他认为，只有考虑到时间、地点和社会环境的历史分析方法，才能够解释外在表现的原因和特征。他指出，有趣的是，皮革相关工艺在早期的吠陀时期并没有任何不洁的污名。那么北方邦的“贱民”（不可接触者）又作何解释？根据杜蒙的说法，他们处理的皮革散发出令人作呕的气味，这气味使他们永远不洁，但这不是出于卫生原因，而是出于宗教原因（Dumont，1980：49）。从什么时候开始皮革工人变得永久不洁了，为什么处理皮革的人是不洁的？这是一个历史问题，宗教理论无法回答，宗教理论对不洁的解释脱离了历史。

向下（或向上）螺旋中的阶序：从社会学到神学

杜蒙理论中的阶序不仅是种姓制度的基础，也是印度文明、印度文化和印度传统的根基（Dirks，2001：5）。它并不局限于种姓，而是渗透到亲属关系领域中。杜蒙声称，在印度法律的演变过程中，有关父子关系的观点参照了种姓里上层和下层之间相互依赖的关系（Dumont，1980：36）。与杜蒙的论点相反，种姓制度中的等级原则确实渗透了家庭制度，但它不是宗教的，而是世俗的——经济的、政治的和文化的。在土邦国家拉贾斯坦邦的优势种姓（优势阶级）家庭中，父子关系的决定性因素是父亲对家庭财产的控制权、与手中财产相随的政治权力和社会名望。正如恩格斯观察到的那样，随着生产资料和生活资料的私有化，妻子和孩子会沦为受到族长和家长监护的角色。这就是在所有生产资料私有化社会里，父亲地位高于妻子和孩子的秘密。相反，在一个平等社会里，父子之间、夫妻之间可以平等地获得生产资料，他们之间的关系没有高低之分，而是平等的（参见 Engels，1972；Lee，1981）。

循着阶序的既定路径，杜蒙的种姓社会学到达其逻辑终点：它融入了神学（Beteille，2006：112 - 113）。为了解释阶序的特征，杜蒙（Dumont，1980：78，212）写道：

> 圣母的斗篷之下，那宽大的褶皱庇护着各色罪人，阶序制度也如此这般容纳了一切差异，甚至是对立面。这是一个包含者和被包含者之间相互补足的范例。

稍后为了进行更为清晰的说明，杜蒙（Dumont，1980：239）写道：

> 就其本质而言，不是一层层施加的命令，也不是尊严的递减序列，

> 而是一种关系，简单明了地说，这种关系就是包含对立面的关系。我认为，这种包含关系最好的例子在《圣经》——《创世记》第二章里，从亚当的肋骨中创造夏娃的故事。

最终如各位所见，在阶序观点下，《吠陀经》和《圣经》融合在了一起。

现代西方即平等主义

杜蒙的比较方法基于两个支点，即奉行等级的传统印度（特点为种姓制度）和奉行平等主义的现代西方（资本主义阵地）。我想要简要地检视现代西方和平等主义存在的问题。贝特勒指出，尽管现代西方形式上是平等的，实际上不平等现象依然大量存在；他还强调，当代西方的经济学说最反对实质平等（Beightler，2006：114－115）。作为回应，杜蒙写道，贝特勒承认在18世纪，个人主义与平等观念是共同存在的，这些思想传播广泛，影响范围包括20世纪的印度。但是，贝特勒认为个人主义和平等观念之间的“耦合”在18至19世纪期间解绑了。杜蒙认为，贝特勒的说法“煞是惊人”，并反问：难道西方要背弃美法革命的诉求吗？接着他写道，无论是黑人还是女性，更不必说同性恋者和学童，人们对平等的呼声都一如既往响亮。他追问道，个人主义和平等思想是在哪一个层面上断开了联结？（Dumont，2006：229－230）任何熟悉现代西方历史的人听了杜蒙的回应，都会觉得有些奇怪，说是有些奇怪都算轻了（参见Habib，2003：164）。

宣称现代西方是平等的，就是在忽视现代社会资本主义发展基本条件，也就是现代性的经济基础。正如马克思所写，资本主义的经济结构源于封建主义的经济结构。为使经济结构从封建社会经济转向资本主义经济，直接生产者（农奴、奴隶）必须获得自由，从地主的奴隶变成雇佣劳动者，这是资本主义起源的先决条件。在这个过程中，直接生产者从土地上解放了，他的生存方式使他沦为另一种形式的奴隶。新的奴役方式不同于农奴制政权下的奴役，劳动力和资本家的发展起始于对劳动者的奴役。进步存在于奴役形式的变化上（Marx，1965：147）。因此，现代西方主张平等，但本身又建立在对劳动者的奴役之上，这两件事是矛盾的。资本主义（现代西方）的不平等既不是一种后来的发展趋势，也不是一种异常现象，而是现代西方和资本主义发展的出发点和先决条件。现代性创造并且不断加剧了全球资本和劳动力不平等的增长（参见 Hobsbawm，2008：xi，xiii，79）。杜蒙对待现代西方平等主义意识形态的方式，正如他对待种姓制度阶序那样——杜蒙将其从经济基础剥离，把剩下的东西当作真相的全部。

杜蒙问道，我们到底是怎么步入现代的，这种独特的发展到底是怎么实现的？为什么会发生？据他所说，现代是价值观革命的结果（Dumont，1977：7；Madan，2006：81－82）。读者肯定意识到，杜蒙仅仅是在重复韦伯写于《新教伦理与资本主义精神》中的内容。可问题是，正如后面所讨论到的，如果用价值观革命来解释西方步入现代过程的独特性，这样的解释太过片面，忽略了发生在生产力和财产关系之间的革命——从封建社会生产关系到资本主义生产关系和权力结构的演变。只从价值观视角研究现代西方的起源，这种观点不仅不全面，还在试图为现代化过程开脱，回避了国内血腥暴力的阶级斗争。杜蒙对西方现代性的看法在另一种意义上也失之偏颇——他忽略了另一个重要的事实，在步入现代的历史过程中，西方和其他国家有着内在的联系。亚当·斯密（Adam Smith）就曾提到过这一点。

> 美洲新大陆的发现和通往印度的开普敦路线的开通是“人类历史上的最伟大最重要的两个大事件”（Williams，1966：51）。英格兰的现代化和英格兰对印度的殖民统治是紧密联系在一起的。正如哈姆扎·艾尔维（Hamza Alvi，1973：36）所述，当代印度或英国社会的结构是由几个世纪的殖民经历塑造出来的产物。正如埃里克·威廉姆斯（Eric Williams）所示，三角贸易联结欧洲、非洲和美洲。其中，欧洲和殖民美洲提供资本，非洲提供黑奴和种植园（美洲）的殖民地原料，这些原材料既是贸易链的首要目的，也是其他环节的基础，是机器运转的主要动力。有了它们，每个齿轮才能转动起来。威廉姆斯写道，到 1750 年，英格兰的几乎所有贸易或制造业城市都与三角贸易有一定程度的关联。这

种方式获得的利润是原始资本积累的主要手段之一，也为工业革命提供了资金（Williams，1966：51－52）。

正如《血液中的糖》一书的作者安德里亚·斯图尔特（Andria Steuart，2012）在书中写的那样，利兹雄伟的哈伍德庄园（Harewood House）是用来自加勒比糖种植园的金钱建造的。牛津大学万灵学院的可灵顿图书馆和布里斯托尔的豪宅也是如此。威伦茨写道："我们很少承认，欧洲的伟大城市建立在奴隶创造的利润之上，他们在世界的另一边砍伐甘蔗，辛勤劳动挥洒鲜血……没有他们，这个诞生了维多利亚和狄更斯的庞大帝国可能就不会存在。"（Wilentz，2013）

世界迈入现代的过程，就是奴隶贸易和殖民主义的全球发展过程，和西方过渡到现代的进程一样，是一个血腥的过程。一位地方年报记者说，"布里斯托尔这样的城市不是用砖瓦建设的，而是用奴隶的血汗堆砌而成的"（Williams，1966：61）。除了奴隶的血汗，还有殖民主义带来的战争、灾难和灭绝人性的行径，将这一切都算上，再来品一品杜蒙眼中那如田园诗一般的现代西方形象。"实际上，如果人性完整地存在每一个人心里，那么每个人都会是自由且平等的。这就是自由和平等理念的基础，它们是两个最伟大的现代理念。"（Dumont，1980：11）

在现代化进程中，殖民者、被殖民者在经济和政治上的不平等被种族上的不平等进一步加深，这是一种独特的现代西方现象。这是一个创造了吉卜林（Kipling）所言的"没有法律的劣等品种"形成的过程，一个黑人被降格为黑矿石的过程（Ki Zerbo，2001）；这是一个白人理所当然地认为自己天生就有优越感并能够优先于其他肤色的人的过程。在美国（托克维尔的西方现代模型），土著人和本地人不被看作建国者定义的人民。现代早期的不平等现象，是对上一个时代封建主义的模仿，这种模仿不仅是物质层面的模仿，还是象征意义上的模仿。正如里利奥·休伯曼（Leo Huberman）所写，在殖民地美国，你看到邻居戴的金银腰带后很是喜欢，如果你的阶级不允许你戴，即便你买得起也不能戴。1653 年，在马萨诸塞州，两名妇女因戴丝质头巾和围巾被逮捕，随后又被释放，仅仅是因为她们的丈夫每人只值 200 英镑，"飞来横祸降临于敢穿丝绸的倒霉穷人"

（Huberman，1940：45）。这与拉贾斯坦邦的农民妇女不能佩戴金饰、她们的男人未经地主许可禁止骑马或大象非常相似。这就是现代西方的平等主义在世界范围内的影响。

在此背景下，有一点特别值得一提，耳熟能详的平等主义的意识形态曾一而再再而三地被当作借口，使西方和非西方交流过程中全球范围的阶级、种族、宗教不平等现象合理化，现代化进程中，非西方是不值得被平等对待的。在全球化时代，现代性的当前阶段，“在西方国家内部和国际社会，社会和经济不平等现象出现了令人惊讶的增长，甚至可能是爆发性的井喷”（Hobsbawm，2008：67，79；Noah，2012）。

现代西方和劳动分工：平等主义的矛盾

杜蒙写道，从 18 世纪起，现代人的个人主义倾向开始成形，与之伴随的是现代社会的劳动分工，涂尔干将这种分工称为有机团结：“人们的心中确立了实现自主的理想，但是每个人在物质层面对他人的依赖比以往任何时候都要强烈”（Dumont，1980：11）。涂尔干的有机团结就是资本主义背景下的劳动分工。根据涂尔干本人的说法，资本主义的劳动分工是病态的。造成这种病态的根源来自他的所谓“外部条件”——有产者和无产者之间的不平等。劳动分工由有产者决定，无产者没有选择的自由。因此，现代社会的劳动分工并不是自由选择，而是由有产者强加于无产者的病态分工。涂尔干所说的“外部条件”的不平等就是病态劳动分工的原因。“外部条件”中的不平等，是指资本主义社会的生产关系，这种生产关系是资本主义的起点，也是资本主义再生产的基本条件。如果不废除资本主义生产关系，即废除资本主义制度本身，就不可能消除“外部条件”中的基础不平等。涂尔干无法想象这一可能性。这也是涂尔干的困境所在。杜蒙忽略的即是涂尔干看到的困境。但吉登斯（Giddens）曾经提到，涂尔干关于劳动分工病态形式（les formes anormales）的观点里隐藏了一个陷阱（Giddens，1978：30），而且是一个致命的陷阱。

平等和自由不是精神而是物质现象。如果物质条件不足以让人们获得实际的平等和自由，人们心中的平等和自由就不是真正存在的。在这样的制度下，大多数人口都无依无靠，或者必须依赖那一小部分垄断了生产资料和生活资料（也就是在现代西方制度下）的人，平等、自由和个人自主性只是半真半假。涂尔干至少认识到了这一点，而杜蒙却忽略了这一点。

现代西方：平等主义的反题

在总结之前，必须补充一点，现代西方不仅不是平等主义，而且从结构上和意识形态上来看，现代西方甚至可以说是平等主义的对立面。达伦多夫（Dahrendorf）写道，人类不平等的问题是历史上社会学最初提出的问题之一（参见 Widlok，2005：1）。在早期阶段几乎不存在不平等现象，但随着财产问题及管理财产的法律的出现，不平等现象合法化了：第一个圈占了一块土地的人声称“这是我的东西”（Rousseau，1994：54，引自 Widlok，2005：1）。虽然达伦多夫强调社会秩序中的不平等是不可避免的，帕森斯却将不平等变为“社会上的功能必需品”（Widlok：2005：1）。此外，摩根（Morgan）、马克思和恩格斯以及早期思想家都认识到存在这样的社会，在这样的社会里，不存在阶级社会特有的不平等现象。阶级社会特有的不平等现象是实际存在的，得到了一代又一代人类学家的证实，他们强调了追求平等所需的基础条件（物质条件和意识形态条件）。他们的研究结果质疑了社会不平等是普遍的甚至是必要的观点。

有些人类学家对平等和不平等这一议题非常感兴趣，并且区分了他们所说的立即回报社会（平等主义社会）与对立的延迟回报（现代资本主义社会）。在立即回报社会中，所有社会成员都可以直接立即获得食物和其他资源，理所当然地获取社会所支配的材料和知识资源。但是不能积攒资源，并且有义务与他人分享。能够实现这些的系统可以保证个人的高度自主，从源头上遏制依赖现象和不平等的发展。这样的社会确实有产权概念，但产权是共同社区所有的或集体的，不是私人的。如此一来，财产本身便不再是不平等的原因，不会损害个体自由和自主性。财产、平等和自主性之间的关系是经由各种文化（意识形态）战略予以调节的（Widlok，2005：11；Woodburn，2005：19）。

理查德·李（Richard Lee）指出，平等主义社会与现代西方社会不同：平等主义社会中不仅有高水平的共享和对个人积累低水平的容忍程度，而且在意识形态上也会强调平等的社会关系。就像在经济领域内保证平等地获取物质资源，在政治领域内也有“对所有人的基本平等表示明确的支持”。领导者不会向他人提出要求，领导者的物质积累永远不会超过其他家庭的平均积累……他们在物质方面的朴素使我们得出结论，现实生活中的平等不是乌托邦，不是理论上可能但在实践中不可行的事情。（Lee，1981：97，99）

除了物质领域的平等外，就意识形态层面而言，平等主义社会以同样积极的态度促进平等，抵制所有方面的不平等：“平等在人们眼中是有价值的、值得尊敬的、光荣的，而不平等是不可接受的、声名狼藉的甚至是邪恶和危险的。”（Woodburn，2005：21）杜蒙断言：“与现代社会相对，传统社会……不懂得平等……的价值。”（Dumont，1980：8）杜蒙的观点应该被仔细审视一番，并且要参考上文简略提到的前现代平等社会民族志证据。值得一提的是，涂尔干（1972）早就注意到北美的易洛魁人表现出了平等主义特征（参见 Woodburn，2005）。

在现代西方社会，与平等主义社会相反，个人使用财富创造差异，“财产是人的名片”（Widlok，2005：7）。现代西方的政治制度和意识形态手段与平等主义社会的相反，不是在反对和消除不平等，而是鼓励、保护和奖励不平等和差异。韦伯认为，与平等主义社会在结构上限制积累、在意识形态上反对积累的基本规范形成鲜明对比的是，积累是现代性与资本主义经济基础的驱动力和精神。因此，就物质和意识形态层面而言，现代西方社会是平等主义的反题。

殖民统治和种姓

殖民统治和种姓是历史上关于种姓讨论的一个重要的调查领域，有许多探讨这个问题的研究。我并不认为我关于各种殖民主义和种姓研究的讨论是详尽的或具有代表性的。我的研究范围仅限于与我目前讨论相关的话题，主要是殖民主义、种姓和土地。

东方主义与东方主义之外

正如撒帕尔指出的，在殖民主义—帝国主义时代，西方对印度社会与历史的见解都以东方专制主义观念为核心。这种观点源自古希腊。源于古希腊将波斯体制视为专制制度，东方专制主义的概念在18世纪欧洲争夺殖民地的背景下获得了新的意义。亚细亚模式的概念包括土地没有私有财产、专制统治和社会停滞，可见于密尔、马克思、韦伯和杜蒙等的著述。撒帕尔从研究东方的学者写的关于印度的书，特别是关于种姓制度的书中，发现了两个主要研究倾向。密尔和马克思的书将重点放在土地财产的性质和治理的形式上（当然这两种视角之间也有本质的区别），而韦伯、杜蒙等的书的重点则研究宗教在社会中的位置。这两种主要倾向，一方的中心议题是土地产权和榨取剩余价值的权利，另一方则将中心议题放在了精神力量和宗教信仰上。相应地，关注的焦点也从治理规则转移到了治理仪式上，权力的位置从王公和宫廷转移到祭司和圣殿。她争辩说，如果没有把土地权利和治理形式排除在考虑范围之外，没有把它们贬为意识形态的残留物，尤其是宗教的残留物，关注的重点就不会发生转变（Thapar，2000：7－8）。我们也必须从这个角度来看待韦伯和杜蒙的作品对种姓制度中的宗教、仪式、洁净和不洁方面的强调。

撒帕尔提到了殖民主义和种姓史学编撰学的另一个趋势，即民族主义学派的印度历史学家从东方学中吸取了印度教和雅利安（人）有联系的观点。她认为，（某些）印度人（上面说的印度历史学家）接受了雅利安学说的观点，将它视为对种姓“科学”的解释，从而为《阶序人》提供了辩解。在我看来，阶序人的主题和包括民族主义学派在内的一部分印度学者之间的共同点，不在于雅利安的观念，而在于他们都将意识形态放在首位，认为意识形态不受经济政治力量的影响。然而，民族主义学派最有趣的地方在于，雅利安人的潜台词是优势种族，象征着优越性。与此同时，在殖民者眼中，印度人的雅利安血统全部不纯，殖民者利用这一点视印度人为下等民族，支配印度。具有讽刺意味的是，就算被视为血统不纯，民族主义学派身为雅利安人而感到自豪的热情也没有被挫伤。

韦伯与马克思的殖民统治和种姓论述

值得提及的是，马克思和韦伯都评论了种姓和英国对印度的殖民统治。韦伯没有直接讨论。然而，当他在讨论与种姓相关的问题时，比如殖民地时期印度的种姓制度和工业发展情况，关于殖民地背景的内容起到了重要作用。有趣的是，他并不主张各种姓间的仪式上的对立会阻止大型企业在印度殖民地的发展，因为种姓制度具有足够的弹性，可以适应国内或公共领域对劳动力的需求，“……工匠的手在他工作时总是干净的”（Weber，1958b：111）。“障碍的核心不是某一种仪式的规定或种姓制度的束缚”，毋宁说是“根植于整体系统的精神。”韦伯写道，尽管印度劳工已经就业于从欧洲进口的现代工业企业，“必须强调，现代工业资本组织极不可能在种姓制度基础上产生”。种姓制度的仪式有太多的限制性，阻碍经济和技术革命从内部发生，甚至“从种姓制度中孕育出资本主义的第一个萌芽”。证据是，“在英国统治几百年之后，现在印度只有约 980 000 名工厂工人，大约占总人口的 0.33%”（Weber，1958b：112－114）。经过几个世纪的英国统治后，工业用工的惨淡形势也将矛头指向了殖民统治对工业化的限制。而韦伯认为是种姓制度的精神限制了工业化的发展。

韦伯在种姓、殖民统治和工业劳动上的立场还存在其他不一致之处，所以他才会说，在印度，即使开出了最高的工资也很难找到制造业劳工。但是，在提到印度种植园、远在南非的加勒比群岛殖民地和斐济殖民地招募苦力时，他指出苦力的特点就是最低的薪水、最难的工作和最低的地位。然而，他又认为，苦力的条件之所以艰苦，是因为其主要从事底层种姓干的活（Weber，1958：115）。首先，如本书第七章讨论的，苦力（契约劳工的通用术语）由不同种姓组成，从中间种姓到较低种姓都占有不可忽视的比例，而不是只有最低种姓。更重要的是，当时即使没有种姓制度，也能让印度人去遥远的异地他乡干那些最低贱的活儿（印度人确实干了 90 年）。既然如此，人们讨论种姓制度的精神阻碍工业就业或摒弃资本主义精神时，还能有多认真？如果说苦力的情况有什么参考价值，就是它告诉我们工业用工的出现可能导致了种姓制度的解体——因为在印度之外的殖民地，苦力的出现导致了类似的结果。因此，不是种姓精神阻碍了工业用工的发展；相反，工业用工发展不起来的原因是几个世纪以来的殖民统治，其放任种姓精神大行其道，最终导致了这样的结果。

马克思和韦伯都有类似的看法，他们都推测种姓制度会受到殖民统治的影响而开始解体。至于解体的过程和原因，他们的看法不一。这种差异来自他们不同的理论观点。对于马克思来说，是殖民统治对村庄社区（公有土地）基础的影响消融了种姓制度。而韦伯认为，因为铁路交通系统取消了种姓隔离要求，拉近了婆罗门与不可接触者之间的物理距离，从而颠覆了种姓制度的基础——洁净与不洁的观念（Weber，1958b）。铁路并没有消解种姓制度。后文还会再谈及这点，上层种姓，尤其是上层种姓中的男性和女性不可接触者会建立违背洁净和不洁的规则的关系，这种关系是女性不可接触者日常活动的一部分。但是，当他们自愿玷污自身洁净状态时，他们知道怎么用各种具有创造性的方法净化自己。马克思的期待与此相反，殖民统治没有（或没能）让殖民地时期以前就存在的土地关系消融：土地关系是种姓制度的基础，因此种姓制度存活了下来。至于为什么殖民统治无法消解前资本主义生产关系，我将在别处详细讨论（Singh，1998）。简而言之，殖民地国家政府太弱，不能抵御来自有土地的绅士阶层、优势阶层的抵抗；相反，只能向后者妥协，不干涉他们传统的经济—政治—司法权利，换取他们的支持。有趣的是，许多社会学家都提到了马克思对殖民统治和种姓的期待没有实现，接着又会急急忙忙加上一句，这说明种姓制度太过复杂，对马克思主义而言无法掌握。韦伯对殖民主义和种姓有着类似但路径不同的预测，这条路径在某种程度上被社会学家忽略了。

殖民统治时期：种姓作为印度社会的中心标志？

尼古拉斯·德克斯（Nicholas Dirks）非常详尽地讨论过殖民统治和种姓。他警告说，他的观点“不仅仅是在说种姓制度是英国人发明的，（他的观点）比这要复杂得多。虽然从某种意义上看来，种姓制度确实是英国人发现的”。英国人创造了种姓制度，作为一种统治的文化手段，这彰显了殖民统治在被殖民地区历史上的霸权特性。他承认，自己的观点来自印度底层研究，“……土邦王权的终结为殖民统治下的种姓转型扫清了道路”（Dirks，2001：9，12）。

这些观点很重要，但也存在问题。首先，他把殖民统治看作单向的行为，其中殖民者是活跃的主体，被殖民者是被动的客体。殖民行为是单向的，并不是铁板一块。被殖民者的抵抗迫使殖民者妥协和适应。这些都是发生在殖民统治下的事实（参见 Singh，1998）。

其次，德克斯急于宣布土邦王权被永远地终结了。但事实并非如此。在被殖民统治的整个过程中，仍有超过 500 个土邦由君主领导，这些君主的统治并没有被终结。殖民统治的建立正是通过东印度公司和印度土邦君主之间的合作实现的，在被彻底终结之前，土邦王权仍然是它本身存在的一个先决条件。更重要的是，土邦王权的基础是土邦的土地保有制度——印度土邦君主拥有其领土内所有土地的所有权。这种权利并没有被殖民统治打断，不是因为它不想，而是不能。与德克斯的说法相反，土邦王权在殖民统治期间仍然存在。殖民主义和土邦王权一起终结并不是历史的意外。并不是殖民主义的终结结束了王权；与之相反，王权的弱化、走向终结，也预示着殖民统治的终结，这个过程是通过全民运动实现的（Singh，1998）。德克斯自言受到印度底层研究的启发（Dirks，2001），他将王权的终结归因于殖民主义力量，回避了当时印度统治阶级对殖民主义力量的抵制。更为严重的是，否认了庶民阶级为结束殖民统治和王权统治的斗争。

德克斯认为，在 18 世纪的最后十年，孟加拉地区引入了永久居住法（Permanent Settlement），解决了土地问题，把殖民地当局从中释放出来，摆脱困境的殖民地当局将注意力转向种姓制度，想把种姓制度改造成殖民统治的技术（Dirks，2001）。与其说法相反，在整个殖民统治时期，土地一直都是殖民者和被殖民者的核心关注点。对殖民者而言，土地是他们的主要关注点。对被殖民者而言，如法农（1968）所写，土地是他们的一切，是他们的生存来源，是他们的身份。要是永久居住法真的解决了土地问题，那为什么还会有之后的土地税收制度？诸如莱特瓦尔制（roytwari）、马哈尔瓦里制（mahalwari）、土地终身制（pattedari）、塔卢克达尔制（taluqdari）、贾吉尔制度（jagirdari）和柴明达尔制（zamindari），更不用说还有税制不受干预的土邦领地，它们的面积约占印度的五分之二。土地问题是印度1857年起义的中心问题，也是王室与印度土邦君主在1857年惨状之后重修结盟的中心问题。土地是20世纪第二个十年到40年代农民运动的主要问题。如同急于宣告土邦王权的终结一样，德克斯急于用永久居住法一劳永逸地终结关于土地问题的论述，扫清障碍，以便展开讨论种姓问题。他写道："殖民者有目的地保留了许多旧政权的形式，其中最为明显的就是土邦政权，但是没有比把种姓塑造为印度传统的核心象征更为阴险的了。"（Dirks，2001：79－80）正如后文讨论的那样，土邦中的种姓"建构"是一个重要问题，但其中大部分在殖民地管辖范围之外。种姓之所以显得重要，是因为它被嵌入土地关系中，土地关系是殖民者和被殖民者的主要关注点和争议点。殖民地人类学将土地关系从种姓上移除，使种姓的核心关注点变成了殖民统治。

德克斯说道："……种姓仍然存在，它被重铸了，为新的社会动员形态提供基础。……独一无二的……种姓如同幽灵一样，继续困扰着后殖民地时期印度的全体国民。……它已成为国家的耻辱。"（Dirks，2001：17）在印度政治中，种姓是一种国家的耻辱，很像美国政治中的种族问题和如今欧洲政治中的民族和宗教身份。利用民族、种族、宗教等因素进行政治动员，不仅见于西方之外的新兴民主国家，在西方成熟民主国家也很常见。印度种姓的独特性在这种意义上被夸大和误解了。尽管我否认种姓给印度带来了独特性，但我的意图并不是把西方的形象强行套在印度这个国家上，而是去探讨种姓在现代印度政治中的地位，如同美国的种族问题、欧洲的民族和宗教问题一样，它要求全方位重构经济政治利益与种姓、种族、宗教的关系，而非认为问题的原因在于种姓制度是印度的特征。蒂桑卡·罗伊（Tirthankar Roy）提到殖民主义文化历史领域的一个独特学术传统，尤其多见于研究南亚的西方学者，他描述为"局限于对经文的解释，仿佛挑起了婆罗门的事业，认为经济和社会历史观点太过阴暗，污秽不堪，不值得尊重"。他进一步指出，这样的学术传统强于进行复杂而精致的文本分析，却漠视物质和社会条件，漠视真实的人（以及人的能动性），特别是那些处于阶序低端的人（Roy，2011：34）。

传教士和种姓制度

德克斯提供了传教士伙同东印度公司展开的种姓概念化过程的有趣论述。这段历史的背景正是西方的国内问题与国外殖民地利益相融合的时候。正如德克斯指出的，传教士阿贝·杜波依斯（Abbe Dubois）去印度仅仅是为了逃避法国大革命的摧残，其最终成为东印度公司的人类学家。传教士的主要兴趣是传教，因此将种姓视为印度教的一个主要特征。由此可以理解，在传教士眼中，印度教和种姓制度是统一的。因此，一点也不奇怪的是，殖民行政当局得到的建议是，对印度教教徒来说，没有什么比认同种姓区隔更重要的了。杜波依斯警告说："印度教教徒发自本性地恪守他们的民间和宗教机构（种姓）的规定……没人能说服他们放弃……我们要谨慎小心，以免……草率行动招来灾难。"这是在提醒政府干预种族和宗教时要小心，否则会招致祸端。传教士的观点是，种姓就其本质而言是宗教的，因为种姓认为洁净和不洁是与生俱来的。传教士夸大了宗教对种姓的影响，因为他们认为种姓是印度教教徒抵抗皈依基督教的原因。这种观点在 1857 年的起义后变得越来越盛行（Dirks，2001：24－26，131－32）。

主要利益是征服土地的公司伙同传教士创造了这一迷思：印度人更感兴趣的是，维护他们的种姓差别而不是保护他们的土地，以及保护他们的生存方式和身份。为了给这一迷思画龙点睛，种姓与土地相脱离，并与印度教结合在一起永不分离。许多社会学家和人类学家追随着传教士的脚步，延续了种姓制度是宗教制度的迷思，直到今天。

1857 年的起义

1857 年的起义及其后果在印度历史和社会上对印度的种姓（阶级）有着巨大的社会学意义，因为它们凸显了殖民统治期间土地和种姓之间的内在联系。在意识形态层面，杜蒙写道："1857 年哗变的情况是，起义方认为社会秩序受到了某种假象的暴力危害，有被颠覆的风险，采取了暴力反应。”（Dumont，1980：229）。他不加批判地复制殖民者对起义的看法，包括“哗变”这一标签。需要注意的是，在杜蒙写《阶序人》的同时，另一位著名的现代化比较研究历史学家巴林顿·摩尔（Barrington Moore）将1857年的起义描述为印度祭司阶级的宗教反应。关于起义的民间故事也多把宗教反应看作起义的唯一原因或主要原因。起义确实有宗教方面的原因。然而，1857年的起义并不完全是，也不主要是宗教起义——它并不是婆罗门对违反宗教和种姓制度行为的反应。要说有什么宗教联系的话，1857年起义是一个对宗教表示出宽容、理解与合作的例子，大多数反叛的印度教士兵与他们的穆斯林同仁携手共进到德里，让穆斯林统治者重新登上王位并且对其鞠躬效忠（参见Joshi，1957）。

起义主要是殖民当局（与“商人—放债人”结盟）企图夺取传统的土地权利和地主的政治权威，地主阶级（与农民联盟）展开反击。东印度公司对印度农村地权和农业经济政治关系做出的改变也威胁到了农民在土地上一直以来的权利，所以农民也加入了地主一方。种姓在起义中扮演什么角色，以及起义反过来对种姓有什么影响，这两个问题无疑都是社会学研究的主题。简而言之，虽然阶级和种姓因素在起义中都非常重要，但（涉及地主、农民和商人的）阶级利益才是引发起义的主导因素，也是在惨烈的起义之后妥协和适应的主导因素。在起义中，种姓和阶级相互融合。占统治地位的阶级也是占主导地位的种姓。地主在战斗中保护自己的阶级利益，同时也保护自己的种姓特权。同样，地主阶级的衰落和“商人—放债人”阶级的崛起在起义后与农民结盟，对“种姓—阶级”的重新形构产生了严重的影响，导致作为优势阶级和种姓的地主的衰落。殖民统治结束后地主制度被废除，地主阶级的统治结束了，这也侵蚀了他们的种姓制度。反过来，获得独立土地权的农民同时也获得了与前地主一样的阶级权力和种姓地位。出于同样的原因，“商人—放债人”兼制造商（资本家）出现并成为优势阶级，他们的种姓地位提升到了和前地主——拉吉普特人差不多的高度。

种姓社会学与社会正义

R. S. 卡哈（R. S. Khare）提出了一个重要问题：阶序人如何应对正

义人（homo Justus）在印度努力寻找合法的位置？卡哈（2006：32）认为，由于杜蒙对印度的社会正义问题基本上保持沉默，这一问题对于后续致力于巩固杜蒙的长久影响的学者而言是一个挑战。首先，杜蒙没有在这些问题上“沉默”。杜蒙在引用摩奴（Manu）的规则时，即首陀罗应该只吃剩下的东西，不许阅读或听《吠陀经》（想象一个基督徒不许阅读或者听《圣经》），认为这些是种姓等级的最终来源。杜蒙不是在保持沉默，而是成了同谋。如果我们对杜蒙的沉默也保持“沉默”，那么我们也成了同谋。其次，更重要的是，一个完全不去考虑种姓制度中剥削和不公正问题的理论，如何回应正义这一议题？阶序概念的前提是包含和被包含的关系，并且回避了剥削、矛盾、斗争和抵抗。我们应该保留这个理论不做变动吗？还应该保留其概念框架、认识论立场、社会意义不做变动吗？该理论能满足我们当下的需要吗？有人会问，为什么还要保留呢？因为该理论有缺陷，方法论不一致，史实不准确，在意识形态上是退步的。

卡哈提到的达利特（Dalits）的问题并不新鲜：低等级的人（简称Dalits）遭受痛苦、疼痛、烦恼、悲痛、羞辱、剥削和不人道待遇的历史与种姓制度本身一样古老（Kumar，2012）。为什么社会学家现在逐渐开始意识到达利特人的问题（如果认识到了的话）？是因为达利特人自己开始反对关于种姓制度的主流观点话语吗？毫不奇怪，那些认为自己在为达利特事业添砖加瓦的人（包括达利特人和非达利特人）都直言不讳地表达了他们对“社会科学理论的主导模式缺陷”的不满（Pandian，2010：97）。他们的困惑，“……一方面是社会科学更前卫的实践，另一方面是印度需要转型的严峻政治现实，两者之间存在着普遍且令人担忧的割裂……在这样的背景下，社会科学可以存在甚至蓬勃发展，本身就是一个有说服力的声明”（Malik，2005：107）。

种姓的理论与物质现实之间的割裂存在于《阶序人》的核心论述之中，它模糊了我们对达利特的达利特化来源的理解，这是探讨种姓制度的不平等和剥削性质问题的一个子问题，是更大问题的一部分。主流社会学可能没有逐字逐句地跟随杜蒙，使用神圣和亵渎这样的术语，但在实践中，正如潘迪安和库马尔（Kumar）指出的那样，它已经回避了种姓制度里的剥削问题，仿佛讨论剥削问题就是亵渎。我们需要一个替代的框架，让我们可以讲述被剥夺权利的达利特人和上层种姓的特权之间的故事，这种故事是具有内在联系的。正如弗兰肯伯格（Frankenberg，1993）在另一个背景下阐述的那样，系统性不平等（例如种族、性别、可能加上种姓的阶级）中的剥夺权利和特权是系统地相互关联的，正如潘迪安所指出的，抽象非不受权力影响（Pandian，2010：97）。

进一步而言，种姓系统中首陀罗被排除在教育制度之外的时间要长于西方古代和现代实行奴隶制的时间之和。西方奴隶制度下，奴隶无法接受教育，奴隶试图教育自己的行为和非奴隶试图教育奴隶的行为同等地被定为犯罪。一样的行为，在奴隶制中是罪行，在种姓制度下则是具有宗教意味的原罪，受到圣书的制裁。具有讽刺意味的是，圣书一方面不允许首陀罗接受教育，另一方面又主张是教育使我们成人，因此尊重教育者和专家。如今在印度，只有少部分社会学家坚决反对这种不公的现象，反对将比例庞大的一部分种姓人群排除在教育系统之外的现象，反对把这种行为看作神圣的原则；而更多的社会学家极力反对采取坚定措施来帮助这些长期贫困的人群接受教育和就业。这仅仅是巧合吗？阶序人和公正人的问题应该从这个角度来审查。

最近，苏赫迪奥·托拉特（Sukhdeo Thorat）谈及，对达利特人的歧视问题仍然存在，不仅在农村，城市地区也有，尽管这种歧视行为不利于做出这一行为的群体的经济政治利益。托拉特还指出，新古典主义理论必须在印度语境中解决这些问题。他指出，安贝德卡尔（Ambedkar）、普莱尔（Phule）和佩里亚尔（Periyar）的贡献能帮助我们更好地理解态度、偏见、刻板印象是怎样形成的以及较高种姓由此做出的行为。他说，安贝德卡尔认为，宗教和社会意识形态决定了上层种姓歧视下层种姓的规则和规范。正是这样的哲学上的支持为种姓制度提供了坚实的基础（Thorat，2012：34）。

在认识到用宗教和社会意识形态为巩固种姓制度提供哲学支持的重要性的同时，人们不能忽视物质因素：种姓制度的基础不是哲学，而是物质。在种姓歧视制度内部反对种姓制度，而不去触及种姓制度的真正基础，只是在自欺欺人。甘地和安贝德卡尔就是在自欺欺人，尽管两人的方式不同。他们反对假设的种姓制度的哲学基础，而不去触及真正的基础，歧视也继续存在着。相反，印度契约工人并没有必要为了种姓歧视或哲学审判而奋斗反抗，因为在没有物质基础的情况下，种姓歧视随着种姓制度自然消失了。托拉特建议，新古典主义理论就像他们的古典主义理论一样，如果他们对种姓制度的“哲学基础”仍然保持敌意，就不能胜任这项任务。正如泽略特（Zelliot，1972：95）所写：

> 甘地可能已经软化了印度人的心，安贝德卡尔（印度宪法之父）可能已经使印度“贱民”的自尊和政治利益觉醒了，但“贱民”对其他人的经济依赖将继续限制“贱民”翻身。

替代视角

西方国家与其他国家的不同之处的本质体现在构成现代西方的奴隶贸易、殖民活动和帝国主义活动时期的主导话语中。用种姓来定义印度，或者认为种姓制度的本质只是宗教，实质上都是殖民主义的本质化过程的产物。我们应该质疑用种姓定义印度的（错误）观点，质疑种姓本质上属于宗教或观念范畴的简化观点，追溯到主流社会学古典根基，这是种姓的社会学研究去殖民主义色彩的一个必要步骤。这里的去殖民主义色彩并不是为了区分印度人和非印度人或东西方。我所说的非殖民化与学者的或学术的文化或民族身份无关；相反，它与另一种视角有关。在扩展框架展开对印度种姓制度进行研究的过程中，有两个主要目标。第一，它用种姓制度来批判马克思主义对社会和历史的解释，特别是我们所熟知的阶级的概念。第二，它争辩说，印度仍然处于这样一个阶段，即重身份地位轻契约合同，重血统家系轻国家社稷，机械死板而不是灵活有机，强权专制而不是民主决策，荒谬无理反对理性，死板僵化一成不变，与现代西方文明格格不入。这就是殖民主义—帝国主义时代现代西方国家主导的主流话语。在这个殖民主义—帝国主义走向衰落的时代里，杜蒙复活并延伸了这种观点。马克思主义与西方（和东方）国家主流社会学之间的斗争在冷战的意识形态阻碍下获得了新的活力。主流社会学使用的理论—方法论框架是提出种姓理论的障碍。为了发展种姓理论，我们需要一种替代方法，使我们能够在历史视角下，从种姓制度的起源、再生产、持续和变化中，看到经济、政治和意识形态之间的交叉点。

第二章　祭司与王公：地位与权力的泥潭

身份与阶级

身份与权力的区别是《阶序人》探讨的核心内容，这个区别最初由韦伯在其影响深远的论文《阶级、身份与政党》（*Class*，*Status*，*and Party*）中提出（Weber，1958a），这篇论文被誉为"也许是社会学文献中最具影响力的一篇文章……社会分析多维方法的萌芽"。马克思强调物质因素在社会经济形态中的作用，而韦伯的论点则被视作提供了第二种主要选择和对马克思观点的"解毒剂"。据称，他在这篇文章中的主要关注点是"避免混淆作为不同社会形态基础的不同形式的权力"（Milner，1994：7）。

韦伯在上述文章中主要关注的是权力在社会中的分配。他将阶级（经济范畴）、身份（文化范畴）和政党（政治范畴）看作三种不同的权力分配现象。他认为：一方面，经济条件下的权力与"权力"本身不同；另一方面，其他权力来源可能带来经济权力。此外，人们不只是为了变得富有而争取权力，常常还为了社会名誉。需要注意的是，并非所有权力都牵涉到社会名誉。更重要的是，"纯粹"的经济权力绝不是公认的社会名誉来源；相反，社会名誉甚至可能是（并且一直是）经济政治权力的基础（Weber，1958a：180）。

阶级

韦伯认为，阶级属于"经济秩序"，与商品和服务的分配有关；身份属于"社会秩序"，关系到社会名誉的分配。社会秩序和经济秩序并不相同，尽管后者受前者制约，并反过来作用于前者。韦伯认为，阶级是指在商品市场或劳动力市场条件下，基于商品占有和收入机会的共同经济利益，而处于同一社会等级状况中的一群人。有产和无产是所有阶级状况的基本范畴，阶级状况最终是市场状况。那些没有机会在市场上为自己使用商品或服务的人（例如奴隶或农奴）不是阶级，而是身份群体（Weber，1958：181）。因此，对于韦伯来说，阶级属于经济范畴，完全独立于政治权力和文化权力。主流社会学的共同论调是马克思主义的经济还原论。这是因为阶级是马克思主义分析社会和历史的核心，且马克思主义的阶级纯粹是经济上的。而将阶级降为纯经济意义，应归功于韦伯（而不是马克思）。在马克思的学说中，阶级指的是社会关系——社会生产关系，在这种关系中，经济、政治和文化（意识形态）密不可分地交织在一起。显而易见，经济还原主义阶级观是韦伯主义，而不是马克思主义。这里回到我的主要关注点——身份群体（其与种姓密切相关）。

身份

与阶级不同，身份群体通常是共同体。与纯粹由经济决定的阶级状况不同，身份由社会名誉决定。附属于一个身份群体的社会名誉可能带来积极影响，也可能带来消极影响（例如婆罗门是积极名誉，首陀罗是消极名誉）。财产本身并不总被视为身份资质，但从长远来看，它确实是身份资质，且展示出了显著的标志性特征。但是，身份名誉不一定与“阶级状况”联系在一起，因为有产者和无产者可同属于一个身份群体。然而，从长远来看，这种社会名誉的平等（财产不平等）可能会变得相当不稳定（Weber，1958a：186－187）。如果财产成为一种身份资质，那么是否意味着尽管有社会名誉，但没有财产做支撑的身份只是短期的？有产者和无产者之间的身份平等也是如此，不稳定之时会发生什么？除此之外，韦伯对阶级和身份的区分还有其他更严重的问题，亟待得到令人满意的答案。

作为生活方式的身份

身份群体不应与“职业身份群体”相混淆。身份群体是根据生活方式来划分的，而不是按照职业来划分的。生活方式可能与具体职业有关，但起决定作用的不是职业本身，而是生活方式。例如，服骑士兵役的人有身份，服雇佣兵兵役的人则没有。两者的区别在于他们的生活方式（Weber，1958：39）。但这里忽视了一点，骑士和雇佣兵的生活方式不同是基于他们对经济—政治权力的不同获取途径。骑士靠财产生活，作为一个财产持有者，他独占了经济政治权力（和社会尊重），这是雇佣兵无法得到的。韦伯还提出了另外两个身份群体的例子——美国奴隶制时期的黑人和中世纪的欧洲贵族。他们的生活方式由其经济政治权力差距决定。如果我们把注意力放在生活方式上，而忽略了生活方式的基础，那么就会遗漏一些重要内容。生活方式和社会名誉（文化方面）是社会身份的精髓，与经济政治权力有着内在的联系。

篡夺身份

韦伯认为，篡夺（指身份群体用任何一种特征或标记使自己与众不同）是所有身份名誉的一般来源。篡夺可以始于习俗，但必须转化为法定特权。据我们所知，这种转换只有在凭借经济权力的稳定分配成为“持续了很长时间的”现实之后才会实现（Weber，1958：188）。目前尚不清楚身份篡夺是只有在经济权力被篡夺之后还是在经济权力被篡夺之前才会发生。如果对经济权力的篡夺导致了对身份的篡夺，那么从文化权力是经济权力的结果这个角度来说，阶级和身份之间的区别不是很成问题吗？如果经济权力的稳定化是由习俗层面篡夺向法律层面篡夺过渡的一个条件（正如韦伯所主张的），那么不考虑财产的身份，也就是区分身份和阶级的基础，又该怎么解释呢？

韦伯认为，在种姓制度中，篡夺身份是一种宗教行为，使它有别于其他篡夺身份属于法律问题的身份群体。确实，区别法律篡夺和宗教篡夺十分重要。但在此基础上区分种姓篡夺有两个问题。首先，在种姓的篡夺中，宗教的作用被夸大了，忽视了完全是世俗的篡夺行为。在拉贾斯坦邦的君主政体中，农民妇女不得佩戴黄金。同样，农民不得骑马或骑大象（即使他们有维护马匹、大象的义务）。这完全是通过胁迫来实施的身份篡夺问题。这些掠夺行为本身与宗教无关。把种姓身份的象征界限缩小到宗教的范围太过狭窄了。其次，虽然认识到有不同的篡夺形式很重要，但忽视篡夺的基础是错误的。种姓中身份篡夺与阶级中身份篡夺的基础相同。上面提到的君主国身份篡夺的例子与非洲、亚洲和中世纪欧洲封建社会的类似例子具有可比性。即使他们在不同的地方披着宗教、习俗和法律的不同外衣，人们也不应该忽视他们在经济—政治—司法权力的等级制度中的共同基础。为使种姓制度具有独特性而把事物表象扭转为现实基础是错误的。

身份：非市场社会的特征

韦伯写道，所有理性的经济追求，尤其是创业活动，都常常被视为一种不符合身份的行为。更重要的是，身份分层与市场分层是完全不同的。市场及其进程不存在个人差异，只有功能性的利益支配着它。如果仅凭经济获取身份以外来源的经济权力，人们就能与那些通过生活方式获得名誉的人享有同等名誉，那么身份秩序的核心就受到了威胁。正是由于对财产本身索取的严格反对，特权阶层从来没有毫无保留地接受“暴发户”。然而，“暴发户”的后代几乎不受身份群体的抵制。他们接受了身份群体习俗的教育，也从未用自己的经济劳动玷污过身份群体的名誉，所以很容易被同化（Weber，1958a：192）。这意味着，加入身份群体的前提是稳定家庭在现有经济和政治秩序中的身份。韦伯认为，教育在身份群体公约中作为准入条件存在，这一论述被人们广泛接受。但是，它不应使我们偏离一个突出的重要条件，即稳定的经济身份，就有学习高身份群体习俗的必要性，而且也是可能的。奴隶和农奴不能按照主人和地主的规定接受教育；没有土地的劳动者不能按照婆罗门的规定接受教育，婆罗门的身份是禁止以体力劳动维持生计。

进一步地，市场自由发展的障碍首先发生在那些被身份群体垄断并且不能自由交换的商品中，例如在身份至上的时期，希腊城市和罗马的继承房产，如中世纪欧洲的骑士财产或商业行会的客户。其作用原理是，市场受到限制，财产促成了“阶级的形成”，又被一股脑地藏到了幕后。在身份分层渗透的地方（古代和中世纪欧洲），人们永远无法谈论我们今天所理解的真正的自由市场竞争（Weber，1958a：192－193）。如果韦伯说社会身份是非市场社会的一个特征，那么他的观点是可以接受的；如果他说社会身份独立于财产本身，就有问题了。市场形成前，（封建）社会的身份是建立在封建财产形式的基础上的，而不是建立在市场（资本主义）社会特有的资产阶级财产形式的基础上的。市场形成前，社会中的财产和社会名誉的基本原则与市场社会没有根本区别：经济政治权力的垄断集团就是最受尊敬的群体。韦伯只有把阶级（错误地）概念化为一种市场现象，才能把阶级从市场形成前社会的名誉中分离出来（称之为身份）。然而，这里所涉及的不仅是一场关于名字的争吵。问题不在于如何命名阶级，种姓制度是不是阶级也不重要，问题的重点是从经济上、政治上和文化上区分社会名誉的决定因素。在一个如此分化的社会，如西方的资本主义社会、古代和中世纪欧洲，还有印度的种姓制度，没有经济政治权力的社会名誉纯属幻想。

消费与生产关系的脱节

韦伯把阶级与身份区分得非常清晰。他写道：“……阶级是根据其与商品生产和获取的关系而分层的，而身份群体则是根据以特殊的‘生活方式’为代表的商品消费原则而分层的。”（Weber，1958：193）这里的问题是，身份群体的消费和生活方式不可能脱离商品而生产和获取。商品的生产、获得和消费是由生产的社会关系决定的，这种社会关系把生产者和消费者束缚在以主导意识形态为依据的不平等的经济政治关系中。阶级社会如此，身份社会也是如此。

韦伯试图从经济权力中分离出社会身份，但是做不到一以贯之：它们时而分离，时而互相联系。正如他所写的，阶级和身份群体之间的差异经常重叠。正是那些在身份名誉方面被严格隔离的社会阶层（如印度种姓），才对金钱收入漠不关心。他承认，婆罗门通过许多不同的方式寻求金钱收入（Weber，1958a：193）。除了苦行者或放弃继承权的人，不存在对金钱收入漠不关心的婆罗门。在吠陀时代，婆罗门人通过祈祷换取一部分战士、酋长的奶牛、少女、黄金和服装。土地成为王公或地主的私人财产后，婆罗门因为祈祷工作和在扩大农业生产上的贡献，成为第一批获得土地的人（Sharma，2009）。此外，他们垄断教育或在教育方面具有主导身份，以此作为长期的经济收入来源。在解释婆罗门在印度社会中和印度历史上的卓越身份时，他们在精神上的卓越地位与他们获得物质资源的特权是分离的。种姓制度中婆罗门的社会名誉并非没有经济权力。

韦伯引用的其他身份群体的例子——古代和中世纪欧洲的地产拥有者，毫无疑问是以他们的消费和特殊的生活方式来区分的。此处没有异议的是，为什么那些生产的人（如西方的奴隶和农奴、印度的下层种姓）不消费，而那些不参与生产的人（如奴隶主、领主和上层种姓）消费？答案在于社会生产关系。韦伯将生产与消费的社会关系割裂开来，使社会身份独立于经济权力之外。古代的奴隶主、中世纪的领主和印度的上层种姓都是阶级，他们对生产资料的垄断使他们可以在不参与劳动的情况下进行消费。

最后，韦伯写道："关于决定了以身份作为主要分层依据的一般经济条件，我们能说的很少。"（Weber，1958a：193－194）我们可能会想到，文化权力与经济权力的分离是韦伯区分身份与阶级的起点。那么，如果他对身份分层的一般经济条件没什么好说的，那么读者又会怎么看呢？把文化权力与经济权力的分离，消费与生产、获取的分离作为区分身份和阶级的核心，在逻辑上和历史上都存在问题。

身份特权和身份剥夺

韦伯写道，为了一切切实的目的，观念上的和实际的商品垄断或机会垄断与社会身份的分层，以一种方式紧密联系在一起，这种联系方式逐渐成了我们眼中的典型。身份特权可以包括穿着特殊服装、吃禁忌的特殊菜肴和携带武器。物质垄断是身份群体排他的最有效动机。虽然只有物质垄断动机并不够，但这种动机几乎总能在某种程度上发挥作用。此外，某些商品成为身份群体垄断的对象，包括继承房产、农奴或奴隶的财产和特殊贸易。当身份群体完全有权拥有和管理这些对象时，垄断就会发生；而当身份群体为了维持其特定的生活方式，不得拥有和管理它们时，情形就会相反。生活方式在身份名誉中的决定性作用意味着身份群体是所有习俗的承载者。韦伯（Weber，1958a：191）写道，所有生活方式要么起源于社会身份群体，要么至少由社会身份群体传承下来。在谈及有产者和管理者，以及无产者和/或非管理者时，韦伯谈论的不正是古代奴隶和奴隶主、中世纪欧洲的地主和农奴，或 20 世纪 40 年代以前印度土邦的地主和农民吗？他们不正是当时生产和财产关系的产物吗？他们属于一个阶层。人们可以随意称呼他们，只要记住，西方的奴隶主和地主，与奴隶和农奴，印度高种姓和低种姓身上的正负身份荣誉，是建立在居上位者对经济政治权力垄断的基础之上的。关于（带有正面名誉的）身份群体对生活方式的塑造（Weber，1958a：191），要记住的是，在成为惯例和生活方式的继承者之前，他们一定已经是经济政治权力专有权的拥有者。

韦伯说，在享有特权的身份群体中存在反对普通体力劳动的现象，一旦从事体力劳动就失了身份。任何活动，包括艺术和文学，如果是用来赚取收入或与体力活动有关，就被认为是降低身份的。在人类历史上，体力劳动何时与负面的社会名誉联系在一起了呢？只有当生产资料成为一个特定阶级的私有财产，没有财产权的阶级被迫从事体力劳动，从而使另一个阶级从体力劳动中解放出来并从事脑力劳动时，这两类与物质生存条件息息相关的劳动之间就划出了一条象征性边界。体力劳动成了有失身份的行为，脑力劳动则成为有社会身份的必要条件。正如理查德·李（Richard Lee）所写："然而，在人类社会漫长的历史中，大部分时间里没有休闲阶级，没有机器，脑力劳动者和体力劳动者之间也没有区别。每个人都工作，每个人都使用双手和大脑。"（Lee，1990：250）

稍微离题一句，韦伯曾写道，在美国，身份取消与尊重劳动的古老传统背道而驰（Weber，1958a：191）。韦伯提及美国尊重劳动的传统是有趣的。这与 20 世纪初美国对劳动的蔑视及其发展到对劳工、奴隶——契约佣人（包括契约白人）、移民（包括爱尔兰人、犹太人和俄罗斯人）的蔑视的真实历史有着怎样的关联？（参见 Brodkin，1998）正如夏尔马指出的，古代奴隶主、中世纪欧洲地主、印度优势种姓和美国资产阶级的共同之处在于他们对生产过程中的（体力）劳动的蔑视——在印度种姓制度的特定背景下，这种蔑视延伸到了劳动者身上（Sharma，2009：7）。

身份与性

身份和性之间有着密切联系。身份和名誉伴随着更多的性接触特权。坦比亚（Tambiah）写道，经典理论蕴含着关于印度种姓制度某些基本特征的永恒真理。他提到的一个永恒真理是，在传统理论中，不同种姓在对女性的性接触方面享有不同的特权和支配身份。在不同时期，印度不同地区普遍存在的上婚（anuloma）和纳妾是这种特权的制度化形式。在古代，《摩奴法典》规定：除了初婚娶一个和自己同一个种姓的妻子外，一个婆罗门可以再娶其他三个各自不同种姓的妻子，刹帝利可以再娶其他两个各自不同种姓的妻子，吠舍可以再娶一个不同种姓的妻子，首陀罗则只能娶一个和他同一种姓的妻子（Tambiah，1973：197）。

韦伯写道，身份名誉与所有希望属于这个圈子的人期望的生活方式有关。社会交往受到制约，这种制约不服从于经济或任何其他商业功能目的。这些限制将一般的婚姻限制在身份圈子内，并可能导致完全封闭的内婚制（Weber，1958a）。

坦比亚和韦伯关于婚姻的论述——内婚制、上婚、下婚和纳妾制——被广泛接受，只是身份群体之间的婚姻除了表示文化上的优越性，也是为了保留经济—政治特权。婚姻和纳妾是阶级事务。古代、中世纪（和现代）的西方奴隶和农奴或印度的“贱民”中，有多少有妾？他们真正的斗争是保护自己的女人不被韦伯所描述的有“积极名誉”的身份群体纳为妾。

正如米尔纳观察到的那样，韦伯特别关注“表达亲密”关系的规则，这种关系通常以性行为和共同进餐为标志。他认为，交配和进食是人类繁殖的方式。在大多数文化中，共同进餐和交配被视为亲密的行为。这两种情况下，人类都在进行共享。虽然总体而言，许多身份群体都关注性关系的规则，但他们特别关注婚姻的规则。然而，米尔纳写道，他们要是“沾花惹草”，可能会被原谅，但如果他们与身份低于自己的人结婚，就很可能会遭到驱逐或降级（Millner，1994：39－40）。

米尔纳提到的（来自“积极名誉”身份群体的男人和来自“消极名誉”身份群体的女人之间）不结婚的交配行为具有特殊的社会学意义，（借用弗兰肯伯格的话）这种行为享有了部分性特权但不被承认是性特权。社会学家写了无数关于婚姻和交配的文章，基本上都忽略了交配的另一方面——在婚姻之外的交配行为，这种行为受种姓制度中的权力关系调节，发生在高种姓的男人与低种姓的女人之间，没有结婚义务，女方可以是“贱民”。正如拉什克莎所说：“虽然男人是不可触碰的‘贱民’，女人却可以被高种姓的男人所享受。”（Rajshekhar，1983：4）米尔纳将这种行为称为“沾花惹草”，意思是这是个体的越轨行为。然而事实与之相反，这不是个体的越轨行为，而是一种常态。这是系统性的问题，权力关系的问题，每天都发生在中世纪的欧洲、南北战争前的南方和种姓制度中。事实是，身份群体——印度高种姓、南北战争前的南方奴隶主和中世纪欧洲贵族控制了低种姓、种族和阶级的生活资料——“擅自夺取”了进入女性身体的特权（借用韦伯的话说），同时积极监管自己的女人的性行为，特别是防范其与低种姓、低种族和低阶级男人的接触。在社会学的理论框架中，与经济政治权力脱节的身份将其视为个体的反常现象——“沾花惹草”。相反，作为一个系统性的问题，它体现了种姓制度中高种姓与低种姓关系的不对称性（与奴隶制和封建主义中的种族和阶级十分相似）。在印度，高种姓男子对低种姓妇女的性接触的身份特权，与西方奴隶制和农奴制的类似特权具有可比性，是经济、政治和文化权力的交叉现象。

身份：权力的果还是权力的因？

在区分身份和阶级时，韦伯认为，在某些情况下，经济权力不是社会名誉（身份）的原因，而可能是社会名誉带来的结果：“事实上，社会名誉或威望，甚至可能是，也经常是政治或经济权力的基础。”（Weber，1958a：180）这一论点在主流社会学中有着广泛的应用，即并不是经济实力（或缺乏经济实力）决定了某一特定种姓的身份高低；相反，正是他们的身份（与名誉有正面或负面的联系）决定了他们能否获得经济（和政治）权力。因此，有人认为，马克思有时夸大了人与人之间的关系对生产方式的影响。他这么做没有充分注意到反向因果关系，也就是说，他没有充分注意到社会文化因素是如何决定可用资源的（Millner，1994：7）。现在，为了确定社会名誉（仪式身份）是源于经济权力还是带来了经济权力，人们必须研究种姓等级制度，不是局限于某个特定的时间点，而是要看到随着时代的变化而变化。以 20 世纪 40 年代之前和之后的拉贾斯坦邦的拉吉普特人（地主）和贾特人（农民）为例，直到 20 世纪 40 年代末，贾特人都是依附于拉吉普特人的土地保有权人，身份较低。在废除了古老的土地保有制度后，贾特人成为其占领土地的独立所有人，这加强了他们的政治权力，提升了他们的社会名誉。北方邦和比哈尔邦的阿赫勒人、库纳比人也是如此。

从历史上看，最明显的经济权力带来社会名誉的例子，是起源模糊的不同群体的刹帝利化或拉吉普特化，他们在建立对某一领土的统治后，声称拥有刹帝利（拉吉普特）的身份，并找到容易摆布的婆罗门或游吟诗人，用物质作为回报，让其宣布他们的要求合法化。撒帕尔指出，历史记录充分显示，出身相对不甚显赫的家族通常通过获得土地所有权和行政职位来获得较高的社会身份。那些变得强大的人为自己编造了家谱，赋予家族刹帝利的身份，与皇室血统相联系（Thapar，2000：13；参见 Weber，1958b：65；Bandyopadhyay，2004：51）。

经济政治权力等级制度是身份等级制度产生和再现的根本条件，而身份等级制度又被洁净和不洁所掩盖。它还将社会分为有社会名誉的人和其他没有社会名誉的人。正如夏尔马（Sharmar，2009：7）指出的那样，只有当体力劳动与非体力劳动（宗教、脑力和行政工作）分开时，高种姓的成员才能获取一些剥削特权。实现这种情况的主要条件是把劳动群体和土地分离开来，而土地是主要的生产来源，这使较高的种姓通过在社会文化上与工匠和农业劳动者保持距离，从而使他们的权力和身份得以延续。洁净和不洁的规矩是为了掩盖财产和政治权力的分裂而创造出来的，这套规矩将一个社会历史过程当作神圣的造物。从历史上看，某个种姓只有被剥夺了生活资料后，才与负面的社会名誉和种姓等级制度中较低的等级联系在一起，这种等级制度随着时间的推移而自我延续。总的来说，社会学局限于研究存在于特定时期而不是贯穿不同时期的种姓制度，这使种姓制度中生产资料的剥夺和名誉丧失之间的关系颠倒过来了，得出了名誉丧失导致生产资料被剥夺的结论。具有讽刺意味的是，这被称作对马克思强调的财产和社会名誉片面观点的纠正。

作为身份群体的种姓制度：印度例外论

身份群体可以是开放的也可以是封闭的。韦伯写道，种姓无疑是一个封闭的身份群体，与其他类型的身份群体截然不同。种姓的身份差别不仅由习俗和法律确保，也由仪式来保证。高种姓和低种姓成员之间的每一次身体接触都会导致（前者）仪式上的不洁——一种必须用宗教行为来补偿的耻辱（Weber，1958a：189；1958b：39－40）。在韦伯的著作中，我们发现了杜蒙种姓制度社会学的萌芽——种姓是一种身份，这种身份是宗教性质的。必须提出的是，杜蒙借用了韦伯的基本观点，认为身份是文化权力，而非经济权力和政治权力，但二人对种姓作为身份群体的解释存在显著差异。在韦伯看来，身份是权力——文化权力，与经济政治权力不同（或对立）。在杜蒙看来，身份是宗教性质的，与权力不同（虽然这里的权力指的是政治权力），与经济权力无关。身份（祭司/婆罗门）和权力（王公/刹帝利）之间的区别是《阶序人》讨论的核心。

权力屈从于等级制度：种姓制度

身份和权力之间的区别、权力从属于身份是种姓制度的两个显著特征。杜蒙写道，可能在基督出现8个世纪之前，印度教传统就在权力和等级身份之间划分出了明确的界限。有人认为，印度文化的特点是等级制度和权力之间的彻底区别，这可能是一种独一无二的现象。因此，等级制度在印度以纯粹的形式呈现（Dumont，1980：37）。米尔纳回应杜蒙说，虽然这看起来很奇怪，但在很长一段时间内，前现代印度的文化相对成功地将身份与经济政治权力隔离开来。与其他大多数复杂社会相比，社会身份和道德价值对经济政治权力的直接依赖要小得多（Millner，1994：16，

28）。因此，米尔纳提出问题，身份在印度比在其他大多数社会中更重要吗？这又回到了印度例外论。

杜蒙认为，出现纯粹的等级制度主要有两个必要条件。首先，身份和权力必须分离（这两者换在其他任何地方都是结合在一起的）。其次，权力必须“绝对低于”身份。这两个条件在种姓制度中并没有得到充分满足，因为洁净和不洁的对立（两者构成了整个等级制度）纯粹是宗教性质的，并不能反映社会中权力的地位。但是早些时期，他在瓦尔纳体系的婆罗门和刹帝利关系中发现了一种对权力的解释，从而强调了瓦尔纳体系和种姓制度之间的同源性。但这又带来了一个矛盾：正如杜蒙被迫承认的那样，王公作为皇家种姓和肉食者，优先于素食商人或农民，这大大超出了种姓制度中的等级制度所能让步的程度。然而，这与他的理论并不矛盾。因为在种姓制度中，等级制度不动声色地让位于权力，并默许权力占据主导，仿佛它有义务“以毁灭自己为代价”这样做（Dumont，1980：74－77）。除了将种姓不平等降至肉食者与素食者之间的区别这种琐事，这里的等级制度还被赋予了有意识的自我调节——它有时睁一只眼闭一只眼，做出迁就和妥协，感到痛苦和快乐；有时自我毁灭并自我重塑。

杜蒙认为，如果紧握权力层次的观念不放，就无法理解印度制度的本质（独一无二的特征）。这一特征是权力（经济政治权力）屈从于等级制度（宗教），这在思想上是绝对的、在实践上是有限的（Dumont，1980：76）。一些批评家指出，如果思想与实践之间的鸿沟千百年来一直存在着，那么坚持知识（理论）和忽视实践（经验—历史）的选择有多少可信度？（参见 Srinivas，2006：93－109）这种不一致并非偶然。它是以思想至上为前提的内在缺陷理论框架的固有特征。在极端和中间区域之间分离的想法本身就相当古怪。两个分析层次（思想和实践）和两个等级制度区域（极端和中间）之间的纵横交错表明了理论和方法存在严重缺陷。如后面所讨论的，身份—权力区分的问题要严重得多。

祭司和王公：宫廷祭司（purohit）优于王公？

杜蒙认为，刹帝利和婆罗门既统一又分离。婆罗门不属于刹帝利的管辖范围；婆罗门是源头，或者更确切地说，是子宫，是刹帝利的泉源，是优越的；婆罗门可以不依靠刹帝利而存在，反之则不然。因为虽然婆罗门和刹帝利都能献祭，但只有婆罗门可以主持仪式。精神原则和统治权原则之间的关系在宫廷祭司（祭司）制度中得到了充分体现，王公必须与宫廷祭司有“永久的个人关系”。Purohit 的字面意思是“优先的人”。如果王公没有宫廷祭司，那么他供奉的祭品，上帝是不会吃的。王公一生的一切行动都要依靠祭司，因为没有祭司，这些行动就无法成功。祭司之于王公，正如思想之于意志。世俗权威是通过个人关系得到保证的，通过这种个人关系，王公将高于自身的卓越身份赋予了祭司所体现的精神权威，从而维护了自身的世俗权威（Dumont，1980：289－290）。

首先，这里存在着语义或概念上的混淆。如果婆罗门是子宫，除了圣灵感孕，婆罗门从何而来？此外，如果说婆罗门是第一个人（造物主），那么婆罗门和刹帝利都来自同一个子宫。所以婆罗门的优越之处在于其介于子宫和胚胎之间的特性，这令人相当困惑。其次，如果正如杜蒙和韦伯所说，婆罗门在生存物质上依赖于刹帝利，那么婆罗门在没有刹帝利的情况下还能存在吗？（Weber，1958b：61）事实上，婆罗门和刹帝利的生存都依赖于那些从事劳动养活他们的人，但这些劳动者都被排除在祭祀秩序之外，而这正是杜蒙和韦伯关于种姓中婆罗门中心思想的核心。最后，从梨俱吠陀时代祭祀仪式的视角来审视后期社会，是在颠倒历史。吠陀时期的祭祀仪式是当时经济、政治和文化秩序的一部分，随着后期经济、政治体制的变化而消失。将吠陀仪式不仅视为吠陀早期社会的组织基础，而且看成几千年来后吠陀时期社会组织的基础是一种误解。

如果从历史和民族志的证据来看，鲜有证据能支持杜蒙和韦伯宣称的祭司先于王公的观点。王公并不是“所有行动”都依赖于祭司。祭司不参与君主的主要职责领域——经济、政治、司法和军事，其活动仅限于仪式。王国不是建立在仪式之上，也不是依赖仪式而建立的。王国建立在土地上，其主要职能是管理其土地及领土内的人民。在管理土地和人民时，王公依赖与其身份相同的人——地主群体，这些人与王公的阶级和种姓相同。在有关土地管理的问题上，祭司并不在前线，甚至也不在后方。祭司在神庙里，而王公在宫廷中。神庙和宫廷是统一的，也是分离的。宫廷为神庙提供生活所需，以回报神庙为其提供的精神和意识形态上的服务，这种服务是宫廷和王公必不可少的。但是，当涉及国家的经济、政治、司法、军事和社会文化等主要事务时，宫廷和神庙就分属于两个不同的领域。将宫廷视为神庙的附属，从而使神庙凌驾于宫廷之上，使祭司凌驾于王公之上，是在扭曲王权和王国的历史现实。认为宗教涵盖了世俗的理论是不合逻辑的理论，把宫廷看作神庙的一部分的观点，正是从这种不合逻辑的理论中推导出的结果。

祭司和王公关系的二重性

杜蒙承认王公和祭司之间的关系有两个方面。在精神上，祭司毫无疑问是优越的，但在世俗上或物质上，他是“臣民和依赖者”。杜蒙（见 Dumont，1980：288－292）承认，祭司依赖王公以维持生计，获取法律保护：

> 祭司走在王公后面，走在王公的侍从中。他承认，从价值观层面来讲，西方对王公和祭司之间的意识形态关系并不陌生。但是，这种意识形态关系在印度的呈现形式很特殊，主要是因为在印度，精神元素体现在一个人的身上。

有人可能会问，西方的信仰元素是否体现在祭司身上？若不然，信仰元素体现在谁身上？祭司权威的基础是什么？

有人认为，种姓制度中的独特之处在于，王公首先服从于祭司（出于等级制度的要求），然后才能分享祭司的尊严，从而形成排斥其他人的联盟：刹帝利（王公）和婆罗门（宫廷祭司）独自不能繁荣，只有通过密切联系才能成功（Manu，IX，322，引自 Dumont，1980：288）。结盟背后的推动力是洁净与不洁的对立，这是印度与其他国家的区别。我不同意这一观点。我认为，与杜蒙的主张相反，种姓制度中王公与祭司的结盟与非洲、亚洲和欧洲封建社会中王公与祭司的结盟并没有本质区别。联盟背后的推动力不是宗教，而是世俗。祭司支持王公掌握超乎常人的土地、政治权力和社会名誉，王公则给予祭司物质利益和社会认可。两者共同组成了与其他阶级相对立的统治阶级（和种姓）。正如休伯曼（Huberman）所写，欧洲中世纪，教会和贵族是统治阶级，他们攫取了土地和随之而来的权力。教会提供精神援助，而贵族提供军事保护。他们从压榨劳动阶级中获得利益（Huberman，1963：15）。与此相同，印度的王公和祭司攫取了土地和政治权力，来压榨种姓制度中的农民和工匠。用《往世书》（*Purans*）和《法典》（*Smritis*）中记载的洁净和不洁的宗教原则来掩盖这一事实，以排除历史—经验证据，是一种神秘化过程。

据称，种姓等级制度中的身份等级是根植于宗教的。首要的不是权力，而是宗教，因为对于这些（西方"之外"的）社会来说，宗教代表着黑格尔所说的普遍真理，即绝对真理（Dumont，1980：292－293）。根据宗教至上来给社会分级是殖民人类学的观点，以宗教为主要现实的原始社会（野蛮人）是底层的社会，而现代、文明、世俗的社会（现代西方）是顶层社会。殖民主义的使命是在较黑暗（生物学、文化和隐喻层面）的民族中传播世俗化和文明，把那里的人们从宗教的束缚中解放出来。可以理解的是，殖民人类学将印度降格为种姓制度，将种姓制度降格为其宗教本质。后来的社会学家在《往世书》和《法典》中寻找种姓的解释，牺牲种姓的历史现实，为强化种姓的宗教观做出了贡献。

论者争辩说，印度的王权是个例外。在大多数社会中，例如在建立了王权的古埃及、苏美尔王权等，王权既有法事—宗教职能，也有政治职能，因为"……在印度，王公不履行宗教职能，他依赖祭司，置祭司于自己之前，继而把自己的等级优势转给了祭司，自己只保留了权力"。杜蒙认为，这是大多数现代哲学家都未能理解的一点，且不只是他们没能理解。当代人类学家还错误地认为，王公的身份更多地取决于其对权力的行使，而不是其宗教意义上的资格（Dumont，1980：293）。中世纪的法国或英国王公是巫师—祭司吗？若不是，他服从于祭司吗？如果世俗权力和宗教权力的分离使王公在西方具有显赫身份，那么为什么在印度，同样的分离却使王公服从于祭司？难道无论是过去还是现代，印度事事必与西方相反？问题不在于印度像西方，也不在于西方像印度。相反，为什么同样的原则对西方是一种含义，对印度却是另一种（相反的）含义？

韦伯提出了印度祭司优于王公的另一个原因。他写道，由于城市的发展，古希腊的世袭贵族祭司（相当于印度的婆罗门祭司贵族）——“乡村绅士的愚蠢”代表，被剥夺了所有实质性的影响力。相比之下，婆罗门在为王公服务的过程中，保留了他们与法术和祭祀的联系，尽管这是一种乡村愚昧（Weber，1958b：139）。正如后面所讨论的，韦伯对印度祭司与王公关系的理解存在着严重问题。

祭司和王公：土地问题

杜蒙承认，在考虑权力和领土问题时，从最广泛的意义上讲，掠取土地很重要。土地是最重要的财产，与统治权力紧密相连。这在复杂的传统社会中是普遍存在的。他还指出，虽然 19 世纪和 20 世纪（殖民统治者）对土地的权力问题进行了大量讨论，但几乎没有涉及种姓制度。他补充说，探索印度的土地“所有权”（原始所有权）是一个伪命题，因为在同一对象上，同时存在着数种互补的不同权利，如共同体的权利和王公的权利。一块土地不仅仅与一个人相关。每一块土地上都同时存在数种权利，不同的权利有不同的作用，具体表现为享有一部分农产品的权利，或是耕耘者应缴纳的税款。特别是王公所占的份额，远远不只是因其维持国家秩序而支付的薪金，而且表明了王公对所有土地的总体权利。正如谷物在打谷场上的分布向我们展示了一系列对收获的权利，王公和农民之间的中间环节也展示了权利的叠加，这些权利不仅相互依赖，还容易发生变异（Dumont，1980：156－157）。

在同一块土地上有多种权利并非印度独有的现象。这是封建土地所有制的一个公认特征，正如休伯曼（Huberman，1963：10）在谈到中世纪欧洲时指出的：

> 领地的主人和农奴一样，并不“拥有”土地，而是另一位等级较高的领主的佃户。农奴、恶棍或自由民从领主那里“获得”土地，领主从伯爵那里“获得”土地，伯爵从公爵那里“获得”土地，公爵从王公那里“获得”土地。有时甚至追溯得更远，一个王公从另一个王公手中“获得”了土地。

杜蒙认为，互补权利的存在是种姓之间相互依赖的表现，王公和耕者的权利只是链条上的主要环节，这个链条有时是“复杂的”。种姓制度与我们所说的土地所有权形成了强烈对比。在这一领域内发生的事情几乎可以从种姓制度的一般特性中推断出来。种姓制度不与土地相联系。而土地在复杂的传统社会中是最重要的，与政治权力密切相关，且只与一个人或一项职能有关，不会具有该制度包括的全部职能。通常，实践中的习惯权利是零碎且相辅相成的。毫无疑问，众多权利中将会有一种显要的权利，但是这种权利将服从于价值观，因此也将服从于权利的职能（Dumont，1980：157－158）。

封建的土地权利并不“排他”。这对非种姓社会和种姓社会同样适用。然而，这并没有模糊封建制度中土地权利的等级制度，在这种制度中，王公拥有最高权力，王国中的每一个人，包括祭司，都是他的佃户，是依赖于王公的持有者和下属。尽管在土地上的权利是多种多样的，但是对于王国的主要阶层——地主和佃户而言，权利和义务却毫不含糊。休伯曼（Huberman，1963：16）将封建制度（对种姓和非种姓社会都适用）中获得土地的基本原则归纳如下：

> 封建制度建立在这样一种组织的基础上——组织为工人提供保护，作为代价，组织把工人阶级置于有闲阶级的支配之下。组织不把土地给耕种它的人，而是把土地给能够占有它的人。

在印度，土地占有与种姓制度并不抵牾；相反，土地占有是种姓制度中等级制度的基础，也是其他封建制度中等级制度的基础。印度因种姓制度而产生的例外论——据称是宗教思想的产物——只是一个神话。

需要重申的是，种姓制度中的土地权（地主和农民之间的权利）不是互补的，而是不平等的，是存在剥削的。这些权利通过宗教和世俗认可变得合法化，得到祭司和神庙的支持，并通过超经济强制得以执行。这些权利并不是由立法者思考而预先决定的；相反，它们只有先于外部世界出现，然后才进入立法者的脑海中。土地权利互补的概念回避了剥削，排除了超经济强制，排除了小邦地主（王公是最高地主）和农民之间的土地关系的日常现实。印度（种姓社会）和英国（非种姓社会）都是如此。拉贾斯坦邦的法官（kathi）、北方邦、中央邦和比哈尔邦的警棍，以及为吸引游客而保存在英国伦敦塔中的中世纪刑具都讲述了超经济强制，其是封建生产关系的特征。封建生产关系兼具种姓社会和非种姓社会的特征，神庙和教会对其予以支持，以换取物质回报，尤其是土地。在种姓制度去除了剥削和超经济强制的童话中，土地关系表现为遵循立法者创造的以“整体”为导向的、神圣的秩序。相反，等级森严的土地关系所决定的种姓等级制度无疑是世俗的。

我们被告知，大多数英国行政人员更多的是从西方的哲学概念而不是英国法律概念出发来理解印度的土地关系问题，这显然掩盖了印度问题的特殊性（Dumont，1980：157）。它不是西方的哲学和法律概念，而是印度（印度教和伊斯兰教关乎土地权利）的哲学和法律概念，这些概念在英国和法国人登上印度土地之前就已经存在，只有理解了这些概念，才能理解种姓制度中的土地关系。米塔克萨拉（Mitakshara）学派和达亚不哈嘉（Dayabhag）学派都是关乎土地权利的学派。《罗摩衍那》是长子继承制的故事，封建土地权利的典型特征之一就是长子继承制。《摩诃婆罗多》是关于土地权利和土地权利斗争（战争）的故事，土地权利是克里希纳（Krishna）爵士准许的，他的权威不亚于上帝的化身。王公的长子和年幼的儿子及地主扎门达斯（Zamindars）、塔鲁克达斯（Taluqdars）、贾吉尔达尔斯（Jagirdars）和提坎尼达（Thikanedars）的占星术讲述了印度土地权利的复杂故事。中世纪早期的碑文、印度莫卧儿王朝的土地记录，以及在英国统治之前和统治期间土邦（小王国）的土地记录，讲述了独立于西方哲学概念和英国法律的土地与种姓的故事。杜蒙和韦伯把注意力集中在宗教文本上，为他们的种姓制度理论寻找支持，其中宗教占主导身份，至于土地记录，他们则很少关注。

因为专注于宗教，杜蒙发现的唯一相对清晰的土地权利是“某些宗教捐赠”情况下的土地权利（Dumont，1980：157）。他将其余的1 000多年来的土地历史和种姓制度总结为关系的“互补性”，并宣称：“……（种姓）与土地的关系不像人们所想象的那么重要。”（Dumont，1980：157，160）如果他认真探讨宗教土地授给的情况，并将其与各种世俗授给相比较，例如，授地（以换取军事服务），维护授地给 chhutbhais（地主的弟弟）、系谱学家（Charans，Bhats）或小妾，就会有助于理解土地介导的种姓制度中宗教与世俗的关系，然而他没有这么做。

土地权利在种姓等级制度中的贬低，可进一步见于杜蒙的论述中，这是因为刹帝利的职能与“力量”（权力）有关，因此成为王公比成为婆罗门更容易。他认为，刹帝利和不可接触者是两个容易从外部进入的种姓社会层级（Dumont，1980：74）。第一，如果要在成为王公和婆罗门之间做出选择，那么谁愿意成为婆罗门是一个开放性问题。第二，成为王公真的只是一个选择的问题吗？历史上没有哪个人虽然没有王权作为基础，但是想当王公就当上了王公。王权是客观现实而不是主观现实，它首先涉及对领土的宗主权。成为婆罗门意味着过上婆罗门式的生活——素食主义，避免食用其他种姓吃的未煮熟或煮熟了的食物，偶尔沐浴，以清除与不可接触者接触（所谓接触，通常是指与女性不可接触者发生性关系）而染上的临时杂质。那么，成为王公和成为婆罗门，到底哪一个容易？

一个外来的人进入种姓社会，要么是成为刹帝利，要么是成为不可接触者，这一论点很有趣且历史可以证实。杜蒙没有提出的一个重要问题是，无论是成为刹帝利还是成为不可接触者，外来者进入种姓制度仅仅是一个选择问题吗？显然不是。那么从这两个切入点进入种姓社会的条件是什么呢？从历史上讲，一方面，那些成为刹帝利的外来者，是能够通过征服而建立对领土统治的人，这种征服也带来了经济、政治、司法权力和社会名誉——身份的标志；另一方面，那些成为不可接触者的外来者被剥夺了生存手段，因此失去了经济政治权力和社会名誉。在这里，两个切入点之间的相似性具有不同的含义。讨论两者的相似之处，而忽视两者在必要条件上的基本差异，就是回避种姓制度中身份与权力的最重要的问题——土地权利的中心性。

在这种背景下，研究神庙授地的保有制度十分有趣。我从拉贾斯坦邦的实地调查中得到的所有相关信息都表明，神庙在管理他们从王公和地主那里得到的土地时，追随着王公和地主。最重要的是，神庙（作为地主）与神庙土地上的佃户之间的关系，同王公与皇权土地上的佃户之间的关系是一样的。王室宫廷的等级制度被王室神庙的接见室效仿。毕竟，王公是上帝，因为他在王国的所有土地上都享有崇高权利。祭司日夜布道，维持王公的上帝形象，为自己管理的宗教机构换取土地。将神庙和神庙土地上佃户的关系，与世俗土地上地主和佃户的关系进行比较研究，具有重要的社会学意义。将神庙作为土地所有者，与中世纪欧洲教堂作为土地所有者进行比较，将有助于驳斥种姓制度导致的印度“独特性”这一神话。关于中世纪欧洲教会作为土地所有者的问题，休伯曼（Huberman，1963：14－15）的描述与之紧密相关：

> 教会是封建制度的重要组成部分。在某些方面，它不像王公那么重要，但在另一些方面，它比王公重要得多。教会是一个扩展到整个基督教世界的组织。它比任何君主都更强大、更广阔、更古老、更连续。这是一个宗教时代，教会拥有巨大的精神力量和威望。除此之外，它拥有当时唯一存在的财富——土地。教会是封建时代最大的地主。那些对自己的生活方式感到担忧、想在死前同上帝站在一边的人们，把土地给了教会；那些认为教会在关怀病人和穷人方面做得很好，并且想为此出一份力的人，把土地给了教会；一些贵族和王公则形成了惯例，每当他们赢得战争并接管被征服的土地时，就把这些土地的一部分给教会……教会是中世纪最富有、最有权力的地主。

有人认为，佛教、耆那教或印度教这些宗教的神圣纪念建筑的赞助人最关心的问题之一是获得宗教功德（punya），这将为国家事务带来神的恩惠，更重要的是，将确保来世具有有利条件。从赞助方面来看，印度次大陆对神庙和其他建筑的赞助，似乎与西方世界赞助的基本问题属于不同的类别（Daheja，1988：4）。根据休伯曼的上述说法，这种言论有多少可信度？我们应该重申，东方（这里指印度）和西方的比较研究具有一对扭曲的特征：对于印度社会，要强调宗教方面而遏制对世俗方面的讨论；对于西方社会，则强调世俗方面而遏制对宗教方面的讨论。

事实上，宗教与世俗交织在王公与祭司、宫廷与神庙的关系之间。达赫加（Daheja）写道，作为一种政治文化的展示，神庙是对统治者个人权力的庄严维护。这些伟大的建筑给王公带来了额外的声誉，是对他的军事造诣和政治才能的赞美。11 世纪，拉杰拉贾（Rajraja）皇帝巩固了乔拉帝国（Chola Empire），他在印度首都坦焦尔（Tanjore）建造了皇家神庙，这是印度南部迄今为止最大的神庙。他为这座神庙捐赠了大量的土地和钱财。400 名跳舞的女孩被带到神庙里来侍奉其中供奉的神（Daheja，1998：4，6）。在展示神的威力时，圣殿也展示了统治者（地上的神）的力量。神圣与世俗交织在一起，王室庙宇（身份）与皇宫（权力）相辅相成。在种姓制度中，身份和权力的绝对区分是有误导性的。

经济学的问题

在谈论身份和权力问题时，杜蒙提出了“经济学的问题”。在这方面，杜蒙（Dumont，1980：164－165）主要提出了三个观点。第一，经济学这一范畴是否适用于传统印度？第二，我们知道从印度传统中可能会发现一些等同于政治—经济领域的概念，也就是 artha（经济）领域的东西，但是经济和政治一直密不可分，因为“甚至在我们（西方）社会中，也只是在 18 世纪末经济才成为独立于政治的独特类别”。然而，在印度，“正如宗教包含政治，政治也包含经济”。第三，如今，印度毫无疑问有着明显且可被称为经济的活动领域，但是使之成为可能还要归功于英国政府。然而，许多文献作者毫不犹豫地对传统印度的经济夸夸其谈，却不常谈及他们是如何定义经济的。

首先，如果我们认为经济（如其在政治经济学中的定义）指的是生产过程，那么在谈及社会时必然要谈及经济；人们必须参与到生产过程中生产所谓生活必需品，这是生存的前提条件。但是，这里我想说的“经济”是杜蒙自己理解和引用的“经济”。他告诉我们，《政事论》中讨论的经济，特别是王公的土地权如同西方领地权，即“土地所有权以及对人民控制权的结合”（Dumont，1980：308）。欧洲的领土权是经济吗？如果答案是肯定的，那么我们是否可以认为在《政事论》写就的时代，也就是在英国发现印度的 1 000 多年前，印度就已经存在经济？如果印度（回溯到《政事论》的时代）王公的土地权类似于欧邦的领土权（或王权），那么否认英国统治前印度就存在“经济”概念的依据又是什么呢？

其次，在现代之前的（中世纪）欧洲，出现了佩里·安德森（Perry Anderson，1978）所说的经济和政体的“有机统一”：对经济权力（土地的所有权和控制权）的垄断与执政阶级——地主（包括王公，王公是王国中最高级别的地主）对政治（和法律）权力的垄断相结合。与杜蒙所说的不同，印度的经济权力并不包含在政治权力中；相反，经济权力是政治权力（以地主阶级为代表）的基础。在资本主义萌芽前的欧洲（欧洲封建时期）便是如此，在种姓体系中也是如此。

最后，是一个有关术语的问题。“政事论”（Arthashastra）的字面意义是经济学。如果从理论上说政治包含经济（杜蒙认为实际上也是如此），那么在命名时，为何经济中包含政治呢？这并非只是因名称而引发的争论，其实争论的焦点是包括印度在内，资本主义前（封建）社会经济形成过程中经济权力和政治权力的统一。为了显示出印度的“与众不同”，即印度和西方的不同之处，必须否认共同的历史现实，这就是《阶序人》的主要目的。

总而言之，基于地位和权力之间绝对区别的种姓理论缺乏可信度，这种区别与土地关系即地位和权力的基础无关。有关种姓的社会学一直对土地关系漠不关心。在此过程中，种姓被制度化、魔幻化，变得圣洁而又神秘。《阶序人》就是将种姓体系制度化、魔幻化的体现。其中对种姓与土地关系的处理——种姓体系中最重要的一方面——是其最薄弱的一面，是其“阿喀琉斯之踵”。《阶序人》的簇拥者和批评者皆未能弥补杜蒙和韦伯种姓体系研究中最严重的缺失。

占统治地位的优势种姓和婆罗门

杜蒙说：“种姓体系只有在屈从于外力时才会感受到外力；在此方面，种姓体系毫无招架之力，这是它的‘阿喀琉斯之踵’。”（Dumont，1980：158）杜蒙无法从小邦（据杜蒙自己承认，小邦才是真实种姓单位在活动过程中的土地单位）和王公层面解决“外力”问题，所以他选择了村落和村落中的优势种姓的地位作为替代。他这么做的理由是：首先，“印度如同由村落一环环组成的蠕虫”。其次，“虽然我们无法观察整个王国，但村落内部就是一个小型王国：在（优势种姓）上有王室职能的准则”。最后，“村落中优势种姓的功能等同于更大领土范围内的王室职能：优势种姓在村落中再现了王室职能”（Dumont，1980：159－162）。

我们或许想起了，杜蒙一开始就因为从王国和王公转向村落和优势种姓，而违反了自己一直以来所坚守的理论和方法的基本原则——我们不能通过部分研究整体。王国和王公是整体，村落和占统治地位的种姓是部分，那么为什么要研究村落和优势种姓而不是王国和王公呢？

20 世纪 40 年代末，印度有 500 多个王国，这些王国占据了 2/5 的领土，全国有超过 1/4 的人居住在这些王国的领土上。杜蒙无法对王国进行观察这一点着实令人不解。其实，这些王国是可供观察的，20 世纪 60 至 80 年代，政治科学家（Rudolph and Rudolph，1967，2002）、历史学家（Sharma，1977）和社会学家（Singn，1988）就曾对王国进行观察。杜蒙却选择绕过王国和王公，转而观察村落和优势种姓。

以优势种姓替代王公还存在其他问题。王公对其领土中的所有土地有最高所有权，这也给他带来了最高的政治权力和司法权威。优势种姓却没有这些特性。在王国中，除了王公本人，其余皆是王公的佃户和臣属。但是优势种姓、村落和村民并非如此。优势种姓没有主权，对村庄没有土地征用权，也不是最高上诉法庭。高种姓者（优势种姓的成员）有权收集税款（Srinivas，2006：102），但是无权征税——征税权是王公独有的。继承仪式和王权合法化仪式表明了王权作为公共领域的象征性和合法性。谢利尼瓦斯提到，在优势种姓层面，并没有和王权的加冕仪式一样重要的合法化仪式，因此导致像婆罗门（祭司）这样的优势种姓的身份模糊且不明确（Srinivas，2006：102）。

即使我们认可杜蒙的说法，认为村落和优势种姓能够替代王国和王公，身份——权力的混乱仍然未能得到解决。原因在于并非所有占统治地位的种姓都屈从于婆罗门，比如贾特农民群体（引自 Srinivas，2006：97）。但是杜蒙却认为，“相较于整个印度来说，贾特农民群体属于异类”（Dumont，1980：163）。我们需要注意，贾特群体（Jat）同与他们地位相同的群体（如其他农民或者主要从事农业的种姓）主要生活在王侯领地拉贾斯坦邦和旁遮普（现旁遮普和哈里亚纳）。如果算上他们在东部北方邦、比哈尔邦、中央邦和南部各省君主国外的同等群体，“异类”的人数就相当庞大了。但是问题其实更加严重。将农民阶级归为“异类”从而支持以婆罗门为中心的种姓理论是站不住脚的。首先，把不符合理论主要假设的证据贬为“异类”，这样的行为本身就存在问题。其次，也是更为重要的一点，一个将农业主导经济中的农业生产者称为“异类”的种姓体系理论，其本身就是社会学理论中的异类。

身份与权力的文化构建

尼古拉斯·德克斯（Nicholas Dirks）也遇到了杜蒙论文中的核心问题，即祭司（婆罗门）和王公（刹帝利）谁在种姓中占主导地位？杜蒙认为，印度生活的经济政治领域（王公的权力范围）包含于宗教（祭司的势力范围）中，但德克斯对此表示反对，并提出种姓嵌入王权的政治背景中。因此，从意识形态上看，决定种姓等级制度的并非洁净—不洁的宗教戒律，而是世俗观念，如王权和权力带来的荣耀。在他看来，这种种姓观与杜蒙提出的主流种姓理论（参见 Dirks，1987：4，7，10，55，278；参见 Dirks，2001：4－7）相悖，并且提供了另一种观点。值得一提的是，尽管德克斯反对杜蒙文章中提出的观点——由于宗教戒律的主导性，因而祭司地位高于王公，但是德克斯最终认可王权本质上是宗教性这一观点。他认为，种姓制度的建立与王公有关，这一点不无道理（Dirks，1987：5－6，259－261）。问题是王权（王室荣耀）的基础是什么？德克斯规避了这一问题。他批评了杜蒙未将领土和政治纳入印度社会体系中，特别是种姓中。但是，德克斯自己在谈论王权时，也未考虑到领土的作用（详见 Singh，2007b）。

谢卡尔·班德约帕迪（Sekhar Bandyopadhyay）同样认为，权力是文化构建。他写道，婆罗门的号令需要得到足够权力的支持才能生效。他认为，在孟加拉往世书（Bengal Puranas）时期（中世纪早期），王公的职责就是根据有学识、受封大量土地的婆罗门的建议，维持瓦尔纳劳动分工的秩序，并且惩罚违反婆罗门制定的规范的人。班德约帕迪认识到，王公在维持社会秩序方面居于中心地位，于是认为王公具有强制性权力（danda），这种权力对维护社会秩序至关重要，而且王公的强制性权力应该来源于吠陀崇拜，只有通过婆罗门从中协调才能获得这种权力（Inden 引用于 Bandyopadhyay，2004：50）。

必须强调的是，王公的至高权力并非源自吠陀崇拜，其权力的真正来源是对领土内所有土地的最高所有权。维持瓦尔纳秩序并不是维持婆罗门教的秩序，而是维持经济政治秩序，这才是瓦尔纳秩序的基础。以婆罗门为中心的种姓观认为，经济政治秩序仅仅是婆罗门教秩序的一部分，并且把维护婆罗门教的秩序看作王公的最高职责——他的达摩。班德约帕迪认为，摩奴规定王公的职责之一是保护婆罗门和牛，他的观点言之有理。然而，王公之所以能够履行这些神圣的义务，是因为他控制了土地和人民（人民通过劳动养活了王公、婆罗门和牛）。种姓中权力部分（指除经济权力外的政治权力）的问题在于，尽管文章认同王公能对祭司施以权力，但是误以为王权来自宗教领域——祭祀（Hocart，Inden）、崇拜（Dirks）或婆罗门教的规范（Milner）。这就陷入了一种怪圈，归根结底还是认为宗教在其中起作用。

印度的种姓和封建制度

韦伯认为，种姓制度的特殊性与印度没有封建制度有联系。他是如何把两者联系在一起的呢？他认为，印度教社会制度的建立受家族号召力原理的影响比世界其他任何地方都大（这是另一个说明印度独特性的例子）。西方也会受到这种号召力的影响。他承认，王公世袭的神圣权力及蓝血贵族的传说就是西方氏族号召力的例证。但是在西方，这种号召力被常规化、制度化为王公、参选者等的身份职责。在印度则与之相反，号召力局限于血亲，亲属号召力阻止了印度封建制度的发展（Weber，1959：50－51）。

为说明亲属号召力是如何阻止印度封建制度发展的，韦伯讨论了欧洲封建关系发展的“独特之处”。他认为，如果将西方的封建制度主要当作一种社会—经济和政治关系体系，就会忽视西方封建制度的“独特”起源及其起源的意义。在他看来，欧洲封建关系的发展是为了应对当时的军事需要。封建关系源于家族中疏离者间的“自由合同”。封建统治者逐渐形成一种“群体内部的单一身份感”，并最终形成“封闭的骑士世袭领地”。这一关系建立在一些人亲族关系的疏远之上，他们不认为彼此属于同一亲属、氏族、胞族或者部落，而是“身份地位平等的同级”。而印度则与之完全不同。在印度，封建身份的形成并不依赖于赠地，而是来自亲属、氏族与部落，巴登-鲍威尔（Baden-Powell）对此也表示认同。韦伯写道，印度的征服者阶级由氏族成员或亲属的圈子构成，他们在部落的统治下作为领主分散在征服的领土上。依据规则，封建特权只能由氏族之首（Raja）或是部落首领（Maharajah）授给父系亲属。这并非自由形成的托管统治。亲属们认为，他们获得赠地是与生俱来的权利（Weber，1958：53－54）。

撒帕尔指出，韦伯忽略了印度赠地是封建性的而非宗教性的赠地。她指出，《法论》（*Dharmsastras*）和《政事论》（*Arthashastr*）讨论了有关土地和其他财产售卖、遗赠和继承的法律法规。公元 500 年后的石碑和铜板上的铭文更为详细地记载了王公和富人将土地赠给宗教受益人。王公也会进行世俗性的赏赐以换取服务。这些碑文在 19 世纪被破译，但主要是为了获知当时的时间与朝代。撒帕尔写道，印度的土地授权打破了追溯到公元 1 000 多年的氏族号召力（Thapar，2000：12，41）。

夏尔马注意到，公元纪年的早期是印度的一个转变时期，土地和农业资源成为大量（宗教和世俗）受益者的私人所有，导致社会分为两个基本阶级，即拥有赠地所有权的地主和基本的生产者——农民。地主限制农民获得土地的自由，导致了两个主要阶级的出现：垄断政治—经济权力的地主，以及依附地主、以租金和贡赋换取土地的农民。这推动了印度封建制度的发展。各地区的封建制度发展水平参差不齐。拉贾斯坦邦的封建制度发展水平很高，而部落、共有制和家庭农业关系仍然存在于很多地区（Sharma，2009：18－19）。

韦伯有关封建制度的立场还存在其他问题。他仅仅考虑了地主之间的关系，而忽略了地主和农民这两个主要阶级之间的关系。地主和农民之间的关系是封建制度的基础，但他却遵从一贯的方法，将特殊的文化特质

（封建土地保有人对领主的效忠）与其结构性的根源分离开来，将其变成封建制度的决定性特质。杜蒙（Dumont，1980：fn 73b，390）复述了韦伯的观点：

> 如果我们遵循马克斯·韦伯的观点，认为效忠关系是封建体系中的重要元素，那么没有效忠关系就必须避免使用这个词。我们应说圣职俸禄而非采邑①，说臣属关系而非封建附庸关系。

印度是否存在封建制度取决于对一个最重要问题的回答：印度统治者和农民之间的关系是封建性质的吗？首先，正如夏尔马和撒帕尔在前文中所说的，在鲍威尔和韦伯进行调查之前，印度许多地区的地主和农民之间就早已形成了封建关系。其次，即使从统治阶级（地主）的层面出发，韦伯坚持的家族和氏族（无论有无号召力）阻碍了印度封建关系发展的说法并没有得到史料的佐证。

此处可能需要简要提及詹姆斯·托德（James Tod）和阿尔弗雷德·莱尔（Alfred Lyall）之间的著名争议，这场争议过了大概一个世纪后，韦伯才开始他的工作。托德认为，拉吉普塔纳（现在的拉贾斯坦邦）王侯领统治者和地主之间的关系类似于中世纪时期欧洲封建领主与附庸之间的关系（和韦伯的主要理论相反）。莱尔则认为，托德未能区分部落社会与封建社会两种社会形式，并且托德在有关拉吉普塔纳的文章中错误地引入了封地（feuds）和分封地（sub-infeudation）等中世纪术语。莱尔认为“拉吉普特部落体系”不应与中世纪欧洲进行比较，而应与普什图族或阿富汗这样的部落体系，或是拉吉普塔纳的米纳斯这一分布广泛的职业盗贼部落相比较。可见，莱尔的观点支持了韦伯后来提出的观点，即印度王侯领为部落政体而非封建国家。

与韦伯一样，莱尔认为拉吉普塔纳的次级首领们掌控的土地不应与中世纪欧洲的采邑封地相混淆。拉吉普塔纳的次级首领们所有的土地属于氏族领土的一部分，他们的土地保有权源自氏族关系，这说明他们是部落而非封建关系。次级首领并不是依赖于一邦统治者的土地保有者，而是统治

---

① 采邑制度是封建土地所有制的一种，也是封建制度的标志。——译者注

者的共同继承人。之后韦伯也提出了同样的观点。

印度封建性质的赠地

与他们的观点不同，拉吉普塔纳拉吉普特邦的首领（统治者）和次级首领（接受统治者赠地的地主）的土地权利并不平等。我所收集的自19世纪70年代（恰好是莱尔被派到拉吉普塔纳王侯领的时间）后的证据表明，首领享有更高的土地权利。拉吉普塔纳中王侯领的地主持有赠地作为服务年限内的合法用地，其中最重要的是军事服务。尽管首领和次级首领有着共同的亲属或者种姓关系，次级首领服从于首领，但很明显，这种身份划分不仅体现在次级首领次于首领的经济、政治、法律权利，还体现在划分两者区别的象征性界限上。托德在提到拉吉普塔纳地区获赠土地者需服从的义务时写道，这些义务包括亲属的职责，参与法庭会议、保卫要塞，把自己当作统治者的人质等（Tod，1920：146）。这与韦伯认为的印度地主地位基于家族和氏族号召力而不是封建等级制度的观点相左（Weber，1958b：63）。

次级首领是不是独立地主

首领（统治者）和次级首领（享有军事封赏的地主）之间关系的封建性质，体现在后者除在经济和政治层面外，还拥有个人、社会文化层面的依赖性。从一个不同的脉胳中可以这样解读恩格斯（Engels，1974a），次级首领在未得到统治者批准时，不得随意走动、结婚或死亡。1927年6月，马瓦尔邦的一个地主获统治者批准，能够离开自己的领土15天，但是15天结束后又过了三个月，他仍然没有回到自己的领土。除此之外，他还被发现用各种各样的借口逗留在女子闺房（地主家女性的隐居地），每每统治者传召他陪同打猎时，他都不在，多次提醒他也不以为意。这一连串的不当行为导致他的3个村庄被统治者没收。

1920年，来自同一邦的另一位次级首领在西拉吉普塔纳邦居民面前做出了如下请愿：

> 我是一名地主（持有赠地，作为回报向统治者提供军事服务的地

主），现管辖15个村落。我娶了邻邦一个地主的女儿。我今年42岁。大概10年前，因为渴望获得舒适和幸福的生活，我跟其他地主一样，娶了一个身份体面的妾室。我的岳父在邻邦德高望重，颇有势力，因为我纳了妾，他执意要将我及我的财产彻底毁掉。一开始，我遭到了姻亲的各式侮辱。然后马瓦尔的王公摄政（我岳父财产所在邦的统治者）把我关在一间小屋子中长达两年半之久。最近，我的妻子和岳父不顾我的反对，甚至没有获得杜巴老爷（Sri Durbar，我所在邦的统治者）的批准，就让我的儿子和另一个邦地主的女儿订婚。如此种种，都是为了达成他们的邪恶目的：强迫我把可怜小妾扫地出门。［Jagir and Thikana Files，Nos 12，17（Management of Thikanas，General），拉贾斯坦邦国家档案馆，Bikaner。］

上述案例绝非个例（参见 Sharma 1977；Singh 1998）。“如果封建制度的理论就是除了王公之外任何人的土地都不是自己独有……每个人都服从于上级、统治者，租户永远都要为统治者提供某种服务。”（Maitland，1946：24－25）如果“封地是指某块指定的赠地，且附带法律和政治权力，以回报受封者提供的军事服务”（Anderson，1978：140），那么拉吉普塔纳王侯领的赠地在韦伯写下文章的几个世纪前就具有封建性质。

公与私的区分

还有其他特质使赠地具有封建性质，其中重要的特质就是长子继承制。军功获赠的土地（thikanas）不得在土地持有者的子嗣中分割。他们要遵循长子继承制，这一制度是为了通过阻止财产的分割，以确保伴随赠地的公共义务能够得到履行（Ganshof，1964：45）。更重要的是，长子继承制表明了阶级利益大于亲属利益（Bloch，1961：204）。《印度法》对长子继承权提供的法律依据在于它区分了私人财产和首领身份。对于私人财产，所有儿子都能平均分得一份家产，但首领的身份却不是如此。首领身份是一种公共财产，拥有身份的人必须履行王公赐予的职责。［Jagir and Thikana File No C/4/7，Vol I，General（Succession），RSAB。］正因为如此，thikana（军功获赠的土地）才不会消亡：“……（次级）首领与其君主一样不会消亡……拉吉普塔纳邦的伟大封地永不会消亡。”（Tod，1920：153）基于亲属形成的社会结构没有公私的区别。

单一身份群体的基础

土邦中的次级首领为了维持经济、政治和文化礼仪的共同需求而形成了“单一身份群体的群体心理”。他们将彼此看作身份相等的同侪，而不是统一家族、氏族或部落的成员。值得注意的是，印度王侯领次级首领之间的单一身份群体的群体心理与中世纪欧洲封建地主的单一身份群体心理形成于同一基础上，即以军事服务作为交换获得赠地附带的经济、政治和法律权力的垄断。韦伯用他一贯的方法，将单一身份群体的基础归因为独立于经济和政治因素外的文化因素（向封建领主宣誓效忠）。

忠诚和感恩

印度封建制度中也存在封建的忠诚精神（韦伯认为封建的忠诚精神是区分欧洲封地的标志）。统治者与军饷所有者之间的关系是互惠式的：后者的忠诚会得到前者的感激。正如在我进行实地考察时，马瓦尔一位曾经位高权重的人士称，以下文字说明了地主对统治者的忠诚：

> Karta lekar palari, tolo sabhi karam.
> Sau sukarat ek palari, eko hi swami dharma.
> （在衡量人类美德的相对价值时，造物者在天平的一端放置了其他所有美德，而另一端只放了一项美德，那就是对统治者的忠诚。）

在拉吉普塔纳邦，地主们为了捍卫统治者的生命、财产和荣耀做出牺牲的故事屡见不鲜。几乎每个地主家庭都流传着类似的故事：在历史长河中，某地的某个人为地主做出了牺牲。大地主家庭赞助的巴特斯和查拉斯（Bhats and Charans，吟游诗人的种姓）记录着地主英勇牺牲的故事，故事或真或假，通过不同的社会化过程和运作在一代又一代的人中流传着。一首吟游诗写道：“当你为统治者的事业献出身体和剑时，你就会享受 patta（赠地）”（引自 Tod，1920：45），这就是封建忠诚的故事。

次级首领的封建忠诚并非单方面的，首领也会报以感激。在我进行实地考察期间，一个曾经的地主（Umed Singh，Neemaj）向我讲述了一个有关首领回报次级首领忠诚的故事。这件事回溯到拉贾·曼·辛格（Maharaja Man Singh）统治时期（1803—1843）。乌麦德·辛格（Umed Singh）的祖父（辛格的次级首领）有一匹漂亮的马，一个纳特祭司要求乌麦德·辛格把这匹马交给他。乌麦德·辛格很愤怒，并没有把这匹马交给他，而是给了他一顿鞭子。受到羞辱的祭司请求祖父辛格惩罚这个次级首领。辛格谦卑地求情道：

> 我怎么能惩罚 thakur（次级首领）呢，他的父亲与我并肩作战，为我献出了生命。我亲手将他的尸体火化，他那烧焦尸体的味道至今仍萦绕于我的鼻息。

这个故事中体现的道德还有背后的故事，即纳特一家对辛格有恩在先。事情是这样的：在辛格成为马尔瓦统治者前，他曾被敌军围困在堡垒中。在他准备束手就擒之际，一位纳特祭司预言，他注定成为王公，但前提是他必须坚守城堡。之后事情发生了意想不到的转变，辛格获救了。在辛格即位时，他将纳特祭司提拔为王室祭司（Raj Guru），此后，纳特一家就被当作国家的精神守护者。

以上叙事是宗教和世俗之间张力的故事，涉及的是种姓体系中王公和祭司、婆罗门和刹帝利，以及宗教和世俗的地位等问题上有着剑拔弩张的关系。统治者和地主属于同一种姓（拉吉普特/刹帝利），而纳特祭司是婆罗门。祭司受到重视不仅是因为他们在精神和宗教方面的作用，还因为他们参与政事。人们不仅需要他们在神庙中主持仪式，还需要他们在战争或者和平年代给国家的世俗事物提供祈祷和预言。因此，祭司将宗教和世俗事物合二为一。除了宗教事务，他们还在政治事务中给王公谏言，韦伯也准确地注意到了这一点。与此同时，首领（统治者）需要遵守他们和次级首领（地主）之间的关系准则——也就是他们的同侪，同一种姓和阶级（统治阶级）成员之间的关系准则。在与祭司和同侪的相处过程中，统治者不能违反对同侪的义务来优待祭司。理想中的（宗教性的）种姓观点认为，宗教是至高无上的、专制绝对的，但种姓体系中宗教和世俗的关系并没有这么僵化。

从更广泛的角度来说，韦伯和杜蒙的观点认为由种姓体系构建的社会体系一直没有超出部落阶段，但是西方社会经历了从部落制到奴隶制再到封建制度，最后迎来资本主义的过程，这也是我们与他们的基本分歧所在。与此相反，高善必（Kosambi）写道，公元前 1 000 年，多个地区开始发展出犁耕农业，标志着氏族社会过渡到以等级、种姓为基础的社会。和希腊王朝处于同一时代的孔雀王朝掌控着当时的印度次大陆，它并不是部落政体或部落经济体。夏尔马和撒帕尔证明，公元前 1 000 年中期的恒河流域演变成真正的国家（Sharma，2009：34－37；Thapar，2000：377－395）。从氏族过渡到国家组织社会，最重要的变化便是共有财产的解体及取而代之的等级化土地权利（农业主导经济取代了部落经济，土地就是农业主导经济的主要财产形式），并且统治者享有最高权力。韦伯确实认识到部落和种姓在生存方式上存在区别（生存方式上的区别基于不同的财产权），但是在区分部落和种姓时，他的焦点在宗教仪式上，而不是生存方式和财产权上（Weber，1958b：30－31）。

合法性：祭司的有限作用

祭司在印度王权合法性中扮演的角色与种姓体系中的身份和权力问题相关。首先要指出的是，要了解祭司在王权合法性中扮演的角色，离不开王国的基础——土地关系。史料记载，身份较低的家庭通过占领土地获取高级社会身份。获得土地后，他们篡改族谱，伪装成与王室沾亲带故的刹帝利（Thapar，2000：13）。在这一过程中婆罗门发挥着重要作用，他们使王室身份合法化。有人认为，占据政治和社会主导地位的阶级与祭司之间结成联盟，其中公众认可的宗教对主导阶级合法性的承认一直在两者的联盟中起着决定性作用。通过承认合法性，野蛮人被冠上了在印度教的文明世界中受到认可的身份——刹帝利。将野蛮人纳入种姓体系中，祭司们确保了他们相对于臣民阶级的优势，并使他们获得了其他任何宗教都无法比拟的权势。婆罗门（祭司）主要受到物质利益的驱使，作为中间人为印度执政阶级提供必要证据，证明其良好出身（Weber，1958：16）。对于处于王室或者王公等级的人来说，加冕仪式意义重大，一旦举行了加冕仪式，任何人都不会再质疑其合法性。婆罗门祭司需要举行仪式，王公也希望由他们举行。鉴于加冕仪式对王公的重要性，以及只有婆罗门能够举行且只有婆罗门举行过加冕仪式，关于婆罗门（祭司）与刹帝利（王公）相关的身份地位，已经没有不明确的地方了。

祭司（婆罗门）的作用与王公加冕仪式和王权合法化过程的宗教性质被夸大，掩盖了王公权力的世俗特点和根据具体情况发生变化的特点，最重要的是，还掩盖了同侪——地主的兄弟会的作用。一个王公不能在没有同侪支持的情况下进行统治，他需要依靠同侪的军事支持以征服或者保卫王国，需要依靠同侪的政治支持以管理国家。在拉吉普塔纳的拉吉普特王侯领，祭司执行宗教仪式后，加冕仪式尚未完成，还需要贵族们（军功地主的兄弟会）宣誓效忠。如果某个王公对举行加冕仪式的祭司感到不满意，就可随时找另一个祭司主持仪式。但是王公不能把贵族们排除在外或者替换他们——贵族是地主的兄弟会（同一阶级和种姓的成员），王公需要他们提供军事和政治上的支持。加冕的合法性并不只是宗教性质的，宗教性质甚至不是主要方面；加冕主要是政治性质的。因此，正如王公在军功地主的继承中扮演特殊角色，军功地主也在加冕及王公和王权的合法化过程中扮演特殊角色。巴加里的军功地主在进行加冕仪式时有幸将带着拇指血的吉祥记（tilak，象征着主权的红印）印在统治者的前额上。据称，巴加里一族享有这一殊荣，是为了嘉奖他们对马尔瓦历代统治者的服务和忠诚。

在麦沃尔的加冕仪式上，将带有自己血液的吉祥记印在王公前额的殊荣属于比尔人的首领。传说，麦沃尔的执政家族古希尔的创立者出生在一个洞穴中。他的母亲在朝圣归来后发现丈夫死于战争。当时她怀着身孕，于是躲在洞穴中，直到孩子古哈（Guha）出生。她将古哈托付给一个婆罗门，然后按照拉吉普特传统自焚身亡。古哈在比尔人居住的地方长大，他在比尔人中极受欢迎，比尔人“选举”他为他们的“王公”。在加冕仪式上，比尔首领割破手指，用带有鲜血的吉祥记印在古哈的前额（加冕仪式的标志）上（Lindsey，1992：28）。此后，在麦沃尔，一直是比尔人首领在加冕仪式上将带有大拇指鲜血的吉祥记印在王公的前额上。

这个故事还流传着另一个版本，麦沃尔的统治者以希瓦爵士（Lord

Shiva）的名义统治国家。比尔人一族是希瓦的子嗣，他们必须认可王位继承者。带有比尔人首领大拇指鲜血的吉祥记是一种表示认可的标志。麦沃尔的比尔人一族一直以来就与执政家族有着非常亲密的关系。一个故事提到，普拉塔普王公在战争中输给了莫卧儿皇帝，他在长期流放生活中曾受到比尔人一族的庇护。也有类似的故事讲述米纳斯（Meenas，一个部落）与斋普尔执政家族的亲密关系。在实地考察时，米纳斯一族告诉我们，他们曾是统治者，直到拉吉普特一族征服他们，为斋普尔的建立打下根基。为了安抚米纳斯一族，斋普尔的统治者们同意授予他们掌管国家财产的特权。除此之外，米纳斯一族在包括加冕仪式在内的多个宗教仪式中享有特权。加冕与多重偶然事件有着深深的联系，包括领土征服、王国创立和统治过程中受到的阻碍。婆罗门认定的合法性还不足够，并且也不一定是其中最重要的因素。

值得注意的是，在拉贾斯坦邦王侯领，除了查拉斯（Charans）和巴特斯（Bhats），耆那教僧侣在加冕和确认合法性等皇家事务中也起到了主要作用。婆罗门、耆那教僧侣和查拉斯、巴特斯竞相提供与王公及王国相关的重大历史事件的不同叙事。在格兰昌德（Gyanchand）的帮助下，托德出版了著名的《拉吉普塔纳纪事和文献》（*Annals and Antiquities of Rajputana*）。格兰昌德是一名信耆那教的学者，曾领导一群梵学研究者并享受皇家的赞助。游吟诗人查拉斯和巴特斯是拉吉普特统治者事迹的伟大记录者。查拉斯负责巴丹（batan）的编写和背诵，世世代代追随特定的拉吉普特皇族（与地主家庭），为他们保存历史和传统。作为交换，查拉斯（与婆罗门祭司一样）能够世世代代享受传统馈赠，包括（免交收入）的赠地。值得注意的是，对婆罗门祭司的赠地类似于对查拉斯和巴特斯的赠地，也叫作萨珊（Sasan），这一形式否认了婆罗门在赠地方面的特殊地位。萨珊作为一种维护性赠地，次于拉吉普特独有的回报军事服务形式的赠地——证明拉吉普特的身份高于婆罗门及查拉斯和巴特斯。耆那教僧侣、查拉斯和巴特斯记录的家谱能证明执政家族血脉的悠长历史与纯正血统，有助于与卧莫尔皇帝进行身份谈判。19 世纪时他们记录的家谱仍然很重要，拉吉普特统治者仍用血脉与东印度公司协商等级和头衔问题。托德认为，当地游吟诗人的作品可以算作“历史证据”，尽管这些作品很大程度上局限于对主角军事事迹的讴歌。他评论道，游吟诗人是“人类最初的历史学家”。记载拉吉普特过往的形式多种多样，包括皇家铭文、散文中的编年史、关于传说或历史人物的叙述、统治世系的宗谱和逸事传说（参见 Sreenivasan，2007：77，80，119，129 - 132，138 - 139）。在众多关于王权的历史记载中，婆罗门的宗教性描述并不别具一格。

斯里尼瓦萨恩（Sreenivasan）注意到，奥斯瓦尔耆那教徒（Osval Jains）控制着诸如乌代布尔、斋普尔和比卡内尔等中心城镇的大量财富。他们资助耆那教学者与僧侣，还担任部长、财政官，甚至带领军事远征，以此来保持与统治者紧密的关系。耆那教僧侣作为巫师、皇室教师、为统治者家系提供具有合法性的人，有着巨大的影响力。同样有趣的是，奥斯瓦尔耆那教徒的文化仿照拉吉普特文化。例如，塔拉昌德（Tarachand）去世时，他的四个妻子和一个小妾按照统治阶级拉吉普特女性的方式自焚；耆那家族为在战争中死亡的士兵建立了纪念石碑（Jubar）；耆那商业社区的成员宣称来自拉吉普特一族（Sreenivasan，2007：77 - 79）。正如斯里尼瓦萨恩之前所提供的证据指出的那样，显赫的 Osvals（取代婆罗门）一族除与拉吉普特执政家族关系亲密之外，还仿照拉吉普特文化（生活方式），这点足以证明在王侯领拉吉普特邦优势种姓（阶级）拉吉普特有着最高的身份。婆罗门中心的种姓理论（韦伯、杜蒙和米尔纳的观点）的身份和权力关系与实证历史相悖。

种姓位阶的仲裁

位阶之争由谁仲裁？有关种姓位阶等级的事情由谁决定？韦伯认为，直至今天，婆罗门理论上一直是处理有关种姓问题的权威。但是，婆罗门是无权独自决定这些事情的。婆罗门作为宗教相关问题的官方顾问向王公提出建议，而后由王公决定种姓位阶。因此，接受婆罗门建议的王公也就有了决定这些事务的权威。他写道：“总之，宗教和世俗权力为了合法秩序进行合作。”（Weber，1958b：48）

在特殊情况下，拉贾斯坦邦拉吉普特王侯领的统治者有权将封地

（thikana，换取军事服务性质的赠地）授予非拉吉普特人，但是受赠者的种姓身份并没有自动上升。如果统治者将土地授予非拉吉普特人后，希望其成为拉吉普特群体中的一员，那么他自己是无权这么做的。在中世纪欧洲，王公作为封赏者有权越过一般规则，行使特殊权力。他有权让不是骑士团成员的某人成为骑士团的一员（Bloch，1961：322－323）。在印度，虽然特殊情况下王公有权授予非拉吉普特人以土地财产，但其无权不顾一般规则（种姓规则）给非拉吉普特人授予拉吉普特身份。要授予身份，他需要征求拉吉普特一族特别是贵族的兄弟会——也就是因为提供了军事服务而获得财产的地主的同意。但这并非易事。

在田野调查时，我们得知了一个与此相关的故事。这个故事发生在王公塔哈特·辛格（Maharaja Takhat Singh）统治麦沃尔期间。当时，塔哈特·辛格是从古吉拉特邦的另一个国家领养来的。他被领养走时，身边跟随着一名忠诚的、农民种姓的非拉吉普特人，这位非拉吉普特人同伴曾帮助他安全逃离被敌人包围的堡垒，因此王公对他十分感激。为了表彰他的付出，王公给这位陪同他的非拉吉普特人授予了封地（本来只会赐予拉吉普特一族）。接下来的任务就是让拉吉普特一族认可这名非拉吉普特地主的身份。要做到这点有两个重要条件——婚姻和同餐的习惯。王公试图在一场庆典中不知不觉地实现第二个条件，却没有成功。

王公和那位受赠土地的非拉吉普特地主去世很久之后，一个主要领地的地主成功说服了贵族允许非拉吉普特军功地主与他们一起用餐。此举背后，是积年累月的结果，一些低种姓的拉吉普特可能想要将女儿嫁给非拉吉普特地主，这玷污了拉吉普特一族所有的血脉。优势种姓（阶级）的身份级别完全由统治者和拉吉普特（主要种姓）决定，婆罗门并没有参与到其中。两种洁净——一种是宗教洁净（杜蒙和韦伯的观点）、一种是血统纯正（拉吉普特一族宣称自己所有），皆为社会所构建，后者是种姓等级的主要考量因素。韦伯认为，印度王公遵循绝对的、神定的原则，即祭司具有可以违反普通法的特权（Weber，1958b：48－49）。但这并不是王权的现实状况。王权的实际是，与种姓等级相关的事物由王公和贵族决定，祭司未能参与其中。

第三章　从瓦尔纳到种姓：宗教和经济政治

在关于种姓制度的研究中，混淆瓦尔纳与种姓是一个严重的问题。杜蒙坚持认为两者之间存在基本连续性，而韦伯则将它们视为同义词。在学术界之外，大众已普遍将瓦尔纳与种姓视为等同。然而，并非所有社会学家都承认瓦尔纳和种姓之间的同源关系（参见 Srinivas，2006：93－109）。总的来说，赞同种姓的经典观点的社会学家倾向于把瓦尔纳等同于种姓，而那些支持种姓场域观的社会学家则会对两者加以区分。但由于忽视历史及倾向于关注脱离经济政治关系的种姓仪式，无法追溯瓦尔纳和种姓的演变历程，因此我建议主要关注杜蒙和韦伯的作品，批判性地审视瓦尔纳和种姓之间的关系。

连续性的误解

韦伯（Weber，1958b：30）写道，“种姓”一词在古印度语里叫瓦尔纳，意指“颜色”。杜蒙认为，等级制度的基本原则是瓦尔纳和种姓所共有的。因此，他强调两者之间的同源关系。杜蒙种姓制度理论的核心是等级观念，但概念化等级观念面临着一个严重的问题，迫使他探寻瓦尔纳和种姓之间的同源关系（见第一章）。等级制度假定，在种姓制度中权力服从于地位（身为刹帝利的王公要服从于身为婆罗门的僧侣），但这一点无法解释等级制度的精髓——洁净和不洁的对立。等级制度的异常之处在于，与吠舍相比，刹帝利是不洁的，但刹帝利却统治着所有人（包括最洁净的婆罗门）。杜蒙认为，这一疑问的答案就在古老的瓦尔纳划分体系中，因此种姓和瓦尔纳有着同源关系。

他意识到，许多学者都认为瓦尔纳的等级划分与当代种姓社会现实没有任何关联，只是残留下来的存在。例如，霍卡特（Hocart）就认为瓦尔纳的等级划分与现实情形截然不同。他写道，将瓦尔纳的四级划分与实际的种姓划分等同起来完全是凭空想象。同样，塞纳特（Senart）也认为，瓦尔纳是一种过时的制度，与当前的种姓现实毫无关联。如前所述，杜蒙承认种姓与瓦尔纳之间存在区别，却不赞成其他持有相同观点的学者。他认为，有充分的理由对古印度的瓦尔纳体系以及瓦尔纳和种姓之间的关系进行研究，以便理解种姓制度中的权力。鉴于洁净与不洁两个相互对立的宗教范畴无法充分解释权力在社会中的地位，他认为，要想解释这一点，需要用到瓦尔纳的经典理论，尽管这些理论并不涉及严格意义上的种姓制度。他声称，上述观点与他的研究方法是一致的，而他的研究方法用了和印度教徒一样的方式看待种姓制度。他指出，印度教教徒经常把种姓归因于瓦尔纳（Dumont，1980：66，363，脚注 32b）。印度教教徒在谈论种姓时经常提及瓦尔纳，只要认真听过，就应当注意到，没有一个种姓会接受较低种姓和自己处于相同的瓦尔纳地位，哪怕对方只是种姓地位较低，还不是地位最低下的种姓。杜蒙声称，他忠实于印度教教徒的惯常实践和信仰，但他却在自己的理论框架中折中地简化了这些内容，等级制度成了种姓和瓦尔纳的共性。正如贝泰耶（Beteille，2006）所指出的，杜蒙尤其喜欢强加概念的统一性，而忽略经验历史的多样性。

杜蒙认为，瓦尔纳到种姓的转变是完全可以理解的，因为两个体系之间存在同源关系——这两个体系都是结构性的，最高阶层都是婆罗门。瓦尔纳提供了一种在全印度通用且与数量快速增加的种姓和次种姓相比又非常简单的模式。瓦尔纳模式还有利于不同地区之间的比较。因为不同地区的种姓和同一地区的种姓都会有所区别，但杜蒙根据选择的宗教经典中提供的证据构建的瓦尔纳在印度的任何地方、任意时间都是通用的。杜蒙认为，试图在瓦尔纳（文本）中寻求种姓（情境）的基本原理并无不同寻常之处。他说，马克思也有类似的实践，“一方面，如马克思的政治著作所述，资产阶级和无产阶级处于对立面；另一方面，马克思在历史著作中体现的社会阶层观更加复杂”（Dumont，1980：67，72－73）。

瓦尔纳四级划分一直存在于印度各地这一说法在事实上是错误的。正如高善必指出的，由于各地区情况不同，因而没有任何一种有关古印度阶层的归纳总结可以覆盖整个印度次大陆（Thapar，2000：67）。夏尔马进一步指出，在后笈多时期的印度北部，婆罗门和首陀罗之间还存在中间阶层，但在孟加拉和印度南部则不存在，进而加剧了顶层和底层之间的社会极化。之所以会出现这一情形，是因为只有印度北部将外国侵略者和边远部落纳入了刹帝利（拉吉普特人），印度南部和东部则没有进行这类合并。考虑到这一点，仅有婆罗门和首陀罗阶层的地区就面临着如何阐释刹帝利（贵族）和婆罗门（牧师）的相对地位的问题，而两者间的关系恰好是杜蒙等级观念的核心。这可能会引发这样一种想法——杜蒙之所以坚持婆罗门（僧侣）的优越性，部分原因可能在于他关注的只是南印度的情形，排除了对其理论毫无意义的经验—历史现实。然而，更重要的是，孕育生发于印度恒河平原中部的瓦尔纳四级划分体系并未在全印度扩散。中世纪时期的两种现象即吠舍的衰落和拉吉普特人的出现值得注意。拉吉普特人原本是一个多元化的群体，他们以土地和其他物质利益作为交换，得到了婆罗门的认可，获得了刹帝利的身份（Sharma，2009：256－257）。因此，且不说种姓制度，瓦尔纳在不同区域、不同时期的泛印度统一性与实际情况——多种历史因素产生的区域差异和时间差异——本就有所出入。

为证明在瓦尔纳和种姓之间建立同源关系的正当性，杜蒙引用了马克思主义的阶级理论，但这其实是缺乏依据的。马克思主义关于资产阶级和无产阶级的矛盾，并不是在两个极端适用一种逻辑，而是在阶级划分中的中间阶级适用另一种逻辑。阶级划分的意识形态与结构基础之间不存在分裂。在阶级理论中，理论假设与经验历史现实之间没有矛盾，经验历史现实的价值也不低于来自神圣经典的证据的价值。马克思（马克思主义）的阶级理论是历史的，并没有为自身寻找替代品。杜蒙的瓦尔纳和种姓理论则是跨越历史的。杜蒙用瓦尔纳代替种姓，他分析瓦尔纳和种姓的理论和方法与马克思主义分析阶级的理论和方法截然相反。杜蒙种姓制度理论的前提是权力服从地位——这个前提在逻辑与历史上进退两难。为了解决理论中的矛盾，他苦苦寻求，才在瓦尔纳中找到了解决方法，但为了证明这一方法的正当性而引用马克思的阶级理论是不恰当的。

有论者说，经典文本中描述的瓦尔纳在当时一定已经是种姓制度的萌芽了（Dumont，1980：71）。我们可以将此看作一个假设。如此一来，主要的问题就在于这一萌芽发生突变所需的条件。这一条件是从游牧经济向农业经济的转型。在农业经济中，土地是大多数人最重要的生产资料和最重要的生活来源，因此这一条件也就是土地从公有到私有的转变。在种姓的宗教理论方面，这一条件是一种新观念的生成：在从吠陀时期向印度教时期转变的过程中，洁净的观念取代了婆罗门的祭神功能（Dumont，1980：70）。是什么唯物和唯心条件使祭祀仪式和与之相关的观念显得冗余，并为洁净的观念所取代呢？宗教理论在这个关键问题上保持了沉默。正如撒帕尔指出的，早期社会中普遍存在的现象是，同一氏族对劫获战利品的分配看似平等，而实质上，僧侣和贵族（邦主）所获的份额要大得多。但这一分配逐渐被代替，劳动力逐渐转向农业生产财富，而非通过抢劫获得财富，进而从根本上改变了社会关系。撒帕尔说，《奥义书》的出现（公元前 8 世纪到公元前 6 世纪）是对吠陀梵天传统的明显背离。吠陀经典强调祭祀仪式的中心地位，而在代表一种新意识形态的《奥义书》中，却没有仪式的存在。她认为，背后的主要原因在于生产体系的变化，其中最重要的就是剩余产品的出现（Thapar，2000：2，809－813）。在游牧时期举行的祭祀仪式与定居农业格格不入，随着时间的推移，这种仪式逐渐消失了。我们在此面临的问题是观念论所固有的问题。鉴于观念论在意识形态上不愿将观念与当时的物质条件联系起来，观念的起源变化的真正背景和新观念取代旧观念的真正背景仍是未解之谜。

慕克吉（Mukherjee）认为，瓦尔纳的等级划分并非种姓体系出现的基石，孟加拉地区种姓的演变就说明了这一点。慕克吉指出，北孟加拉的种姓体系是在笈多时期开始发展的，那时各种部落组织变成了种姓，他们在瓦尔纳等级划分中被称为低等首陀罗。随着劳动分工的进一步发展，许多其他部落组织根据他们所从事的特定手艺，变成了独立的种姓（如老末、蔑戾车、耶波那）。因此，孟加拉地区的种姓结构包括来自西部（北印度）的婆罗门和由当地从事不同手艺的人转变而成的首陀罗，不包括吠舍和刹帝利。在孟加拉，刻板僵化的种姓制度是基于种姓宗教发展（jatidharma）起来的。慕克吉认为，缺乏两个瓦尔纳层级的多级种姓和种姓体系的演变表明，种姓和种姓制度的演变并不依赖于瓦尔纳的四级划分。最重要的是，一个地区农业经济的渗入驱动了种姓制度的演变（Mukherjee，1974：159－161）。

杜蒙进一步问道：从瓦尔纳经典理论和种姓制度之间的关系可以直接观察到什么样的主要特性？他的回答是，经典著作的作者只言及瓦尔纳，甚至直至今日，印度教教徒谈及种姓时也会用瓦尔纳指代。因此，瓦尔纳和种姓并非完全异质。相反，瓦尔纳和种姓之间存在的某些相互渗透的特性是显而易见的。特别地，为了完成对权力的论述，种姓理论或含蓄或间接地诉诸瓦尔纳。在洁净理论中，一个身为食素者的商人在逻辑上会比一个身为食荤者的王公更优越。事实上并非如此，因为瓦尔纳理论虽然使王公服从僧侣、权力服从地位，但在对抗其余阶层时，瓦尔纳理论又会将上述两者团结在一起，“这是既微妙又重要的一点”（Dumont，1980：73－75）。这里到底应该说是“微妙”还是“荒谬”，界限是模糊的。我们之所以不得不接受瓦尔纳和种姓之间的同源关系，主要原因就在于，下述问题没有得到充分的解释——为什么食荤的刹帝利（因为食荤所以不洁）的地位会比和婆罗门一样食素的吠舍（因为食素所以洁净）高？如后文所述，将婆罗门和刹帝利联合起来对抗其他人的是他们共同的阶级利益，尽管他们的饮食规则是矛盾的。我必须强调，不仅婆罗门（地位）和刹帝利（权力）之间的关系存在问题，而且仅将种姓制度视为一系列饮食仪式的简化观点也有问题。

瓦尔纳即天赐：神创论

瓦尔纳和种姓之间的同源关系还存在其他问题。比如，瓦尔纳的四级划分是源自《梨俱吠陀》吗？《梨俱吠陀》中仅有一处提及四类瓦尔纳的只有瓦尔纳的起源，其中的《原人歌》称瓦尔纳源于原人的四个身体部位，这是有关瓦尔纳的最经久不衰的神话（进一步延伸至种姓）。其一，《梨俱吠陀》是否真的提及瓦尔纳这件事本身还没有定论。其二，《梨俱吠陀》只提及了瓦尔纳源自原人的身体部位，但并没有详细阐述对瓦尔纳的四级划分。正如夏尔马（Sharma，1990：133）指出的，吠陀时代早期本质上是一个基于亲属关系的社会，亲族团体以养牛为主业，以农业和战争活动为副业。当时普遍存在的经济、政治和文化条件不容许发展出划分等级的瓦尔纳秩序，更不用说种姓制度了。伊尔凡·哈比卜（Irfan Habib，2003：104）进一步指出，只有社会进入了生产剩余阶段，种姓这类社会制度才有可能存在。梨俱吠陀时代的社会还没有进入生产剩余阶段。撒帕尔指出，“这质疑了将种姓理解为瓦尔纳的简单认识，质疑了将后来的达摩圣典规范应用于早期的做法……瓦尔纳和种姓之间的关系比迄今为止认识到的更为矛盾”（Thapar，2006：34）。到了另外三个吠陀经时期，开始出现作为地位群体的早期的王权形式甚至国家形式的瓦尔纳（同上：3）。有人进一步指出，在早期的吠陀社会中，僧侣甚至没有固定活动领域，他们当时并不附属于寺庙，而是到处游走（Ratnagar，2006：174）。值得一提的是，很久之后的《薄伽梵歌》（吠陀时代后的《摩诃婆罗多》时期）中曾提及四个瓦尔纳是基于德（先天属性）和业（天职）建立的——“Chatrvarnam Maya Srista Gun Karm Vibhagashah”，大致可以译为“黑天对阿朱那说，自己根据德和业报创造了四个瓦尔纳”。有趣的是，《薄伽梵歌》中描述的瓦尔纳划分并不是基于宗教，而是基于天职和自然属性。

《梨俱吠陀》和《薄伽梵歌》中提到的瓦尔纳起源是我所说的神创论观点，但这个观点一定会遭到进化的观点（历史的观点）的抵制，其认为瓦尔纳不是创造出来的，而是演变而来的。它不是神造的，而是特定历史条件下人类能动性的结果。首先，神创论的观点分散了我们的注意力，使瓦尔纳起源和演变的经济—政治和意识形态条件没有得到充分的研究。从吠陀时代早期开始的瓦尔纳和种姓之间的同源关系忽略了吠陀时代早期和吠陀时代后期的本质区别——这两个时期的政治经济体系和文化体系截然不同。在以生产资料和剩余索取的私有财产为基础的社会中，其分工原则与没有这些特征的社会分工原则在本质上是有差异的。梨俱吠陀社会属于后者。杜蒙却将两者混为一谈。韦伯可能也是如此。主流社会学还没有处理过这两者间的区别。然而，如果将瓦尔纳和种姓的演变理解成一种历史进程，这个区别问题就显得至关重要。

有人指出，吠陀时代早期只存在三级瓦尔纳。事实上，正如撒帕尔（Thapar，2000：382）指出的，最初采取的是两级划分法，只有雅利安瓦尔纳和达萨瓦尔纳，吠陀后期发展成了四级。韦伯将三级瓦尔纳描述为“古代种姓”——僧侣、战士和商人（Weber，1958：32）。杜蒙也写道，早期的赞美诗只提到三级瓦尔纳（三组合）——婆罗门、刹帝利、吠舍，他们有着不同的收入来源：婆罗门从事教育，举行献祭仪式，接受礼物，从而获得收入；刹帝利守护所有生灵，从而获得收入；吠舍依靠土地、商业活动、放牧和高利贷获得收入。瓦尔纳的四级划分是在《梨俱吠陀》后半部的赞美诗中出现的。“贱民”并未出现在前半部中，直到公元前500年，首陀罗实质上已经成了宗教社会的一部分，这时被排除在宗教社会之外的“贱民”才开始出现，成为第五类人。之后，杜蒙又反过来断言，古代的四级瓦尔纳观念在本质上得到了保存，即由佣人—商人—政军人员—僧侣四种身份构成的地位依次提高的等级制度。与此同时，杜蒙又驳斥了依职业进行划分的四级划分体系会随时间推进而演变（它属于社会历史过程）的说法，并引用了摩奴的话，认为这些功能“在人类始祖时就已分配完成”（Doumont，1980：68－71，363，脚注32d）。首先，“人类始祖”是神学而非社会学的概念。其次，更重要的是，杜蒙在转变立场的过程中并未保持一致的立场。如果在人类始祖时就已经分配好了四级瓦尔纳，那么如何解释三级瓦尔纳的存在？又如何解释从三级瓦尔纳到四级瓦尔纳的转变？后来由“贱民”组成的第五类瓦尔纳又是怎么演变出来的？然而，这并非主要问题所在，主要问题的严重程度远胜于此。

我们从早期三类瓦尔纳的问题开始分析。问题不单单是当时只存在三类瓦尔纳，还在于这三类瓦尔纳——“三种不同种类的再生族”——在本质上是同质的。三者的相似之处在于三个共同的职责：学习、献祭、赠礼（Dumont，1980：68－69）。如果三级瓦尔纳在一个阶段是相似的，却在另一个阶段有所差异（事实的确如此），就需要解释发生这种变化的原因。问题并非在于没有人对此给出过任何解释，而在于这一变化甚至不被认为是一个需要解释的问题。我们认为，瓦尔纳的三级划分出现在游牧时期，当时的劳动分工仅有僧侣（婆罗门）、战士（刹帝利），以及那些照看牛（当时牛是主要的财富形式）和从事其他经济活动的人（吠舍）。这个阶段不需要第四类瓦尔纳和第五类瓦尔纳，后两类瓦尔纳是在后期的新条件下出现的。

三级瓦尔纳阶段之后，定居农业开始发展，导致了劳动的进一步分工，形成了一个新类别——农业劳动者（首陀罗）。正如夏尔马所说，瓦尔纳的扩展（社会阶层兴起及国家出现）主要在《往世书》中有所涉及（后吠陀时期），同时由于种植技术的发展，这一时期还出现了部落（平等主义）生存模式的解体。农民定期向统治者缴纳钱财，使统治者不再依赖于不确定且不稳定的贡品，手工业者可以供养大量的僧侣，使之为王公、宫廷和国家设计仪式。夏尔马写道，只有获得了生活资料后，才出现了四级瓦尔纳的划分——婆罗门主宗教、刹帝利主军事、吠舍主生产、首陀罗主手工劳作（Sharma，1968：53，272）。高善必也注意到，在引入犁耕后，部落生存模式解体了，取而代之的是农业主导型经济、新的社会组织形式和新的劳动分工形式（Thapar，2000：59）。观念论认为，瓦尔纳和种姓是思想运动的产物，但这种观点却无法解释瓦尔纳从二级划分到三级划分，再到四级划分和五级划分的演变过程。如果想解释从瓦尔纳到种姓的转变，问题就更多了。基于宗教思想认定瓦尔纳和种姓之间具有同源关系，未免过于简单了。

吠舍的裂变：商业和种植业的分离

在瓦尔纳和种姓的谜团中，人们为了证明在印度社会和历史中宗教领域高于世俗领域，对最早出现的两类瓦尔纳即婆罗门和刹帝利之间的关系给予了很大的关注。但在这一过程中，第三类瓦尔纳（吠舍）的问题却被忽略了，尤其是吠舍的裂变，也就是从事商业的吠舍与从事种植业和养牛的其他吠舍相区分的过程。在早期阶段，吠舍阶层不仅包括商人，还包括耕种者和牧牛者（Dumont，1980：67）。但在后期阶段，吠舍不再耕种、养牛，他们开始专门从事贸易等工作，而将耕作和养牛的工作交给广大农民种姓群体或从事农业工作的种姓群体。这两个群体的收入来源截然不同，他们之间也没有任何社会交往——不会共餐与通婚。他们已经进化成两个迥然不同的封闭群体——在经济、政治和文化上彼此分离（两个群体又各自进一步分为无数个子群或次种姓）。这就带来了两个重要的问题。第一，如何解释这一裂变？第二，既然在后期阶段放贷的商人等已经独占了瓦尔纳体系中吠舍这一类，将农民种姓排除在外，那么从事耕作和养牛的农民种姓群体又应该属于哪一类瓦尔纳呢？更有趣的是，农民种姓也很少认为自己属于吠舍、婆罗门或首陀罗阶层。时至今日，他们在瓦尔纳四级划分体系中的地位仍存在异常之处。

若仍想坚持认为瓦尔纳是从古吠陀时期延续下来的也可以，但这种说法无法解释早期吠舍如何裂变成两个独立的封闭群体。从历史角度看或许可以认为，随着经济的进一步发展，吠舍这一类别出现了裂变。正如夏尔马指出的，根据《法经》，两类上层瓦尔纳的生活主要由其他阶层的富余财物来维系，作为纳税人的吠舍（主要是从事农业工作的吠舍，其次是吠舍商人）是富余财物的主要来源（Sharma，1990：102）。对于纳税后的富余物品，吠舍将其用于交换和贸易，随着商业的发展，他们的盈余也成倍增长。从事投资和贸易的吠舍与其他仍以种植和养牛为主业的吠舍逐渐分离，这两个群体采用的仪式和社交规则也开始不同，最终吠舍商人和种植者彻底区分开，使吠舍专属于商人阶层。韦伯也承认，在经济变化的驱动下，瓦尔纳（或种姓，韦伯将两者视为同义词）分类出现了裂变，最终形成了一个封闭的群体（参见 Weber，1958：103）。

此外，吠舍裂变之后农民阶层发生了什么是一个有趣的历史问题。在不同的时间、不同的地域，农民阶层似乎有时属于首陀罗，有时不属于首陀罗。正如哈比卜指出的，许多重要的农民阶层的地位都发生过变化，（在 8 世纪的信德省）他们曾属于旃陀罗，到了 17 世纪一些农民阶层成了吠舍（此时他们已经成为农民）。此后，他们又向往着争取到印度地主和拉吉普特的地位（Habib，2003：175）。首陀罗的地位并非在所有时期、所有地区都是一成不变的。不同时期、不同地区的首陀罗既包括拥有生产资料（如土地、牲畜、工具）的人，也包括除了自身劳动之外没有任何其他生产资料的人。在古印度（后吠陀时代），首陀罗可以是战士，也可以使用武器。《摩诃婆罗多》中曾用不同术语指称各类瓦尔纳的武装士兵，其中就有属于首陀罗的武装士兵。在吠陀时代后期，首陀罗拥有一定的政治权力。同时，有证据表明，当时出现了一种新趋势——将首陀罗排除在大众生活之外，直到《法经》时期，他们似乎已经完全脱离了大众生活。同样地，在吠陀后期，他们也不会受到特别严厉的惩罚，这与其他三类瓦尔纳的情形截然不同，《摩奴法典》就曾描述过这一情形。《夜柔吠陀本集》还曾提及，吠舍和首陀罗是同时创造的，这与《梨俱吠陀》的《原人歌》中的普遍说法相矛盾，后者认为吠舍生来社会地位就略高于首陀罗（Sharma，1990：62－68）。

回到农民团体的瓦尔纳身份问题，他们被排除在瓦尔纳体系之外，学者们把他们归属于四级瓦尔纳中的任何一级都不合适。在农业主导型经济（印度社会和种姓制度数千年来的基础）中，农民作为直接的农业生产者（包括非独立的佃农或独立的自耕农），他们的经济、政治和文化意义需要再三深入研究。更不用说，在后殖民时期的印度，农民的经济政治地位和文化地位都有所提升，在许多地区，他们成了优势种姓。吠舍的裂变对商人、放贷人（以及后来的制造商）与种植者、牧牛者进行了区分，将他们变成封闭的群体，但这带来了一些问题。首先，它驳斥了静态观，即瓦尔纳的四级划分从吠陀时代早期到现在都是一成不变的观点。其次，更重要的是，种姓的社会学研究体系脱离了生产过程，忽略了历史，其无法解释原始吠舍类别的裂变和农民群体地位的变化。驱动吠舍裂变和种植者、养牛者地位变化的，并不是宗教或世俗观念的变化，而是生产力的变化、社会生产关系的变化和相应的政治文化领域的变化。杜蒙将农民群体的地位简单视为反常也就不足为奇了。

从瓦尔纳到种姓

有人曾正确地指出，瓦尔纳概念是作为标识留存至今的，在生产制度、财产关系和劳动分工变化的过程中，逐步形成了不同类型的阶层，这些阶层相互联结，最终形成一个体系，瓦尔纳概念就是这一体系的标识。

引用瓦尔纳概念多出于理论目的，而不是为了描述具体的族群或阶级群体（Thapar，2000：383）。正如夏尔马（Sharma，2009：257）所说，在中世纪早期，四级瓦尔纳经由内部分解形成了多级种姓（贾提），然而，种姓仍然贴有瓦尔纳的标签，正如10世纪的一个铜盘所示，当时孟加拉的一个村庄有36个瓦尔纳。这里的主要问题在于，是什么导致了这一内部分解呢？促进内部分解的主要因素是政治经济发展逐渐形成的新的专业化领域和劳动分工。基于上述内容，我们可以推断出，为了理解瓦尔纳的类别从两个演变到三个、四个（甚至五个）的过程，以及从瓦尔纳到种姓（贾提）的转变，我们必须将瓦尔纳和种姓（贾提）与历史上不断变化的政治经济环境联系起来。基于宗教文本对瓦尔纳和种姓（贾提）进行的讲述缺乏历史具体性，人们往往会将某个特定时期、特定地点的个体特征泛化为所有时期、所有地点的特征。由于过度依赖宗教文本，关于瓦尔纳和种姓的研究出现了许多空缺，因而要想讲述瓦尔纳和种姓的故事，我们需要进行更多的历史研究以填补空缺。

贱民制：观念层面和物质层面

杜蒙提到了第五个类别——古印度的“贱民”（不可接触者）。这一类别非常值得讨论。根据杜蒙的观点，等级制度作为种姓制度的核心，以“贱民”（不洁）和婆罗门（洁净）的对立为前提。首先，虽然他坚持认为“贱民”存在于古印度时期，但在经典文本中，却没有找到提及“贱民”的内容，他称这些文本是要“掩饰……出现了第五类瓦尔纳的事实”（Dumont，1980：68）。他为什么要这么做呢？而且更重要的是，问题的重点应该在于如何解释这个类别。杜蒙说，“贱民”是在首陀罗被纳入印度教之后才出现的（Dumont，1980：74）。然而，这并没有回答关键问题——为什么出现了第五类瓦尔纳？夏尔马指出，《法经》认为，之所以会有“贱民”制，是因为种姓间的混杂。其他人则认为，在佛教衰落后，那些接受并支持佛教的人被孤立了，进而被贴上了“贱民”的标签。夏尔马则认为，“贱民”制出现在前孔雀王朝时期，早于佛教（Sharma，1990：144）。他对“贱民”的解释是，这些被视为“贱民”的群体在物质和技术上都是落后的（部落）。在后吠陀时代，从事体力劳动越发受到蔑视（同时代的古希腊社会也是如此），这就解释了那些没有任何生活资料、为了生存而从事体力劳动的群体是如何变成“贱民”的。他写道，远离劳作的上层瓦尔纳把对体力劳动的蔑视延伸到了体力劳动者身上。导致“贱民”制的另一个因素是，某些交给特定种姓去做的工作是不洁的。因此，他将“贱民”制这一“独特的”现象归因于低物质文化（剥夺）、对体力劳动的蔑视，以及把某些事物同禁忌和不洁联系在一起的原始观念（Sharma，1990：146）。

即便如此，我们也必须承认，上述条件并非印度特有，那么为什么“贱民”制这一“独特的”现象会出现在印度呢？如果将种姓不平等和农奴制、奴隶制进行比较，后两者（尤其是奴隶制）在某些方面更加极端，但这两种制度中却没有出现“贱民”制。从这个意义来看，“贱民”制是种姓制度及印度独有的文化特征。到此，可能有人会同意夏尔马的观点，即“认为首陀罗之所以不能和更高级别的瓦尔纳共餐，只是因为仪式上纯净和洁净的观念，未免过于肤浅”。根据夏尔马的观点，或许可以认为，与之相反，只有在社会中的某一部分人失去了生存资料，注定只能世世代代永远作为劳动阶级之后，“贱民”制的概念才会发展为物质生存条件的象征。对下层社会体力劳动的蔑视逐渐恶化为“贱民”制（Sharma，1990：153）。

夏尔马还指出了“贱民”制出现的另一个原因。比哈尔邦的帕斯万（dusadh，源于“duhsadhya”一词，意为难以控制）是农业劳动者和“贱民”。他们是怎么变成“贱民”的呢？在统治者征服该地区之初，他们似乎对这些统治者进行了抵制。也许帕斯万的祖先就是那些反抗外来征服者统治、蔑视《道经》规范（统治阶级意识形态）的人。具有讽刺意味的是，帕斯万的祖先被外来征服者征服、剥削之后，还被指派了一项任务——管理种姓内部的成员，防止出现叛乱（Sharma，2009：289）。这一点的特殊意义在于其突出了种姓形成过程中所遭受的抵抗。统治阶级总是憎恨反抗，这种憎恨又进一步投射到反抗者身上。在印度，在对新的土地进行殖民的早期阶段，定居农业扩张，婆罗门文化随之而来，那些反抗的人自然被贴上了“贱民”的标签。在殖民过程中，反抗者的生活资料被剥夺了，这使他们尤其容易被指定从事低下的劳动，进而贬低他们的身份地位。在种姓制度中，受剥夺与“贱民”制之间的关系仍是悬而未决的问题。

可能有人会问，种姓制度中的“贱民”通常是被剥夺生存资料的人，而各处的拥有生存资料的人却摆脱了劳动，特别是体力劳动和不洁（脏污）的劳动，逃脱了“贱民”的命运，这难道仅仅是巧合吗？在被剥夺和“贱民”制之间是否存在一个方程式？如果存在，那么可以将“贱民”制理解为纯粹的想象吗？杜蒙的回答是肯定的。他将其归因于“贱民”团体呈现的压倒性的宗教劣势，这一劣势实际上体现并包含了对优势种姓的严格世俗依赖。因此，最卑贱的人受到的控制最多。在此，两个最高瓦尔纳之间的等级团结就体现在一个事实中，即那些在物质上受到更多压迫的人同时也更是不洁的（Dumont，1980：173；参见 Srinivas，2006：106－107）。将“贱民”化约为思想，特别是宗教思想，掩盖了物质条件的作用，而正是这些物质条件最初导致了“贱民”制，并且不断再现“贱民”制，除非这些条件发生根本变化，否则贱民会继续存在。两个最高瓦尔纳之间的等级团结并非基于两者在洁净方面的共性，而是基于其共同物质利益，只是这些利益被诸如洁净之类的主导意识形态掩盖了。如果改变名字、改信其他宗教或宪制仍无法消除“贱民”制，那么原因就在于尽管这些措施具有象征意义（不可低估），却没有改变“贱民”制的物质条件。此外，尽管宗教意识在印度契约劳工及其后代间得到了强化并延续至今，但契约劳工及其后代的“贱民”属性却消失了，主要原因是，在契约劳工身处的新环境中，“贱民”制的物质条件无法经由宗教意识重现。宗教意识无法解释“贱民”制，更加无法解决“贱民”问题。

史诗胜过历史

撒帕尔区分了两种讲述往事的传统：Itihas（历史）和 Puran（史诗）。两者中一个是具体的，另一个是笼统的；一个可核查，另一个不可核查；一个是历史的，另一个是跨越历史的。韦伯、杜蒙和主流社会学中对他们的追随者都更倾向于使用后一种方法，结果便生成了对瓦尔纳和种姓制度的静态观。从历史的角度来说，瓦尔纳和种姓制度绝非静止的。无论是婆罗门与刹帝利的相对等级，还是吠舍或首陀罗的地位，都不是一成不变的。起初，社会组织是所有人共享的，瓦尔纳等级是开放的，并不由出生决定。内婚制也没有普遍存在。在参加包括公共的祭祀（yajnas）在内的宗教仪式方面，情况也是如此，并未出现等级划分。《梨俱吠陀》在提及女奴隶之子时，会怀有敬意地称之为婆罗门。随着时间的推移，经济不断发展，政治权力开始沿着经济力量的方向集中，社会的公共性开始减弱，瓦尔纳的区分开始出现，首陀罗与其他三类瓦尔纳之间的社会距离越来越远。在吠陀时期末期，公共型社会瓦解了，取而代之的是瓦尔纳的等级次序。但当时还不是种姓社会（Sharma，1990：88；Thapar，2000：34）。相反，在史诗观中，瓦尔纳的四级划分或源于造物主（原人）的“子宫”，或源于吠陀时期婆罗门的思想，之后经由立法者（婆罗门）的思想变化转变为种姓，并在此后的几千年中保持相同的宗教本质。史诗观是静态的，观点是宗教的；历史观是动态的，观点是世俗的。

总而言之，必须强调的是，瓦尔纳不是神圣的，也不是自然形成的，而是在社会历史的作用下产生的。它是在生产过程中的某个特定阶段发展起来的。瓦尔纳与种姓（贾提）之间同源关系的前提是自吠陀时代早期就一直根植于意识形态的基本等级原则，但这是一种误导。最后，瓦尔纳（就像后期的种姓一样）不是静态的，而是动态的，这一动态性背后的驱动力不是宗教，而是经济和政治。瓦尔纳并不是神圣的，而是世俗的。瓦尔纳向种姓过渡的线索不在经文中，而在历史中。根据历史证据对史诗文本中描述瓦尔纳和种姓的内容进行批判性的审视，将有助于揭开瓦尔纳—种姓之谜。

定义种姓

我们简要回顾一下杜蒙所言的种姓不是什么，为什么如此。

杜蒙将种姓的不同观点分为两类：1945 年前进行的研究和 1945 年后进行的研究。意大利传教士德·诺比利（De Nobili）认为，种姓制度只是一种极端的等级和阶级划分形式，并且在西方广为人知，因此种姓本质上是一个社会问题，而非宗教问题。麦克斯·穆勒（Max Muller）则认为，种姓制度本质上是一种与出身、社会地位和教育有关的划分形式。划分形式在所有社会中都存在，而种姓制度则有些特殊。印度的情形与欧洲的不同之处在于种姓在宗教上的正当性，以及印度的社会规则更符合婆罗门的利益。他还指出，与印度教教徒的普遍认知不同，《吠陀经》中并没有提及种姓（Dumont，1980：25）。我们不确定是否所有印度教教徒都认为种姓与《吠陀经》有关，可能是过去的一些立法者（这些立法者可能属于某个或某些特定的种姓）这样认为，社会学家（和东方主义学家）便借用了这一观点，并不加批判地将其转化为社会学术语，进而使这一观点成为关于种姓的普遍看法。穆勒种姓观的基本思想在韦伯的理论中再次得到了体现。韦伯把种姓看作一个地位群体，相当于法国旧秩序的三大社会等级。杜蒙在他的种姓理论中借用了韦伯理论中的所有重要元素，包括种姓在本质上是宗教的观念，但有一点他并不认同，韦伯把种姓看作地位群体，可与包括西方在内的其他国家的类似地位群体相提并论，杜蒙则不这么看。韦伯和其他一些学者都认为种姓制度可以与西方的任何事物进行类比，但有人指责他们是受到了西方社会中心论的影响，进而无法发现种姓制度的独特性，而正是这一独特性使种姓成为与西方对比（被误称为“比较”）的理想案例。为了消除那种看法，杜蒙只拿了现代西方与传统印度进行比较，这一点值得重视。如果杜蒙真的只用现代西方与传统印度比较，就不会如此强烈地反对韦伯将种姓与前现代西方的阶级进行类比。这一反对尤其重要，因为正是韦伯关于地位的观点构成了杜蒙对地位和权力进行区分的核心，也是杜蒙种姓制度理论的核心。

克罗伯（Kroeber）认为，种姓是社会阶级的“极限情况”。这一观点受到了杜蒙的批评，因为社会阶级往往是由经济特征界定的，但经济划分不应与种姓这样的地位群体混为一谈。克罗伯将种姓认定为阶级的另一个有误之处在于，意识被简化为一种附带现象，从而使种姓的宗教正当性得以消除。对杜蒙有关附带现象和现象的讽刺进行评判是毫无意义的，正如杜蒙所说，这是冷战的产物。相反，我们应该注意杜蒙的主张，即克罗伯同许多人一样，受到了社会分层理论的误导，该理论将所有带有不平等特征的社会差异混为一谈。从这个意义上来看，社会分层理论是社会中心论的观点。杜蒙在此主张的是，种姓差别不能与社会不平等混为一谈。种姓是等级制度，等级制度并不意味着不平等。不平等存在于（前现代的）西方，过去和现在的印度都不存在不平等。西方社会中曾经存在不平等现象，但不平等最终走向了平等（平均主义）。以种姓为特征的印度有等级制度，并且由于种姓制度的适应性，等级制度一直被保留了下来。不平等是非宗教的，等级制度是宗教的；不平等是世俗的，等级制度是神圣的。种姓也是神圣的。

种姓社会和现代社会之间还有另一个联系，杜蒙承认，这一联系使两者之间存在连续性。这就是劳动分工。内斯菲尔德（Nesfield）的种姓观就属于这一类。他承认，这种观点尤其容易诱导西方读者认为种姓“与宗教分离”，也很容易吸引受过教育的印度教教徒（读作“印度人”，在他的著作中，常将两者混为一谈），因为他们试图在西方为印度的制度找到正当理由。詹姆斯·米尔（James Mill）同样将种姓视为劳动分工，是在由游牧经济向农业经济过渡的过程中形成的。但他也承认，立法者将种姓划分归因于神的意志。他还说，种姓制度在古代（古埃及、古希腊和古伊朗）普遍存在。杜蒙不赞同米尔斯的解释，主要原因在于米尔斯未能调和技术经济与宗教的二元性。更重要的是，与杜波依斯（Dubois）不同，米尔斯将“剩余”工作都归给了婆罗门（立法者），仿佛“劳动分工是自发产生的”（Dumont，1980：24－26）。

米尔斯并没有说过劳动分工并非自发产生的；相反，米尔斯说的是，种姓的劳动分工是政治经济变化的结果，也就是由游牧经济转向农业经济的结果。在这一点上，他的观点或许能够得到认同。从历史的角度来看，在经济发展的某个特定阶段上总是有其特定的劳动分工形式。狩猎采集社会有一种分工形式（平等主义），随着狩猎采集社会转向游牧社会，这种分工形式也随之变化（劳动分工更加专业化）。随着游牧社会转向基于奴隶制的农业社会，分工形式又发生了变化（出现了奴隶主与奴隶之间的分工），而随着奴隶制向封建时期农奴制的过渡，这一分工形式再度发生了变化（出现了农奴主和农奴之间的分工），随着农奴制向资本主义的自由雇佣劳动制度转变，分工形式又发生了变化（出现了资本家与工人之间的分工）。而每一次社会转型，法律都会发生变化。这就是反映劳动分工变化和相应的立法变化之间关系的真实历史。杜蒙的观点恰恰相反，他认为种姓的劳动分工是立法者意愿作用的结果。稍后我们将进一步讨论这个问题。

内婚制

杜蒙认为，除了把种姓的劳动分工视为世俗产物，内斯菲尔德的说法还有另一个问题，即尽管他试图将种姓描述为纯粹的世俗产物，但他还是提到了仪式功能。此外，他也没有对内婚制加以解释，即为什么种姓制度禁止所有族外婚（Dumont，1980：26－27）。杜蒙也许会赞成，中世纪欧洲领主和农民之间的不平等并不基于宗教，而是基于他们同族通婚的制度（阶级族内婚的例证之一）。然而，印度的种姓内婚制并不全然是宗教产物，甚至其主要决定因素也不在于宗教。种姓内婚制是政治经济的产物。拉吉普特邦地主家族和拉贾斯坦邦邦主家族之间的婚嫁主要源于政治和经济作用，而非宗教作用。瓦尔沙·乔希（Varsha Joshi）写道，从理论上来说，基于亲属关系的体制应当是一个紧密联系的社会单元。然而，拉吉普特邦的现实情况却并非如此。在那里，族人和亲属因渴望提升自身经济政治权力而进行反抗的并不在少数。为应对这一威胁，统治者会通过婚姻（saga 或 genayat）授予亲族封赏（领地/封地），这些亲族则会由于异族通婚被永远排除在氏族之外。这种行为巧妙地通过族外婚平衡了亲族和氏族之间的关系。血缘与土地之间的矛盾影响了拉吉普特邦统治阶级的婚姻制度。乔希认为，王侯领的拉吉普特人的婚姻并不完全是出于仪式上的考虑；相反，这些婚姻受到了政治和经济的共同影响（Joshi，1995：15－16）。

在优势种姓（当权种姓）层面，婚姻更是一种阶级现象。拉吉普特邦的内婚制与非洲、亚洲其他地方和中世纪欧洲贵族的内婚制有很多共通之处，通过种姓内的上嫁婚姻和下嫁婚姻来调节经济政治利益和种姓身份。受经济政治利益的影响，拉吉普特邦不仅出现了跨种姓联姻，甚至还出现了跨宗教联姻，如印度教的统治者会将女儿嫁给穆斯林的统治者。正如乔希（Joshi，1995：14）所说，阿克巴尔（Akbar）曾与拉吉普特邦统治者缔结条约并进行联姻，以确立其对拉贾斯坦邦的宗主权。甚至在拉吉普特邦的平民中，婚姻也受到宗教和非宗教因素的双重影响，是经济、政治和社会文化因素共同作用的产物。我们无意轻视种姓内婚制，只是想说明，种姓内婚制并不全然是宗教产物，其主要决定因素也并非宗教。

拉吉普特人在选择婚配时也考虑了洁净的问题，但其考虑的是血统的洁净，或者说血统的纯正。显然，血统纯正并非宗教概念，而是世俗概念，带有政治经济的性质。同宗教洁净相类似，血统纯正也是一种社会建构，毕竟拉吉普特人的祖先起初也是多种血统混合的产物。拉吉普特人十分重视血统的纯正，也重视宗教的洁净，如婆罗门，但从不认为宗教洁净会比血统纯正更重要，也从不认为宗教洁净的人会比那些血统纯正的人更高一等。为了维护血统的纯正，他们可以献出自己的生命，但在日常生活中他们却不会恪守宗教在餐饮、会见和婚配方面规定的洁净原则。将种姓内婚制单单归纳为宗教上的洁净，未免过于简单了。

对诸如共餐制和内婚制的种姓规范进行的归纳，大多是基于上层种姓的情形做出的，而未考虑庶民种姓和普通中层种姓的情形。如果我们考虑后面两种情形，婚配的世俗性就会更加明显。主流种姓社会学中的主导理论框架是观念论框架，但这一框架总体上倾向于将上层种姓的行为特征泛化为种姓制度的普遍价值观，且认为其不受时间和地点的影响。

种姓的宗教性

杜蒙的真正疑问在于种姓是宗教性的还是社会性的。宗教性和社会性并非两个相互排斥的概念，具有宗教性的种姓也具有社会性。因此，杜蒙这一疑虑的意旨实则在于种姓的宗教性和非宗教性（政治经济性）之间的关系。在杜蒙看来，种姓的宗教性和政治经济性是独一无二的，因此不能将种姓与西方的任何制度进行比较，尽管他声称自己进行的是对种姓的比较研究。他认为，每每将种姓视为西方某种制度的极端形式时，种姓制度的宗教性总是被放在了次要地位上。从这种视角来看，对种姓的所有阐释，不论是以往的阐释还是当下的阐释，都有以下局限性：误将宗教性的内容归于非宗教性内容，误将部分（种姓）当成整体（种姓制度），低估等级制度（等级制度的实质在于宗教）。他发现，1945 年后的研究详细考察了种姓制度的多个层面，取得了一些进展，但障碍仍旧存在。这些障碍包括对等级制度的实质在于宗教的理解持续不足和该时期普遍流行的社会分层理论。在杜蒙看来，正是这一理论阻隔了对等级制度和种姓制度的所有理解。种姓之所以不是阶层分化，其道理同等级制度并非不平等相同。阶层分化是世俗的，在西方也存在。在这两个方面，阶层分化都有别于种姓和印度的独特性。若将种姓视为世俗的，则剥夺了种姓和印度的独特性，也抹杀了其同西方的区别（Dumont，1980：26－32）。

以下是两个简要评论。首先，杜蒙认为 1945 年后的民族志研究忽视了梵文的宗教文本，因而是非历史的研究，并就此进行了批判。但这一批判是不恰当的。宗教文本涉及种姓制度的规范方面，如上所述，这些方面是超越历史的。而在超越历史和非历史之间没有必要进行任何选择。其次，颇具讽刺意味的是，1945 年前后对种姓制度的研究，其共同点实际上比杜蒙愿意承认的要多很多。两者之间有相同的意识形态视角，两者对种姓的研究都将种姓制度的本质视为独立于经济政治关系的思想体系。然而，必须承认的是，1945 年后的民族志研究提供了与种姓相关的实用信息，因为这些研究是在特定的地点和时间进行的。从这个意义上来说，这些研究比基于宗教文本进行的种姓研究更为具体。然而，如果民族志研究专注于脱离物质背景和历史对思想进行研究，那么这些研究提供的信息价值相当有限。

基于种姓是宗教的这一基本假定，杜蒙开始寻求支持其假定的研究。这就解释了为什么杜蒙（Dumont，1980：21）会更加偏向布格勒对种姓制度的定义：

> 种姓制度将整个社会划分为多个世袭群体，这些群体互不相同，但又由三个方面的特征联结在一起：一是在婚姻和接触方面的分隔；二是劳动分工，即每个群体或在理论上或依传统都有其特定的职业，群体内的成员只能在一定范围内脱离其特定的职业；三是等级制度，它将群体划分为相对高级和相对低下的群体。

种姓和印度教

有人认为，种姓和印度教是密不可分的。韦伯（Weber，1958b：29）写道，“没有种姓就没有印度教教徒”。正如我们所知，种姓对印度教教徒有着教化般的影响。“拥有印度教教徒特性”的印度人如果没有了种姓，就可能成为野蛮人（Dumont，1980：23）。如果是这样的话，生活在南非、加勒比群岛和斐济的印度人（印度契约劳工的后代）就一定是四处游荡的野蛮人——他们是没有种姓的印度人。更为糟糕的是，他们是没有种姓的印度教教徒。事实上，失去种姓在过去也是促使他们团结起来共同抵制和反对殖民者的力量，殖民者曾试图在契约服务期间及之后将印度人变成野蛮人。契约服务是殖民帝国实现不自由劳动力再生的一种手段，以满足废除奴隶制后大英帝国殖民地种植园经济所需的奴隶劳动（见本书第七章）。

韦伯通过对因果报应和轮回教义的信仰，将种姓与印度教联系起来，这两个相互关联的基本原则概括了“现存社会制度中，也就是种姓制度中独特的印度教神义论……因果报应不可避免地滚滚而来，与种姓秩序……的……永恒协调一致”。补偿的概念与个体的社会命运有关，因此也与种姓秩序有关。印度人认为，出生在哪个种姓取决于前世的功绩。动物群和不同“有色人种”的共存可能推动了轮回观念的出现，韦伯说，这种轮回观念在古希腊也存在。他写道，罗摩在南方与罗波那作战时，随行的猴群指的是达罗毗荼人——在雅利安人看来，这些人是长得像猿类的“黑人”。此外，“因果教义把世界变成了一个绝对理性的道德决定一切的宇宙；它是史上出现的最一致的神义论”。最后，他转述了《共产党宣言》中马克思和恩格斯的话：“无产阶级失去的只是枷锁，而他们获得的将是整个世界。”虔诚的低种姓印度教教徒也能赢得世界——不是今生，而是来世。最低种姓的人只要不背离他们的种姓职责，就可以通过仪式的正确性收获最大的胜利（Weber，1958b：121－123）。

韦伯认为，基于对前世行为进行补偿这一原则的因果报应教义，解释了种姓制度及其他许多问题。“人类不是……原则上就是平等的，而是永远不平等的。……然而，所有人都享有平等的机会，但这一机会并不在于今生——而是只能通过重生来获得……在任何权威面前都不存在人类的'自然'平等，尤其是在……神面前”（Weber，1958：144）。基督教中没有因果报应的教义。然而，尽管如此，中世纪的欧洲也不存在人类的自然平等。现代的西方在对待奴隶问题方面与基督教紧密关联，那么现代西方是否存在人类的自然平等呢？在中世纪的欧洲、南北战争前的南方和印度的种姓中之所以不存在人类的自然平等，原因不在于宗教，而在于政治经济。中世纪欧洲的农奴制（使农奴和领主之间“自然地”存在不平等）、南北战争前南方的奴隶制（使奴隶“自然地”不平等）和种姓不平等（使各类种姓“自然地”不平等），基础都在于当代的生产和财产关系。我们应当去认识优势种姓及其理论家在宗教观念方面对种姓制度的辩护，但也不应为了体现印度的独特性而独立于世界历史之外，证明印度没有历史，忽视种姓不平等的真正基础。在意识形态提供的辩护方面，宗教也出现在中世纪欧洲或南北战争前南方的主导封建统治意识形态中。恩格斯指出，宗教意识形态的力量如此强大，以至于受压迫阶级的反意识形态也倾向于披上宗教的外衣（Engels，1974）。同样，罗德尼·希尔顿写道，即使在反抗时期，欧洲大众“也会发现自己不可能摆脱霸权意识形态主要通过教会宣扬的社会三重形象”（Rodney Hilton，1974：212）。

种姓制度是印度教特有的产物。在伊斯兰教、基督教或任何其他宗教中都不存在种姓制度。韦伯说，准确地说，所谓伊斯兰种姓实质上只是地位群体，而不是种姓。主要原因在于伊斯兰种姓中没有仪式亵渎的概念，特别是因与种姓外成员共生而导致的亵渎，“这是印度教种姓制度最重要的（原文如此！）特征”。安拉面前的宗教平等使这类亵渎或者同等类型的亵渎观念不可能在伊斯兰教中出现，这就排除了在伊斯兰教中发展种姓的可能性。即使在西方社会中，也可能会避免不同社会阶层之间的共生和社会交往，而且会相当严格地加以避免，但这并非出于宗教原因（Weber，1958b：132）。学界普遍接受将共生关系中的仪式亵渎视为种姓制度的一个特征。如前所述，问题在于把种姓制度弱化为仪式亵渎。如果将种姓视为印度的本质，情况就会变得更糟。因为印度的历史被总结为种姓的历史，而种姓的历史又是仪式亵渎的历史。

韦伯引用了《摩奴法典》中的一次对话：一片被征服的“蛮族”领土何时能够在仪式上变得洁净，进而适合进行献祭？回答说，在王公建立了四类种姓并将野蛮人降为“混血人”后（Weber，1958：7）。韦伯对这一点的解释是为了彰显仪式在种姓制度中的首要地位。然而，或许还可以有另一种解释。在征服和领土扩张的早期，它意味着对敌对领土的征服，意味着生产关系的建立和当时征服者集团熟知的种姓劳动分工。这是一个农业和文化共同扩张的过程。种姓制度是在从游牧向农业过渡的过程中出现的（阶级也是如此）。一片领土只有在能用于不洁的农业生产之后，才算是仪式上洁净，才能举办祭祀活动。将占领敌方领土视为纯粹为了履行仪式，而忽视了真正目的（扩大农业生产），是一种严重的脱节。仪式的洁净与农业的不洁有着内在的联系。这里的野蛮人指的是该领土的原始居民，他们有着截然不同的经济形式、政治组织形式和价值观，他们抵制农业扩张，因为农业扩张威胁了他们传统的生活方式。在这一切中，韦伯只看到了仪式层面，并不是因为这是他在《摩奴法典》中发现的内容，而是因为他的理论体系中的重要组成部分就是脱离物质背景对仪式进行研究的。《摩奴法典》中的蛮族混血人（不洁）是罗马帝国蛮族或欧洲殖民主义野蛮人，他们被平定（或消灭）是为资本主义扩张清理土地，这是教化使命的一部分。印度教教徒也有自己的教化使命，即洁净化。这两项使命背后的驱动力是相同的，即伪装成高级使命的当代经济政治体制对物质资源的需求。

在将仪式亵渎视为种姓制度的本质或者说是独特之处方面，韦伯早于杜蒙。他们的共同之处在于将种姓与整个社会制度视为等同的概念，并在宗教思想中找寻种姓的基础。他们的构想存在两个问题。首先，如果将印度社会降格为种姓制度，将种姓制度降格为宗教（和魔法），那么印度就变成中了魔咒的花园。种姓制度是印度社会和历史的产物，也应当被这样看待，而不是把印度社会和历史看作种姓制度的产物。其次，不应将种姓制度（和印度）降格到宗教，而应当正视种姓制度的现实，也就是说，种姓制度是印度社会和历史在某个特定阶段的经济政治条件和意识形态的产物。正如韦伯所承认的，《吠陀经》中没有关于灵魂轮回的概念和因果报应的教义，也没有涅槃的概念（Weber，1958b：28）。这就产生了一些有趣的问题，比如这些观念是什么时候作为种姓制度的基础产生的？在因果报应和涅槃教义产生时，财产和生产关系的主要形式是什么？社会分工的主要形式又是什么？种姓的宗教论规避了所有这些相关问题。这使人们不禁问道：是因果报应教义和轮回学说创造了种姓制度？还是在根植于经济政治资源和文化资源不均的世袭等级秩序（首先是瓦尔纳，后来是种姓）出现后，因果报应教义和轮回学说才发展起来的？

实际上，优势种姓利用了因果报应和轮回的思想，将种姓制度中固有的不平等和剥削问题合法化和正当化。将种姓制度的合理合法化与种姓制度的基础混淆是一个严重的错误。如第一章所述，倾听过较低种姓声音的社会学家表示，较低种姓的人从来不认为他们在种姓制度中的地位是前世因果报应的结果。他们更不会试图通过轮回来寻求解脱。

种姓是一种思想状态？

韦伯写道，作为一个封闭的系统，种姓秩序是始终如一的婆罗门思想的产物。婆罗门在当时是走访家庭的僧侣，是生活中所有情况的顾问，是王室官员，如果不是婆罗门的强烈影响，种姓制度是不可能当权的（Weber，1958b：130）。他承认，古印度的种种条件为种姓制度提供了结构性要素。这些要素包括劳动在不同种族间的分工、乡村手工艺组织的世袭基础、基于职业专业化的世袭地位隔离和任免权的垄断。但是，对于韦伯来说，虽然这些结构要素是种姓制度出现的必要条件，但它们并不足以产生种姓制度。归根到底，在韦伯看来，缺乏的是起决定性作用的宗教因素。在给予宗教观念特权的过程中，人们很少关注种姓起源中任免权垄断这一现象更为广泛的影响。韦伯转而强调思想在种姓制度中的最终决定作用。他写道，促进种姓制度发展的所有因素在世界的其他地方都是单独运作的，只有在印度特殊的条件下共同起作用，这些特殊条件即指印度是一块被征服的领土，笼罩在不可言喻的、“种族”问题尖锐的、因肤色而在社会中清晰可见的对立之中。最强烈的是，基于神学或社会现实对与陌生人交流的排斥，以及同胞的感召力，都在陌生种族之间设置了无法逾越的障碍，即使这些种族已经融入了当地的经济社区。

> 然而，我们重申：如果没有婆罗门普遍而强大的影响，这一完整而又独特的社会制度是不可能产生……更不可能延续的。……将种姓合法性与因果报应教义相结合，从而与特定的婆罗门神义论相结合，或许可以称之为神来之笔。显然，这只是理性伦理思想的建构，而不是任何经济条件的产物。（Weber，1958：131）

从概念化种姓是思想产物这一想法到排除经济条件，韦伯是在逐步实现他的主要意识形态目标，即种姓作为思想的产物，驳斥了历史唯物主义学说，这也是韦伯在其本国内进行的意识形态斗争的焦点。同时，这个观点满足了另一个主要意识形态目的，这一目的与韦伯在《新教伦理与资本主义精神》一书中提出的思想在社会转型中占据主导地位有关——为什么资本主义在西方发展，而不在东方（这里指印度）发展（参见 Thapar，2000：40），因为后者具备了资本主义发展所需的物质条件，但不具备思想条件。资本主义之所以不在印度发展，原因在于印度有种姓这一魔幻宗教现象，种姓制度扼杀了资本主义精神。在马克思主义与主流社会学的意识形态斗争中，种姓是为主流社会学服务的宝贵资源。可以一提的是，印度主流社会学大体上追随韦伯的理论，视韦伯的理论为公理，认为种姓通常不仅否定阶级，而且否定马克思主义，因此在研究种姓制度时也会避免采取马克思主义的方法。

杜蒙（Dumont，1980：34－36）和韦伯一样，将种姓简化为一种心理现象：

> ……种姓远非一般意义上的“群体”，而是一种“思想状态”，表现为在不同的情况下出现的不同秩序的不同群体（通常称为种姓）。杜蒙认为，正是由于种姓是一个思想和价值观体系，杜布瓦才会认为种姓是过去立法者有意创造出来的。因此，他的首要关注点是“一个思想和价值观体系”。

与杜蒙的观点相反，种姓制度远非一种思想状态，而是根植于政治经济的社会关系及相应的意识形态的总和。这些社会关系是人们在生产过程中形成的，受到环境的影响——但这些环境不由它们选择，因而这些关系独立于它们的意志之外。种姓关系不是精神上的，而是物质上的；它们不是主观的，而是客观的。不可否认，我们不应该忽视主观性，即韦伯和杜蒙所说的“思想状态”。然而，把真实的人及其真实的生活条件、物质性简化到主观性的心理状态，就带来了问题。那些人批判唯物主义所谓的片面性，却没有意识到他们信奉的观念论具有的片面性。

种姓与等级：婆罗门中心观

在定义种姓制度时，布格勒将等级确定为种姓的三个主要特征之一，认为种姓是一种等级秩序。在观念论中，种姓制度中的等级以婆罗门为中心。杜蒙反复强调，婆罗门在任何地方都是最高的种姓，这一点从杜蒙主张的种姓的本质在于宗教的观点中产生。在这一观点上，韦伯早于杜蒙。韦伯认为，种姓本质上在于并且仍然在于社会等级。究其本质，种姓制度与一个较大社区中的各个社会等级有着不可分割的联系，某个种姓的社会等级决定于其与婆罗门的关系是正面的还是负面的，而正是这一点区分了印度教种姓制度与非印度教（伊斯兰教、基督教）种姓制度，后者中没有等同于婆罗门的存在来作为社会距离的衡量标准（Weber，1958：29－31）。

种姓制度发展的背后是婆罗门的威望，这一威望部分基于纯粹的神学，部分基于文化——作为一个阶层。韦伯写道，婆罗门代表了一种特殊的品质。普罗希特是宫廷里高贵的魔术师。他承认西方也有乡村愚昧的一面：古希腊世袭的贵族牧师堪比印度高贵的婆罗门僧侣，这些牧师就代表着“乡村士绅的愚昧”。然而，城市的发展使他们失去了任何实质性的影响。相比之下，印度的婆罗门关系到神学、祭祀，所以他们能够在为贵族的“服务”过程中延续乡村的愚昧（Weber，1958b：138－139）。如果婆罗门教是乡村愚昧的储存库，那么身为婆罗门思想产物的种姓制度就代表着高度的乡村愚昧。这一论点符合韦伯的广义目标，即无论是在西方还是在东方，思想是历史前进的动力。东西方之间的区别在于，西方的思想

(尤其是宗教思想)是理性的，而印度的思想则缺乏理性。从这个角度出发，我们就可以理解种姓制度作为一种魔幻宗教现象和乡村愚昧的存储库，是如何阻碍资本主义在印度发展的。

在根据婆罗门的中心地位区分种姓制度方面，杜蒙模仿了韦伯，并从仪式权利和义务的角度来界定种姓制度。但问题是，种姓不只是一系列的仪式权利和义务，其权利和义务包括经济、政治和仪式方面。从韦伯时期开始的主流社会学错将种姓制度中的仪式方面和政治经济方面分开了，而在杜蒙时期，两个方面则被颠倒了。婆罗门处于种姓等级的中心地位，看似是一种合乎逻辑的结果，实则这一结果的前提是一种不合逻辑的理论假设，这种假设认为种姓是一系列仪式，与经济政治关系无关。一旦假定种姓是仪式性的，那么负责举行仪式的种姓就会成为种姓等级的中心。只有在仪式和教义事务方面，婆罗门的权威才是至高无上的。因此，如果把仪式和教义看作整个种姓制度体系中至高无上的部分，婆罗门就会处于最高地位（Ambedkar，2003）。哈比卜（Habib，2003：173）写道，婆罗门至高无上的地位绝非种姓制度的关键。

从历史上看，婆罗门并非在任何时间、任何地点都是种姓等级的核心。韦伯承认婆罗门在孔雀王朝时期并不处于中心地位。在王权统治期间，拉贾斯坦邦的种姓等级并不由与婆罗门的关系决定，而是与身为优势种姓和阶级的拉吉普特人有关，后文会对此加以讨论（见本书第四章和第五章）。玛雅兰（Mayaram，2008）指出，昔日拉贾斯坦邦的独立部落(米纳斯人、比尔人和梅瓦特人）在莫卧儿王朝统治期间被制服，并沦为地位较低的人，在后来的殖民统治期间，他们又进一步被污蔑，被当作罪犯对待，但他们却将自己认定为刹帝利种姓，认定为该地区的优势种姓，进而维护他们一度是该领土统治者的身份（参见 Mayaram，2008）。在这种背景下，优势种姓的概念就具有特殊的意义，因为它显示了优势种姓在不同时期、不同地点的多样性，而不是依照选定的印度教神圣文本中的记载，一味地延续婆罗门作为优势种姓的普遍神话。

种姓的垄断统治：一种谬见

婆罗门中心论还存在其他问题。韦伯承认商人和他们的“行会”在孔雀王朝时期赢得了贵族的认可，并因其职能在当时的重要性而受到尊敬。根据韦伯的说法，种姓精神削弱了行会精神（Weber，1958b：34）。然而，当时的婆罗门失去了社会的尊重。韦伯却将这一点反过来说，认为之所以出现这种情况，是因为种姓的权力不发达，以及佛教和耆那教（新的宗教）对婆罗门怀有敌意。后来（孔雀王朝末期之后），种姓制度的垄断统治提升了婆罗门（以及贵族）的权力，消解了行会的权力（Weber，1958：38）。

人们认为，只有当婆罗门强大时，种姓精神才会强烈地存在；反之，如果婆罗门变弱了，种姓精神就会衰弱，甚至消亡。这是种姓婆罗门中心观的一个谬论。这种观点认为，在任何时间、任何地点，婆罗门的卓越都是先验的。与韦伯的观点相反，商人之所以能够在孔雀王朝时期获得政治—经济权力，获得贵族的认可，并获得更多的社会尊重，不是因为种姓统治在当时较弱或不够发达，而是因为贸易和商业在国内外不断增长的重要性。如果我们看一下前孔雀王朝时期（前佛教时期），就会发现，赋予婆罗门比商人更高特权的种姓制度确实十分强盛，虽然在孔雀王朝时期由于政治经济的根本变化，情况有所变化。后来（后孔雀王朝时期）贸易走向衰落（Sharma，2009：17），商人逐步失去了经济政治权力，他们的地位也因而下降。与之相反，婆罗门却得到了贵族的认可，在物质上受益良多，进而恢复了社会声望。其原因并不是韦伯所主张的“种姓垄断统治”的回归，而是一种新型经济政治秩序的出现——经济转向以农业和农村为主，中央集权瓦解，取而代之的是小王国。王公成了各自领土上的所有土地的最高支配者。有的王公来自混血族群血统，为寻求传统优势种姓刹帝利的地位，婆罗门从这些混血王公那里得到了慷慨的土地赠予。婆罗门向王公提供服务，王公则给予婆罗门政治、经济支持，并赋予婆罗门社会认可，正因如此，婆罗门才恢复了他们曾经失去的地位。韦伯忽略了从前孔雀王朝到孔雀王朝再到后孔雀王朝的政治经济变化，以及这些变化对商人种姓和婆罗门在不同时期的相对等级的影响。相反，他认为“种姓的垄断统治”本质上是永恒的（在这种制度下婆罗门的统治至高无上），并基于此对商人和婆罗门种姓等级的变化进行解释。

夏尔马（Sharma，2009：248）指出，在中世纪早期（11—12世纪），最重大的变化是，在印度北部的拉吉普特王国，贵族及其封臣大规模地将土地收入转让给宗教人员，以换取宗教人员在合法化前者（优势种姓或阶级）的统治方面发挥更广泛的意识形态作用。这确实是刹帝利（贵族）与婆罗门（牧师）联合对抗其余种姓的基础——等级制度的一个特点，杜蒙经常讨论到这一点。这个体系中的等级划分取决于经济政治权力。婆罗门也不例外。所谓种姓的垄断统治，实则是经济政治权力的垄断统治。种姓社会学颠倒了这一组概念，使根植于宗教的“种姓垄断统治”凌驾于经济政治权力的垄断统治之上。把种姓制度的等级统治同政治经济的统治分开，只是一种思想上的实践，没有实证的、历史的依据。

种姓婆罗门中心观还存在另一个问题。它将婆罗门在种姓制度中的显赫地位（或没有地位）与种姓制度本身的强弱等同起来。婆罗门在种姓制度中的显赫地位被认为是与生俱来的，不需要接受实证的、历史的验证。但是，不能经受实证的、历史的验证的假设就不是理论。

种姓等级和人类目标

为了确立宗教在种姓制度中的中心地位，确保婆罗门在种姓制度中的优越性，杜蒙提出了印度教中人类目标的问题。“人类目标”（原文）有三层境界，即dharma（责任）、artha（利益）、kama（娱乐、享乐）。此三者均必要且合法，按照等级划分，责任（遵守世界秩序）高于利益（财权一体），而利益又高于娱乐（当下的享受）。杜蒙进一步表示，人类目标的三个等级显然可以类比于瓦尔纳等级：责任对应婆罗门（僧侣），利益对应刹帝利（王公，一时的权利），娱乐对应瓦尔纳的另外两个等级（吠舍和首陀罗）。我们了解到，帕森斯的结构分析学说是社会学中唯一能合理解释该目标的概念体系。在该学说中，责任是指道德行为，利益是指工具行为，娱乐是指表达行为。利益和娱乐两者与责任相冲突，即为“宗教与科学”相冲突（Dumont，1980：271－272）。

然而，将人类目标等级类比种姓等级有着严重的缺陷。按照该学说分析，掌管世界秩序责任的婆罗门不应享乐，但他们真没有享乐过吗？同样，理想情况下，刹帝利应该一心只顾追求利益，但他们早已不是如此了，追求利益的人大多是吠舍平民。在传统文化体制中，追求利益有悖于刹帝利信条（kshatradharma，也就是士兵和统治者所信仰的宗教）。因此，关心利益的刹帝利会遭受耻笑，并被视为地位较低的吠舍。背负重债的拉吉普特刹帝利、地主、贵族和拉贾斯坦邦土邦首领常说的一句话就是“我们不是班尼亚人（吠舍）”。与欧洲贵族时代的贵族和商人一样，印度的贵族（刹帝利）和商人（吠舍）被两者不同的心态区分开来。此外，杜蒙甚至没有单独将政治或世俗权力（刹帝利的主要领域）划分为目标之一；在人类目标的三分体系中没有政治权力的术语。这还不是全部。

根据杜蒙（和帕森斯）的学说体系，享乐属于吠舍和首陀罗。这是有问题的。不管是在理论上还是在实践上，利益都属于苦行的吠舍平民（苦行与享乐正相反）。因此，享乐只能属于瓦尔纳的第四级——从事洁净与不洁体力劳动的首陀罗奴隶。而问题在于奴隶几乎没有什么值得享受的。他们的劳动（唯一能自由支配的资源）或其劳动成果均被刹帝利榨干，刹帝利与婆罗门（僧侣）共同享受，只剩下些许资源仅够奴隶勉强维持生活。本应苦行的婆罗门却有资格无限制地消费，并受到宗教礼仪认可。同样，依照《神圣种姓法则》的作者摩奴的说法，在文化上，允许刹帝利奢侈消费，而和劳动绑在一起的瓦尔纳（首陀罗）从常规上讲没有享乐的资格。人类目标等级和瓦尔纳秩序等级之间不能进行类比。无法进行类比的隐性原因在于政治经济问题，而非宗教问题。这就是为什么人类目标等级和瓦尔纳秩序的类比最终走向了社会学和神学的结合。杜蒙提出了“包含—被包含”理论，认为在人类目标三级划分中，责任包含了利益和享乐。他说，《圣经》中“用亚当的肋骨创造夏娃的故事”就是最好的例子（Dumont，1980：239）。

韦伯、杜蒙及赞同其学说的人（包括印度人和其他国家的人）都犯了一个错误，他们把宗教视为种姓制度中等级的基础，以使印度与西方等级制度相比显得独特。种姓是一种等级排序。西方的贵族等级秩序也是一种等级排序。追溯到更早时期，种姓还包括古代公民和奴隶的等级秩序。宗教使种姓等级排序正当化，但是说宗教是种姓等级的独特基础就是在扭曲事实。主流社会学忽视了种姓等级的真正基础，即经济政治关系，并用宗教取而代之，化亵渎为神圣。我并不是在论证印度在过去、现在应该与西方相像与否，也无意论证，而是认为种姓制度等级的基础并不是宗教。另外，种姓制度的等级基础与前现代、前资本主义的西方社会的等级基础并无本质区别，也就是说，是被文化认可（包括宗教和非宗教文化认可）并被文化认可掩盖的经济政治资源不平等分配。不可否认，在印度和西方社会之间（没有事实依据）强行类比是一种错误行为。同样，歪曲事实，使印度与西方相比而显得独特，也是一种错误。错误就是错误，与他是印度人还是其他地方的人无关。

种姓、社会距离与发展

“种姓精神”完全不同于西方的商人基尔特精神和工匠基尔特精神。种姓制度完全取代了其他组织，或至少“在一定程度上”削弱了这些组织（Weber，1958：34）。韦伯在寻找资本主义“精神”的过程中，必须找到一些阻碍其在印度发展的精神因素。他在种姓精神里发现了这种阻碍资本主义的精神因素，并且通过在种姓与宗教间画上等号，使宗教伦理与资本主义精神联系在了一起：种姓制度是印度教的特性，削弱了资本主义精神（韦伯研究印度宗教和种姓主要是为了圆满完成其关于西方新教伦理和资本主义的论文，详见 Thapar，2000：24）。韦伯深入研究，将印度的种姓制度与西方的基尔特区分开来。种姓使不同群体之间在其相互关系中产生“神奇距离”。韦伯在论文中写道，礼仪隔阂对种姓制度至关重要，是种姓制度的基础。种姓制度非常重视社会等级，以至于在没有经济利益冲突的种姓之间也制造出了巨大的隔阂。种姓制度中的礼仪和等级问题与西方形成了鲜明对比，因为种姓制度中的礼仪和等级深深扎根于其宗教（Weber，1958b：34－38）。

与韦伯的观点相左，不同种姓之间的距离并不是巫术—宗教导致的距离。更重要的是，礼仪隔阂不是种姓社会距离的基础。巫术宗教是印度区别于西方之处。虽然西方没有巫术，但是奴隶主和奴隶（按阶级和种族划分）之间社会距离的严苛程度并不亚于不同种姓之间的社会距离。其不仅增加了中世纪欧洲农奴和地主之间的社会距离，也增加了商人和地主之间的社会距离。这阻碍西方经济发展了吗？事实上，以极端社会距离为特点的奴隶制度正是现代西方社会经济发展的引擎。在现代西方社会（美国）中，种族化的奴隶和奴隶主之间普遍存在社会距离，在奴隶制被废除 150 多年后、民权运动发生 50 多年后，在话语和日常交往中，他们之间仍然存在社会距离。然而，这并没有阻碍美国的经济发展。恰恰相反，这对美国的诞生十分关键。

西方资本主义与社会距离并不呈负相关，而是通过创造和利用社会文化距离得以发展（并持续发展）。资本家和工人（资本主义基础），白人和黑人（包括所有有色人种），男性和女性，殖民者与殖民地，澳大利亚、新西兰和美国的白人和土著人，他们之间的社会文化距离都基于等级制度，促进了西方资本主义的发展。把资本主义精神看作基尔特的互爱互助和《主的晚餐》的宗教精神（Weber，1958：38），具有一种特殊的意识形态功能，即洗刷了资本主义在国内及殖民地暴力血腥的历史。此外，还具有另一种意识形态功能。它表达了这样一种观点：种姓制度中的社会距离阻碍了印度资本主义的发展。它不认为印度资本主义发展受阻是因为殖民主义，而是认为尽管印度经历过殖民主义，仍然没能顺利发展本国资本主义（韦伯忽视了殖民主义在印度未能发展资本主义这件事上起到的作用，参见 Thapar，2000：44－45）。

种姓和社会劳动分工：神圣和亵渎

种姓制度由专门化和相互依存两个部分组成，这两个部分是布格勒发现的三个特征之一，杜蒙在定义种姓时，主要参照了这个特征。杜蒙认为，专门化要求不同群体之间需相互分离，但又是面向整体需要的。这种与整体的关系把劳动分工和等级制度联系起来。与此同时，因为专门化，印度的社会分工形式与现代经济形式形成了明显的区分，现代经济形式注重个人利益，由市场来管理整个社会（Dumont，1980：92）。此处出现了同样的问题，这是杜蒙研究方法所特有的问题，即把两个存在于不同历史时期的产物放在一起比较。应与种姓劳动分工进行比较的是欧洲和其他地方（在资本主义社会之前的）封建社会的劳动分工。在封建社会里，土地是大多数人的主要财产形式和生活来源，土地权是其劳动分工的核心。将种姓制度的劳动分工与现代西方工业社会的劳动分工进行比较，属于误用了比较和历史方法。不过，这只是其中一个问题，绝不是其中最严重的问题。

杜蒙利用扎马尼制度（种姓制度中在乡村层面上的特殊社会分工形式）来解释种姓制度中的劳动分工。在继续论述之前，我们要注意到夏尔马进行的一项观察，这对我们讨论的问题至关重要。也就是说，扎马尼制度或许可以解释封建阶段的社会经济关系，而无法解释更早之前（封建阶段以前）或更晚以后（封建阶段之后）的社会经济关系。他指出，考底利耶（Kautilya）在《政事论》一书中未提到扎马尼制度（Sharma，2009：2）。然而，杜蒙用扎马尼制度来解释种姓制度所有时期内的社会分工。他认为，种姓制度的社会分工可以追溯到梨俱吠陀时代（如果接受他的瓦尔纳种姓同源学说）并持续至今。由此说明，杜蒙对具体历史不敏感，很多时候他讨论种姓也出现过这样的问题。当然，对具体历史不敏感的不止他一人。

有人认为，种姓制度不只是一种职业制度。种姓不同于贸易基尔特。卡特（Hocart，杜蒙同意其观点）认为，种姓与职业是通过宗教这个中间媒介联系在一起的，这在理发师和洗衣工等礼节职业上体现得尤为明显（Dumont，1980：92－93）。他在布格勒理论中找到了支持种姓制度中这种独特劳动分工的论点："在印度教文明中，决定每个群体等级的是宗教观点，而不是经济趋势。"杜蒙表示，这番谨慎的评论正是他的出发点（Dumont，1980：369）。

这里真正的问题是什么？杜蒙关注的是宗教和礼仪、涉及礼仪的种姓，绕过了劳动分工中最重要的方面，即拥有和控制土地的种姓和耕种土地的种姓之间的分工，而这才是种姓劳动分工的基础。土地所有者和土地劳动者之间的分工不仅控制了理发师和洗衣工的社会等级与作用，还控制了贵族和僧侣、地主和农民、工匠和妾的等级与作用，而宗教框架是无法解释这一分工的，宗教框架关注的是由洁净—不洁观念主导的某些特定种姓的礼仪。为什么主流社会学如此强调理发师和洗衣工的（礼仪）作用，而忽视农业生产者的作用？他们为理发师、洗衣工、僧侣及其主顾（贵族）提供了食物。杜蒙承认，只有在特定情况下，宗教才能清楚阐释种姓和职业之间的联系。他写道，有许多不同的种姓会从事一些宗教态度中立的职业。正是在解释这些职业时，强行联系劳动分工和宗教会真正出现问题。杜蒙写道，有一件事会立刻显现出来，即大多数职业都具有明显的宗教色彩。但也有例外，一般来说，与贸易相关的职业并没有明显的宗教色彩，就劳动而言，农业领域的职业更是如此（Dumont，1980：93－94）。

要知道，农业是经济的主要形式，是所有种姓生存所依，如果去掉了大部分贸易职业，尤其是再去掉农业职业，那么种姓劳动分工还剩下什么？那些将宗教视为种姓制度中最重要因素的理论考虑到这点，会忽略种姓制度中社会分工中最重要的因素（大部分的商业，尤其是农业），也就不奇怪了，因为最重要的因素不是由宗教确定的。一旦种姓社会学不包含农业中的劳动分工，社会学家就只能关注礼仪中的劳动分工。进食、宴会、禁食、刮胡子、洗澡和洗衣的礼仪，都包含着洁净和不洁问题。难怪种姓制度的本质沦为谁拿了谁的食物，谁和谁一起吃饭，谁是洁净的、谁是不洁的，以及怎样洗除（暂时）洁净之人（而非不洁之人）身上的不洁。

我们需进一步审视杜蒙关于农业中劳动分工的看法。拉贾斯坦邦贵族国家（杜蒙将这些贵族小国视为种姓制度在经验上和历史上运作的适当领土单位）最重要的分工是地主和农民的分工。地主拥有土地。农民在特定的时候耕种土地，以支付租金、缴纳税金和使用免费劳动力（begar）。农民要为所有其他服务性种姓的服务买单，包括为地主服务的婆罗门（僧侣）。这种分工不是由宗教来调节的，而是由土地所有制来调节的。宗教本质上具有一定的种姓功能，但他们无法决定主要和重要领域（农业和商业）的劳动分工，这些重要领域为种姓社会学的关注重点（礼仪中的劳动分工）买单。地主和佃农，一个拥有土地，一个劳作于土地上，这两个主要阶层之间的劳动分工影响了整个社会经济结构，包括种姓制度中的社会劳动分工（参见 Meillassoux，1973：99）。

洁净和不洁的思想确实存在，不过与职业性质和获得生存手段的途径成比例。一方面，一些被剥夺了获得其他职业权利的群体只能依靠被认为是低下、有辱人格和肮脏的职业生存，这些群体被认为是不洁的；另一方面，婆罗门身为僧侣，照料寺庙和众神，依据礼仪不从事体力劳动，生计得到保证（实际上不只如此），他们被认为是洁净的，获得社会尊重和尊严。但必须重申的是，在乡村和种姓制度中（在我熟悉的拉贾斯坦邦贵族国家和北方邦东部的柴明达尔村），社会分工的核心不是婆罗门，而是地主。文化中的礼仪分工依赖于农业中的社会分工，而农业中的社会分工是种姓制度和乡村社区的基础。对于韦伯、杜蒙和支持他们学说的人来说，种姓制度中的劳动分工十分神圣。实际上，种姓制度中的劳动分工是十分世俗的。

韦伯和杜蒙认为，种姓制度中劳动分工的本质是宗教性质的。必须明确的是，并非所有的社会学家都同意他们的观点。比埃德尔曼（Beidelman）指出，种姓制度中的传统分配制度（扎马尼）存在基于不平等土地关系的不平等问题。而杜蒙反对他的观点，认为他未理解等级制度内涵，是“教条的、盲目的唯物主义”。杜蒙对奥恩斯坦（Ornstein）的观点也不屑一顾。奥恩斯坦认为，那些失去生产资料的人与那些有生产资料的人之间是相互依赖的关系，最终对后者更有利。杜蒙对种姓制度中社会分工的政治经济不平等问题不屑一顾。他评论凯瑟琳·戈夫（Kathleen Gough）的著作时写道，就像以前种姓制度中的宗教部分常常被简化成一种附带现象一样，这里至少有人类学家试图将等级制度简化为权力关系。他写道，对乡村劳动分工制度的研究无法真正理解等级制度的内涵。因此，他对维泽（Wiser）的观点持批评态度。他认为，维泽不顾事实铁证非要找到扎马尼制度的互惠方面。他同样对比埃德尔曼的观点不屑一顾，因为比埃德尔曼仅仅研究了二手资料，把扎马尼制度与剥削混为一谈。最后，他总结道，无论是维泽还是比埃德尔曼，都没有看到“该制度能保证每个人都能维持与其地位成正比的生计”（Dumont，1980：31－32）。

杜蒙说，该制度为底层人民提供了一些保障，这一论点需要仔细研究。从这个意义上说，古代（以及现代）的奴隶制和中世纪的农奴制确实为庶民提供了“一些保障”，现代的雇佣劳动（包括最低等的劳动形式）也是如此。底层社会的安全确实是保障上层社会安全的一个基本条件，因为上层社会的生存依赖于底层社会的剩余劳动力。所有这些劳动分工形式的本质特征都是剥削。那些拥有生产资料的人与那些只能依靠劳动的人之间的辩证统一体是不平等的，具有内在的剥削性。种姓制度也不例外。

最后，杜蒙还面临着一个问题，即在种姓制度劳动分工中，宗教和经济之间有什么关系。他以查玛尔人（皮革工人）举例，这些人除了制造皮革制品外，还在印度北部地区耕种土地。他们也是“贱民”。杜蒙反问道，“应该说”“礼仪”原则可以使他们的“剥削”合理化吗（Dumont，1980：103）？答案是肯定的。但杜蒙不同意这一观点，他认为，这并没有解决“该制度作为一个整体的问题”（其学说中的“整体”是指意识形态上的）。

为了解决这个关于整体的问题，杜蒙介绍了两种方法的区别：一种是莫斯的方法（根据价值和市场来定义经济），另一种是马克思的方法（根据需要和效用来定义经济）。杜蒙解释说，马克思从需要和效用的角度来解释经济。杜蒙的解释是存在问题的，因为他忽视了马克思构建的经济和社会概念中社会关系具有中心地位。但这不是重点。莫斯认为，社会创造的市场社会和价值社会之间的区别，就是资本主义社会和前资本主义社会之间的区分。正如市场社会是资本主义生产关系的产物一样，所谓价值社会就是封建所有制和生产关系的产物，这就是两者社会分工不同的原因。这对种姓制度中的社会分工有什么影响？马克思认为：

> 在宗法制度下，在种姓制度下，在封建制度下，以及在法人制度下，整个社会按照固定规则进行劳动分工。这些规则是由立法者制定的吗？答案是否定的。规则最初由当时的物质生产条件决定，经过长期实践，才成为法律条款。

杜蒙以传统印度村庄的打谷场为例，解释了地主和包括牧师在内的扎马尼制度的各类人员之间的生产分配问题。他认为，打谷场上的交易看似为经济交易，本质上则具有宗教性质，若将其看作经济因素，则是在重视一个“模糊的外表”。杜蒙用韦伯的观点证实这一观点。韦伯发现，市场社会和非市场社会之间存在显著差异，非市场社会的特征是，多数人际关系倾向于满足这个制度内所有人的需求……这里有效衡量的是……相互依赖（Dumont，1980：105）。

杜蒙以上观点存在什么问题吗？诚然，在市场社会和资本主义社会之前，地主和佃农（农业劳动力）之间为私人关系，是相互依赖的。尽管如此，他们之间的关系仍然是不平等的，存在剥削。最重要的是，生产分配机制（如何利用剩余劳动力）是由前资本主义所有制和生产关系决定的。市场社会之前固有的不平等和剥削特性根植于他们的关系中，受当时价值体系的支持。强调关系的私人性质和系统的相互依赖性，以掩盖非市场社会在利用剩余劳动力过程中出现的不平等、剥削和额外经济胁迫现象，这就是意识形态——优势种姓（和统治阶级）的意识形态。

杜蒙继续写道，“虽然宗教和经济的赋税徭役混合在一起，但这是按照规定的秩序（宗教秩序）发生的。认为其相互需求依赖于种姓制度和等级制度……打谷场上的劳动分配完全不同于市场上的劳动分配”（Dumont，1980：105）。人们不禁好奇，价值观，特别是宗教价值观，是怎么把地主的家庭成员的需求，甚至他们的马、大象、狗、猫、鸟或其他宠物的需求，放在高于农户的生存需求或农业劳动者及其家属的生存需求之上的，农户为地主创造一切条件，自己最终却食不果腹。这里的重点不是道德情绪，而是事实——不同种姓的需要（和等级）是由当时存在的所有制和生产关系来调节的，而非由宗教来调节。正如哈比卜指出的，典型的种姓制度在自然经济中和市场经济中能够同样轻松发挥作用。在这两种经济中，种姓制度的本质功能“不是维护空想的洁净结构（即便维护了，也纯属偶然），而是维持像其他任何制度一样严格的阶级剥削制度”（Habib，2003：170－173；参见 Mencher，1974：478）。

在打谷场上榨取的就是剩余价值，而在经济政治秩序下，生产资料的拥有者（贵族和地主）及其同盟（僧侣）要求获得主要生产份额（参见 Meillassoux，1973：92－93）。从这个意义上说，这个政权与世界各地前资本主义（尽管是封建主义）政权的情况本质上相同。可以补充的是，经济政治体系建立并维持了种姓制度，并受到世俗和宗教价值观的支持。这些价值观由皇室创造，贵族（地主）议会批准，并经（分散于王侯领四处的）寺庙传播，僧侣日夜祈祷，祈求王公和地主幸福安康，重申地主占用剩余生产力的权利不可侵犯，祭司自己也换得了不参与劳动而享有生产份额的权利。种姓制度中的职位是世俗而非宗教的，是强制而非自愿的，是亵渎而非神圣的。

杜蒙对个体追求自身利益的现代经济体制和以追求等级集体利益为主的种姓制度进行了区分。他认为，种姓制度中的农夫（农民）为了制度中其他一系列人的利益，让出其多半作物，"这可以算是一种合作行为，旨在保障每一个遵循社会职能的人的生计"（Dumont，1980：105）。虽然杜蒙曾否定了分层和功能主义，也否定了其种姓研究方法，但他的观点与功能主义分层理论有什么不同吗？撇开这一点，人们可能会问，为什么为全体人民的利益而让出其利益份额的是农民，而非王公和僧侣这些等级最高的人？非但如此，作为统治阶级（和种姓）的贵族和僧侣占据了最多的农业产品，凭此过着区别于其他人的生活。借用杜蒙的话，可以说王公和僧侣联合起来反对其余等级的人，占用直接生产者的剩余生产力，由此过上区别于其他人的生活（韦伯认为是"地位象征"），并由直接生产者为其生活方式买单——剥削。诚然，农民的付出是面向整体的。然而，在这种情况下，种姓的整体不是宗教性的，不是排除了经济政治因素的意识形态概念，而是包括意识形态（也包括宗教）在内的经济政治概念。

为了理解劳动分工和剩余劳动力分配，我们必须在档案馆、法院、堡垒和寺庙中查看土地记录，辅以民族志证据，并从这一角度来审视种姓制度中宗教和经济政治的关系。如果研究方式重宗教文本证据（被视为神圣的），贬低档案、历史和民族志证据（被视为亵渎的），认为其价值较低或毫无价值，那么这样的视角不足以理解社会分工和种姓制度中剩余（预留）劳动力剥削情况。

种姓制度的变化与延续

瓦尔纳制度和种姓制度并非一成不变的，相反它们随着经济政治条件和意识形态的改变而不断发展。

从两类瓦尔纳到三类再到四类瓦尔纳是一个变化的过程。在印度历史上的不同时期（前孔雀时代、孔雀时代和后孔雀时代），婆罗门、刹帝利、吠舍和首陀罗相对地位的升降是一种变化；吠舍裂变将商人与农民和牧民区分开是一个根本性的变化；从瓦尔纳到贾提转变是一种变化；从名不见经传的集团统治一个地区后刹帝利化（或拉吉普特化）是一种变化。历史和民族志证据与之一致，均证实种姓制度并非永恒不变。

后殖民时期印度的种姓制度发生了根本性变化。正如哈比卜指出的，现代条件极大地动摇了种姓制度的经济基础。因为当前的经济体制已经摧毁了一系列从事专业或体力劳动种姓的技艺（Habib，2003：178）。

过去的种姓制度已经不复存在（但本质上并非今天的种姓）。贵族和地主、农民也不复存在。僧侣、班度族、菩提、游吟诗人、理发师和洗衣工也不复存在。他们本身没有消失，而是束缚着他们的社会关系和在旧制度中决定其等级和作用的价值观消失了，因为这些社会关系和价值观念的基础（传统土地使用制度）不复存在。20 世纪 50 年代的乡村种姓间关系与 20 世纪 40 年代末相比，发生了根本性的变化。废除柴明达尔（地主的土地管辖制）权利，引入普选权，不仅改变了以往地主（拉吉普特人）和佃农（阿希尔人、库尔米人、科里人和帕斯人）、工匠及其他职业之间的经济政治关系，还改变了地位和尊严的意义。虽然过去的乡村种姓几乎都能勉强维持生计，但过去的种姓之间的关系却发生了根本性的改变。前拉贾斯坦邦也发生了如此变化。一方面，地主（拉吉普特人）不再像过去一样可以垄断经济政治力量，其地位也相对下降；另一方面，农民（贾特人、西里斯人、达喀兹人和比什诺瓦人）拥有了过去没有的经济政治力量，并且地位向上流动。北方邦的拉吉普特人和婆罗门人受到马亚瓦蒂（Mayawati）的邀请，在她担任首席部长期间，到其住所品茶。不过在 20 世纪 40 年代，同样是马亚瓦蒂，拉吉普特人和婆罗门人就不允许这个低级种姓的女性触碰他们的茶杯。这可能不是真正的“翻天覆地的变化”（主要是因为所有制和生产关系没有进行根本性结构重组：大多数下层种姓仍无法获得生活资料和其他生产资源，以及如现代教育和就业的机会），但不可否认的是，种姓制度发生了整体性变化：不是等级制度所能容忍的“外围”或“次要”领域发生了变化；相反，变化发生在中心领域。

哈比卜提出问题：如果动摇了种姓制度的经济基础，那么其意识形态还会如此吗？他怀疑传统经济体系解体后，种姓的意识形态方面（如族内婚）是否真的会随之逐渐消失。他的怀疑十分合理（Habib，2003：178）。首先，我们必须将哈比卜的观察与包括杜蒙在内的其他许多社会学家的观察区分开来。与哈比卜不同，这些社会学家谈论种姓制度的弹性和可塑性，却不能分辨出制度的哪些特定方面富有韧性而哪些方面是可以转变的。正如夏尔马曾指出的，这对于研究变化的社会历史学家来说是一个问题。种姓制度已经存在了几千年，与之相关的制度（如族内婚制）和思想（如洁净与不洁）已经被编纂进大大小小传统的宗教经文、传说和神话中，并在各个寺庙、朝圣地、学校和市民组织中得以日夜念诵，因此这些制度思想不会转瞬即逝，甚至可能多年之后也不会完全消亡。部分原因在于，当前的不平等结构仍歧视过去传统的劣势种姓，同时保护传统和当前优势种姓的特权（Teltumbde，2012）。在这方面，印度种姓并非例外。我们必须看到西方种族的情况。西方的种族关系一直处于变化之中，但是不平等的种族结构仍然存在，与种族身份相关的特权和劣势结构也依旧存在，即白人拥有特权，其他肤色的人处于劣势地位，斗争还在持续之中。

必须承认的是，种姓制度的变化并非田园牧歌：种姓制度不会立即或自动地发生变化。上层阶级经常暴力抵制这些变化，他们也将继续抵制这样的变化。本书（第六章）讲述了20世纪50年代北方邦东部一个村庄的事件，类似事件在印度的其他地区以更大的规模和更暴力的形式一遍又一遍地重演着。正如塔拉坎特（Tharakam）在2012年发表的一篇文章所指出的："可能是任何人，叫什么名字无所谓，但发生的事情都一样……名字和人数可以改变，但模式与权力结构不变。"塔拉坎特提到了最近发生在安德拉邦北部沿海地区拉克西米佩塔村的5名达利特人被害事件，这是优势种姓使用最极端的暴力形式以使他们能继续垄断土地所有权、政治权力及地位的实例。同时，斗争仍在继续（Ilaiah，2005）。尽管政府正式规定了其代表权，但传统上的弱势群体仍然无法获得土地、政治权力和地位（参见John，2005；Kapadia，1995）。弱势群体的生存仍然依赖于那些控制其生存手段的人，因此他们只能被迫继续从事那些物资匮乏、地位较低的职业（参见 Sainath，2005）。主流社会学的编年史都认为，种姓制度是田园诗，而真实的种姓历史绝非如此。读者可以发现，我只是把马克思（Marx，1975：736－739）在别处用过的表达换个方式重新说了一遍。

关于种姓制度本身，这些故事讲述了什么？这些都是“种姓斗争”的故事，包括为土地、政治代表、教育和职业机会的斗争，当然还有仪式的包容和排斥的斗争。因此，种姓制度的故事是经济、政治和仪式相互交织在一起的故事。社会学将仪式与经济、政治分离开来，并把前者表现为故事的全部。经济和政治斗争被视为种姓扮演着非种姓角色也不足为奇了，这是对现代化的偏离或反叛。相当具有讽刺意味的是，马克思主义视角主张把种姓制度中的经济、政治和仪式看作内在联系的整体，而社会学界声称其对仪式的碎片化叙事体现了复杂性和多向度，并摒弃了马克思主义视角，认为马克思主义视角是单向度的、简单化的和还原式的。

第四章　种姓和庶民研究：精英意识形态和修正主义史学

“一群社会科学家以本卷发起一个军事史学的流派……所有关注农民或者印度社会的人都应当予以认真关注。”（着重号为本书作者强调的内容）以下是《庶民研究读本》（Guha and Spivak，1988）一书封底的文字：

> 信息的无形世界与金钱的有形世界交融，新的词语将两者结合起来……广为流行。这个时期备受瞩目的人是那些能把观点和情绪转化为产品的人。这些受过高等教育的人一边流连于创意十足的波希米亚世界，一边踏足充满野心和俗世成功的资产阶级名利场……他们是布波族（bobos）。这些布波族定义我们的时代。
>
> ——大卫·布鲁克斯《天堂的布波族》（2000）

农民和农民运动的议题毫无疑问是印度殖民时期史学最重要的问题之一，甚至称得上最重要的问题。这是因为殖民征服时期的印度主要是农业社会，殖民前的农业结构——地主和农民的内在区分——影响了整个社会结构并且相应地形塑了殖民时期社会构成的动态变化。由此看来，庶民研究计划的出现可谓应运而生，其以庶民的视角聚焦殖民时期印度农民和农民暴动的史学（Guha，1983）。庶民研究框架在南亚范围之内以及东南亚以外的地区获得关注，这完全是实至名归、理所应当的。现在该计划的研究重心已经转移到其他议题上，但是仍然关注农民相关问题。该计划将农民（庶民）暴动问题放回它在印度殖民史学中的应有位置，现在正是时候回顾该计划在其中所做的贡献。（Guha，1982；1983；Guha and Spivak，1988；Arnold and Hardiman，1994）

相应地，我认为，可以从我自己对 19 世纪晚期到 20 世纪 40 年代殖民统治末期拉贾斯坦邦农民和农民运动的研究入手，批判性地检视农民暴动中有关阶级和种姓的主要假设、观点和证据。庶民研究在一些学术圈内受到欢迎和认可，也受到了各方的批评，其中一些人最初同意这个认识论假设并参与了计划的合作，之后又因有不同意见而退出。汤姆·布拉斯（Tom Brass）在2000年曾对庶民研究的批评者的主要不同观点进行了简明扼要的论述，讨论了他们的贡献及其观点的内在矛盾之处。我的方法不同于这些批评，因为这一方法试图评估该计划对印度殖民时期农民及农民运动得出的结论，并且这些结论是基于特殊背景（19世纪70年代到20世纪40年代的土邦拉贾斯坦）下农业状况的经验证据得出的。之后分析的重点将是研究中最薄弱的两点。首先，对庶民研究中农民话题至关重要但却没有被深入探究的问题，即农业社会结构与运动中种姓和阶级之间的关系。其次，研究的地点（土邦）不在殖民邦直接管辖领域内，并且直到殖民时代结束前都保留着殖民前的政治经济结构和意识形态。

这一聚焦引出了两点争辩：第一，质疑庶民研究计划的一个基本假设，也就是殖民前印度社会的公有制特征，特别是农村土地和权力的关系。第二，这里提出的经验证据不仅突出了计划的局限性，也强调了其与精英意识形态和修正主义史学之间的关联。

种姓、阶级和庶民研究

庶民研究提出的一个重要议题是种姓体系在农业结构和农民抵抗之中的重要意义。庶民研究视角的追随者已经从不同背景下研究过种姓问题，我们也需要关注他们在研究印度社会和文化时对这一核心议题的看法，特别是殖民前、殖民期间和后殖民时代的农民和农民运动。

毫不夸张地说，种姓体系是印度社会和历史中被研究得最多但仍然遭到误解的问题。有关亚大陆的史学中必然离不开种姓，无论是涉及印度的“东方例外论”、文化独特性、农民被动性/暴动、反殖民斗争还是后殖民政治都是如此。具有讽刺意味的是，种姓越是处于各种议题的核心地位，越是容易被神秘化和魔幻化。社会科学家和印度种姓体系的故事更像盲人摸象的故事，每个人抓着大象身体的一部分，以为这一部分就是大象的整个身体。无论是对重要时间节点的研究还是进行长期研究，无论是研究地方层面还是研究整个印度层面，很少有人试图在具体背景下研究土地所有权、某个特殊的种姓或多个种姓，以及这些种姓在种姓等级中的位置。因此，提出关于拉贾斯坦的经验证据是为了强调土地所有权和种姓等级制度之间的关系。

帕萨·查特杰（Partha Chatterjee）是庶民研究的主要拥护者之一，曾对不同背景下的种姓体系进行研究（Chatteijee，1983；1988；1989；1996）。因此，他的研究为种姓体系和农民的从属视角提供了一个较为方便的切口。他的出发点是对马克思视角进行批评。在他看来，马克思的视角仅将种姓体系当作一种上层建筑的附带现象。查特杰为纠正他所认为的马克思式扭曲，分析了经济基础与上层建筑之间的关系，以说明两者在塑造种姓体系时同等的贡献。无须评论他对马克思有关结构和上层建筑所采取方法的讽刺，这里的重点是他对种姓的理解。为保持庶民研究的意识形态视角，查特杰在研究种姓时将其限定为“以宗教为基本元素”的观念体系——一种意识现象。他认为，宗教由两个对立的趋势构成：一方面，宗教给整个社会提供普遍规范；另一方面，它是一种意识，能够让庶民阶层抵制统治。这种观点忽视了宗教作为精英阶层统治的工具的角色，它为庶民在不同情境中的劣等性提供了理由，诸如奴隶制、农奴制和性别压迫，更不用说印度劣势种姓天生的劣等性（比前面几种更加低等）。因为这一观点忽视或者轻视宗教剥夺人权力的能力，因此宗教不得不以片面的方式成为庶民研究的框架的一部分（并且因此具有误导性）。

关于整体（等同于种姓体系）与部分（贾提）的关系这一重要主题，查特杰（Chatterjee，1989：180）提出了两种观点：首先，“部分”只有通过某种动力的调节才能够聚合在一起；其次，这一动力是宗教。在这一点上，他从杜蒙处得到了支持。杜蒙认为，宗教（业报）的意识形态动力明确了每个种姓在体系中的地位，从而将每个种姓（贾提）串联起来，同时又将他们分离开来。查特杰认同杜蒙的工作，称其是“种姓的综合理论最权威和最具建设性的著作”，但是反对其总体化特征，以便留下空间给被视为庶民的人，因为在他看来，庶民“在上层种姓统一的意识形态中保留了自己的意识形态”。查特杰的两个对立过程的冲突是辩证的，而这一点是杜蒙有所忽视的。他和杜蒙进一步的分歧在于，杜蒙将经济（利益）与宗教（责任）分离，并且后者包含了前者。杜蒙能够接受的是，经济和政治因素在种姓等级制度中曾起到了剩余作用，但是等级制度的两极——最高层和最底层——完全由洁净和不洁观念决定。查特杰将政治从杜蒙论述中包括一切的宗教中解脱出来，并将这种权力关系当作内部向心力，以消解种族体系内部的反对意见（形成统一）。由此，查特杰在种姓体系的分析中整合了杜蒙、韦伯和福柯（Foucault）的观点，这一体系在宗教和未受经济影响的政治之间摇摆。他假定种姓和阶级是对立的，虽然他起初声称种姓体系的结构和上层建筑之间是统一的（Chatterjee，1989：181）。

庶民研究的另一名成员吉安·普拉卡什（Gyan Prakash，1992）认为，有关“生产模式”的论述错误地将阶级置于种姓体系、父权、种族和族群关系的对立面。他认为阶级与其他因素息息相关。他引用了德克斯的研究，认为该研究恰当地分析了阶级和种姓体系。此处的困难在于，如同查特杰和其他庶民研究框架的支持者一样，德克斯（Dirks）谨慎地回避了阶级问题。他主要的关注点在于脱离经济关系的种姓和权力的关系。德克斯对南印度普杜科泰邦（Pudukkottai）的民族—历史研究明显遗漏了农民的历史。而农民历史十分重要，因为土邦中社会架构的主要元素就是农民和地主这两个主要的农业阶级之间的关系。普杜科泰邦的根基是农民的劳作，一本关于土邦的专著却并未涉及农民劳动，那就不能算作对阶级的研究。

德克斯回避了农民和阶级互相联系的问题，提出了他的观点，貌似与杜蒙截然相反——杜蒙认为种姓等级制度中信仰（等同于宗教）元素包含了经济和政治。与查特杰一样，德克斯反对杜蒙将宗教和政治之间的关系概念化，因此将其颠倒过来，提出在种姓等级制度中政治包含宗教。相应地，德克斯展示出的政治等级制度是统治者与被统治者之间，仅涉及地主阶级的关系，也就是神明与崇拜者之间的关系，因为农民在其著作之中是边缘的。重要的是，土地作为王公和地主关系（以及最终与农民的关系）的基础，却没有出现在德克斯的描述中。在这一点上，杜蒙与德克斯存在认识论方面的重合，尽管后者宣称与前者不同。事实上，德克斯最终反而论证了杜蒙的主要观点。德克斯将政治等级制度定义为神明与崇拜者之间的关系，因此也把宗教因素看作决定因素。杜蒙给信仰赋权，而德克斯将权力信仰化。杜蒙、德克斯和查特杰展示出相同的意识形态视角，他们都认为权力就其本质而言是精神性的或宗教性的。普拉卡什宣称，他详细描述了种姓和阶级之间的关系，所以种姓的庶民研究中缺少了阶级：在种姓的庶民研究中，种姓等级制度是宗教性的。在这一点上，我认可古普塔（Gupta，1984：183）的观点，即宗教（洁净/不洁）本身并不是种姓等级制度的基础。毋宁说，宗教其实是种姓等级制度的合法性原则，而非基础。正如接下来看到的那样，分离种姓和阶级是一种意识形态运作，违背了物质现实，因此符合如同创造神话一般的具体化过程。

庶民研究是婆罗门意识形态

庶民研究合成出来的种姓理论采纳了杜蒙提出的有关洁净/不洁的基本假设，继而将其与庶民抵抗的观点相结合。例如，查特杰主张，巴拉米斯人（Balramis）参与了抵抗行动，激怒了哈迪梅塔尔人（Hadi Mehtar，一种“贱民”）。之后，他们把哈迪梅塔尔人的种姓等级提升至最纯净的地位，巴拉米斯人相应地沦为极其不洁和堕落的族系。通过这种反转，我们得知，巴拉米斯人“颠覆了主导的达摩的主张，即种姓的真实关系与其普遍的理想性完全一致”（Chatterjee，1989：203）。但是这种反转行为只出现在观念方面，庶民研究认为这种反转属于纯粹的意识逻辑，所以我们有必要问及庶民阶层是否真正发生了改变。也就是说，这种“反转行为”是否给庶民的真实生活状况带来改变，是否改变了巴拉米斯人和梅塔尔人的外在关系。就这一点而言，我们需要记住种姓体系，如果只有这样意识形态上的“反转行为”是没有效果的。甘地就曾经尝试过，但结果只是徒劳。他将那些处于经济/政治等级制度底端且最不纯净的“贱民”（Shudras/dalits）改名为哈利真人（harijans，上帝之子）。但改名并没有提升他们的身份，这些“上帝之子”还在挣扎着改善自己的经济状况。总之，意识形态层面颠覆属下阶层种姓等级制度并不会导致物质现实的改善。

这种理想的种姓概念会导致什么？为什么？要认识到这点并不难。查特杰认为，为了保护身体的洁净，婆罗门必须避免做苦力，因此这一工作必须交由不干净（不洁）的种姓。事实上，为了一次次维持一小部分人在仪式上的纯净，大量不洁种姓工人需要付出劳动。洁净的人吃的粮食是不洁者种植的，喝水和沐浴以保持洁净所需的井是不洁者挖的，洁净者用来蔽体的衣服是不洁者织的，住的房子是不洁者盖的。尽管如此，不洁者甚至不得用自己的影子玷污他们自己制造的任何东西。这就是印度种姓生活的现实，直至今天这种情况甚至还没有完全消失。

因此，问题本身不在于洁净者为了保护身体洁净而避免不洁工作，使不洁的工作成为不洁者的职业，而在于促成如此劳动分工的原因是什么，是什么让洁净者能够避免不洁工作？又是什么促使不洁者承担这类工作？这些问题的答案十分明确。原因不是神圣的法的力量，更多的是因为业的结构：与种姓相关的劳动分工并非由神圣领域决定，而是由物质俗世中上层种姓的经济政治权力所决定的。总而言之，不洁种姓需要依赖洁净种姓获得生存资料，这导致不洁种姓不得不做那些不洁工作。宗教只是使这样的安排显得合乎礼法。诸如凯恩（Kane）这样为婆罗门辩护的人会将贾提之间的差别当作自然物种之间的差别也就不足为奇了。主流的意识形态将不平等群体之间的社会差别——种姓、种族和性别——表现为天生的、不可改变的差别（Beteille，1981）。但是从表面理解合法性原则，是对表象和现实的一种混淆。像主流社会科学一样，庶民研究从表面去理解主流的意识形态，也就是使种姓体系的宗教原则合法化，再加上其赋权庶民意识的民粹主义观点，这些认识都脱离了具体的社会生存条件。

或许是因为庶民研究以印度为中心的地方性视域，这一研究方法忽视了还有其他论述使其他地区的类似分工体系合法化了。古时候的公民、中世纪拥有土地的贵族和新大陆的奴隶主都避免了不洁工作。这些工作由工人阶级、奴隶和农奴承担，他们与印度不洁者一样，其生计依赖于公民、贵族和奴隶主。进行这样的对比是十分必要的，因为洁净者与不洁者的对立一贯被视为印度的独特文化，根植于宗教并在社会层面体现于种姓体系中。

种姓即社区（community）

庶民研究方法的支持者以一种病态般和谐、温和的方式将种姓刻画成社区，这一点并不奇怪（Chatterjee，1996）。此处社区的意思类似于韦伯的“身份群体”，特点是独立于经济地位和政治权力的群体内部的平等（参见 Weber，1958b）。因为种姓不管是以前还是现在都不是自足的单位，将种姓与社区混为一谈不仅存在理论上的误导，而且从实际经验来看也是站不住脚的。尽管在共生和族内通婚这些有限的层面上，种姓曾经是，并且现在也是相对自主的，但是当考虑到更大的社会环境时，包括对于某一种姓再生产至关重要的生活模式和权力关系，有必要将这个种姓当作种姓体系整体的一部分。种姓体系一直都是非共有的，具有内在的不平等结构，因此杜蒙强调种姓体系存在等级制度这一点是正确的。但是杜蒙的问题在于，他的分析颠倒了种姓体系的等级制度。种姓制度中种姓的等级制度的单位，既是整个体系的统一点，也标志了区分不同种姓的物质和符号边界。种姓中固有的、被种姓制度认可的“贱民”制度元素导致一些印度通和印度学者（如查特杰提到的阿细斯·南迪和其他一些学者）的愿望出现了问题，他们希望印度能够以贾特（Jatis）模式作为组织上和道德上团结的化身，“创造属于自己风格的现代性”（Chatterjee，1996：288）。

因为种姓研究框架认为，社区的基础置于种姓之中，然而又使种姓脱离财产和生产关系，所以试图将该框架等同于赋权印度草根阶层的庶民意识只能是失败。简而言之，认为种姓之中的社区缺乏现实支撑，只能算是向壁虚构。更宽泛地来看，这一问题根源于庶民研究框架的支持者偏离种姓的本质性概念。他们早已认定洁净/不洁是上层种姓无须参加劳动的基础，并将其当作印度文化“独特性”的基础，不仅如此，更是大错特错地将种姓视为等级制度中下层可以受益的互助与共同体形成的根源。因此种姓成为赋权认同的场所，庶民可以通过它表达反抗。上层不事体力劳动，在所有存在阶级不平等的社会经济结构中都是很普遍的，没有印度文化独特性（洁净/不洁的观点）也是如此。因此，不事体力劳动是阶级不平等问题，赋权也只赋给了那些从中受惠的人。相比而言，对于农业工人和农民而言，使这样的劳动分工合法化是并且一定是对他们权力的一种剥夺。洁净与不洁可能是在文化层面上使印度种姓体系合法化的一种形式，但是这与庶民研究框架的支持者的观点不同，他们认为洁净与不洁是印度“独特性”或“例外性”的原因。

农民和政治经济学

庶民研究使用的“农民”概念是自相矛盾的。根据庶民研究的定义，庶民被描述为“地位低下的人，是‘从属关系’的一般属性的名称”（Guha，1983：35），这一说法包罗万象，几乎毫无意义。与阶级、种姓和性别一样，庶民也是一个以从属关系定义的关系范畴。这种从属关系的基础，即庶民的特征，存在于庶民与精英之间的经济、政治和文化关系中。虽然古哈承认“庶民群体总是受制于统治集团的活动，即使在反抗的时刻也是如此”（Guha，1983：35），但他忽视了庶民研究中的一个可能性，即庶民群体中统治阶级的作用，这些阶级往往由地主和/或富农组成（Bayly，1988：16）。简而言之，庶民研究将经济上占统治地位的因素排除在其概念化的统一类别的“庶民农民群体”行列之外，这种做法类似于其他许多民粹主义者的做法（Brass，1991）。这是一种方法论程序，这样的研究方法没有探讨不同生产关系和内部差异化农业结构的存在及其影响。这不仅掩盖了庶民群体的物质基础，而且掩盖了从属与统治的真正基础，实际上与主流的精英或统治阶级意识形态的目标是一致的。

古哈指出，在殖民统治时期，地租是土地财产收入的最主要部分。地主与佃户之间的关系是土地关系中最重要的一环，剩余价值的榨取是通过经济外的强制手段而不是通过自由市场交换来实现的。这一观点本身并无异议，但问题出在他进一步声称“这是一种封建类型的支配与从属关系，准确地说是半封建的”（Guha，1983：6）①。不可否认，地主与佃户的关系是一种支配与从属关系，但这种关系的基础是地主对土地的垄断权和农民在经济上对地主的依赖，后者是农民的生存（和生计）手段。古哈并非

① 这里不适合评论古哈使用的“封建”和“半封建”这些术语的适当性，因为这个问题已经在之前的著作中进行了详细讨论（Singh，1993）。

唯一忽视了构成农业关系中支配与从属基础的人。这种忽视使得阶级这个在庶民研究认识论中至关重要的元素被遗漏了，而这必然会严重影响对殖民时期印度农民及农民运动的理解。

庶民研究方法的支持者在分析剩余价值榨取过程中使用的胁迫手段时也遇到了类似的困难。例如，古哈写道，“在他们（地主）与农民打交道的过程中，强制手段无处不在，故而农民难以将自己与地主的关系视为一种政治关系”（Guha，1983：8）。拉贾斯坦邦的地主在榨取剩余价值的过程中使用经济以外的强制手段，这一过程确实普遍存在①。古哈在这一点的判断上是正确的，但问题在于，他将这种强制手段视为纯粹的政治行为，而与经济不相关。尽管在前资本主义和封建社会形式中，地主使用经济以外的强制手段是土地关系不可分割的一部分，但这种关系排除了资本主义所特有的市场交换，而不是排除了经济因素本身。正如莫里斯·多布（Maurice Dobb，1976）所指出的，在封建生产模式下，只要农民尚未被剥夺土地即生产和生存的手段，就必须通过“直接的政治—法律强制”来剥削他们。佩里·安德森（Perry Anderson，1978）同样认为，在封建制度下，土地所有权伴随着政治—法律权威，因为地主需要行使经济以外的强制权力。他指出，土地所有权的经济权利与政治—法律权威的经济外权利共同构成了“生产体系的整体性”，从而形成了封建制度下政体与经济的“有机统一”。古哈和其他庶民研究方法的支持者在处理经济与政体的关系时，遇到的最大问题是他们淡化或否认了经济的重要性，割裂了经济与政体的有机统一。因此，他们过度强调了政治的首要地位，而这正是修正主义史学的一个特点（如下文所述）。

类似的问题也出现在古哈解释由政府、放贷人和地主组成的三巨头所行使的权力方面。他认为，这三者之间的勾结“是几乎所有地方的穷人和庶民共同经历的一部分”，形成了印度殖民时期“统治农民的综合机器”。

---

① 1930年，一名法律代表向一个土邦的王廷提交的请愿书提到：自古以来，地主与国有地区的国家税务当局一样，享有直接向其佃户追讨未偿债务的权利。如果任何佃户未能按时付款，他会被传唤到地主堡垒或法庭，并被拘留，直到他同意付款或提供足够的理由将付款推迟到下一个收获季节。……通过扣押和出售无法支付租金的租户财产来收回地主债务的情况并不少见。（Jagir File C/3/4, Vol. 1, Revenue Powers of Jagirdars, RSAB）

随后，他进一步补充道，农民之所以受制于这三巨头的支配，主要（特别强调“主要”）是政治性的（Guha，1983：8）。古哈关于三巨头对农民行使支配权的观察无可置疑，然而人们对他所声称的这种支配“主要是政治性的”的观点则存在争议。实际上，他所描述的支配与从属关系的基础既有政治性，又有经济性，尤其是在土地制度下，政治实际上是为经济服务的工具。

我对拉贾斯坦邦的研究也证明了政治和经济间关系错综复杂的本质（Singh，1998）。在土邦拉贾斯坦，高利贷是农业关系中必不可少的一部分。借贷者在村庄一般经济中居于十分重要的地位，几乎是农民的借款人和经理。农民借钱是为了农业或者非农业等原因，利率为25%～100%。作为交换，借贷者有权占有农民的部分产品，即农民的剩余劳动力。这种安排的影响在于，除了在经济上需要依赖地主获得土地——这是农民生计的主要来源，农民还依赖借贷者。通常情况下，农民数代背负债务，也因此受借贷者奴役。农民欠下累累债务的最主要原因是，在继续租赁土地时地主向农民收取佣金（Shukrana），农民为现金支付佣金只好向借贷者借钱。除了佣金，还要缴纳保证金（Sad），农民需要缴纳现金证明能够定期缴付租金和田赋。通常情况下，借贷者会代替农民缴纳保证金。假如农民未能定时向地主缴纳租金，地主可以要求借贷者为此负责。之后借贷者向欠债农民索要这笔保证金，索要行为合法并且受到国家认可。续租后，在地主收到款项之前，农民需向借贷者支付贷款利息。同样，在租户还清借贷者的钱之前，地主不得将租户租赁的土地再租给其他人（Singh，1983）。农民陷入两难境地（地主和借贷者），一直生活在贫困潦倒中。受债务所累的农民的艰辛程度可见于下面的文字中：

> 农民先是被借贷者抢劫一空，后被地主压榨剥削，剩下的都被乞丐捡走。

因此，古哈描述的三巨头在很大程度上是拉贾斯坦邦土地关系的一部分。与古哈的观点不同，我认为此情形下支配与从属的根源是拉贾斯坦邦的土地租佃体系，并不主要是政治的结果，而是经济的结果。但真正的问题并不是政治和经济谁处于主要地位，而是经济和政治的统一，这一议题在庶民研究话语中一直被否认。古哈的观点是，“经济剥削只是几种情况中的一种，但它是最明显的一种”（Guha，1983：8）。本质上，韦伯式的论调忽略了一点：经济剥削并不只是诸多情形中的一种，经济和政治密不可分。

反抗和权力的政治经济学

因为由地主、借贷者和政府组成的三巨头从本质上来讲是一种政治关系，所以古哈坚持认为，试图摧毁这种权力的叛乱在本质上同样是一种政治行为。沿着这一观点，草根农民反抗的主要目的是“推翻目前的权力”，并且将其当作解决一切问题的必要前提。反对这一观点很容易引申出以下观点：首先，庶民研究中并未给出任何暴动者试图“推翻目前的权力”的案例，更不用说暴动者成功推翻目前权力的案例。相反，庶民研究展示出来的是，那些参与庶民活动的人在试图缓解由统治群体的“过分”行为造成的不满。更加重要的是，“推翻目前的权力”的重点并不是向古哈和庶民研究支持者所臆想的那样，仅仅纠正“过分”行为，而是要改变系统本身。换句话说，这是关乎土地关系结构的抗争，土地关系结构问题不是统治群体的“过分”行为，而是庶民研究话语忽视的地方。

古哈将地主、借贷者和政府三巨头的支配与从属概念化，查特杰的“权力模式”类型学（1988）与其一样，将政治权利与社会生产关系分离。因此，他不仅忽视了庶民生存的经济因素，也忽视了社会、文化和法律等因素。更大的问题是，查特杰的类型学将奴隶和封建权力模式杂糅在一起，忽视了奴隶（奴隶制下）和农奴（封建制度下）是存在本质区别的两种关系类别。首先，奴隶没有财产权，其本身就是主人的财产。韦伯指出，古时候的奴隶是主人家的家产的一部分（familia），被称作“会说话的工具”（instrumentum vocale），住在离牲口（半说话工具，即 instrumentum semi-vocale）不远的地方（Weber，1976：387）。奴隶们住在棚屋中，身无分文，又是孤家寡人，无依无靠。因为他们没有财产，也就没有一夫一妻式关系，所以“他们的性生活在某种程度上算是受到监督的卖淫活动”（Weber，1976：397）。女奴隶生下孩子将孩子抚养长大，之后孩子也成了女奴隶主人的财产。无独有偶，新世界中奴隶和古时候的奴隶一样，生养下一代是为了主人得益。托马斯·杰斐逊（Thomas Jefferson）是美国崇尚自由、解放和民主的标杆式人物。他曾对怀孕的女奴隶十分友善，因为按照合理估计，“每两年生养一个（奴隶）孩子带来的收益，多于最会干活儿的男性种庄稼所带来的收益”（Wood，1993：9）。

在从奴隶制（古代）向农奴制（中世纪）的历史过渡中，农奴有权拥有财产（土地）以维持生计，也有权拥有自己的房子和家人（Weber，1976）。农奴的孩子不再是地主买卖的商品，他们获得了不同的法律意义上的身份：与奴隶不同的是，他们有权代表自身。在土地上劳作的农奴不再被当作动产（会说话的工具），他们被当作“人”，尽管身份远远次于地主并且依附于地主。查特杰主要是因为不关心土地/劳工关系的问题（农民/地主关系的根本所在），所以未能认识到这些不同，也未能认识到这些不同是政治上的、经济上的、司法上的和文化上的不同。在考虑国家、地主和农民关系时，查特杰（1988：384－86）甚至没有提及土地关系。查特杰的问题在于，他提出的权力类型学模式在构建有关农民阶级的理论时未提及土地。因此，查特杰的类型学对于研究殖民前、殖民期间和后殖民时代的印度（或者其他地方）农民和农民运动并不是十分有用的框架。

或许重要的是庶民研究框架与1789年法国革命的修正历史学有着同样的认识论。这一认识论在分析中将经济和政治区分开来，降低了经济的重要性并且认为政治居于主要地位。对于修正主义者来说，政治是“高层政治”，这一观点并不认可“生存焦虑”和“公会利益”在1789年法国革命中所起的作用。修正主义史学家认为，将经济和政治混为一谈是一种“列宁主义式嫁接”（Kaplan，1995：75），这一观点的主要支持者坚持认为革命“创造的不是新的经济关系，而是新的政治准则和新的管理模式”（Furet，1981）。事实上，政治和经济是“层层交叠的”（Kaplsn，1995：78）。与庶民研究支持者们一样，1789年法国大革命的修正主义史学家认为政治是“主要”且“自主”的，但是批评者认为这一观点未能认识到政治和社会的“互补性”以及“政治和经济的融合”，因此这一观点是“站不住脚、精英式及狭隘的”。批评者认为，瓦解旧制度并为现代（资产阶级/自由派）政治秩序打下基础的1789年法国大革命是“社会性的”，同时强调了历史“不能被切成碎片”（Kaplan，1995：106－109）。庶民研究不仅将历史和社会切分成单独的政治、经济和文化领域，还使三者互分且互斥。

经济、政治和文化的交织

从拉贾斯坦邦可以很好地看出，就土地和农民关系而言，经济、政治和文化领域是密不可分的，在拉贾斯坦邦，土地租佃制度是根据所有权等级制度构成的。拉贾斯坦邦的土地完全由统治集团（一国最大的地主）的地主们垄断，地主们享受封赏，提供军事服务。农民依靠地主获得土地的使用权，土地是农民主要的生计来源。拉贾斯坦邦内农民和地主的所有关系都建立在这一租佃体系之上。土邦内租佃的另一个特质是，土地所有权赋予了所有者更多政治和司法上的权利。统治者的管辖权延伸至整个土邦，而军功地主（有军事授权的地主）在各自领土上担任政治行政人员和法官一职。因为“经济和政治的有机统一”，土地所有权必然产生政治—法律权力，农民阶级需要依靠地主获得土地，也使他们在土地问题上对地主阶级产生政治和法律上的依赖。

地主们为得到租金和田赋采用的超经济胁迫手段各异，从体罚和羞辱到扣押和变卖农民的财产。除此之外，拉贾斯坦邦的农民会遭受各种各样的文化限制。例如，属于农业种姓的女性不得佩戴金饰。农民如果需要出现在地主的堡垒或宫廷中，不得佩戴头巾。农民也不得骑马或者骑象，因此租户或许有上百只牛、羊，却不能有一匹马或者一头象。尽管农民需要喂养地主所有的马和象，但它们只能是地主的财产，因为这两种动物象征着身份。租户完全不能质疑地主的权力：尽管土邦的法庭理论上给租户们提供法律保护，事实上这些机构形式是由地主阶级把控的。因此，地主阶级有很大的权力能够支配农民及其亲属。由于地主对土地的垄断，农民对地主产生了多种依赖并且屈从于地主，要理解20世纪20年代至40年代期间拉贾斯坦邦的农民运动，就不能脱离这一现实。土地是拉贾斯坦邦主要的生产工具——就农民而言，它是唯一的谋生工具。

庶民研究框架的另一个问题在于，未能考虑到影响印度殖民时期农民历史的地区差异。例如，在英国殖民时期的印度，拉贾斯坦邦的农民历史就不同于马德拉斯的莱特瓦尔制（ryotwari）、奥德（Oudh）的卢克达尔制（taluqdari）或阿格拉的柴明达尔（zamindari）系统。庶民研究计划未能认识到不同的地区情形随着时间的转变（不变）对农民的影响，主要原因是，庶民研究忽视了土地问题以及与土地问题相关的财产关系。

庶民意识和能动性

在对农民起义的研究中，庶民研究的出发点是印度农村草根的主体觉醒。实际上，正是在这样的主体性中，很多东西被误解为庶民的认同："正是为了恢复主体，我们必须将农民反抗者对自己世界的认识，以及农民改变自己世界的意愿作为我们的出发点"（Guha，1983：11）。庶民研究视自己为"关于心理、态度、观点、信仰等内部因素，而不是外部因素的论述"（Guha，1983：33）。尽管主观意识毫无疑问是庶民（农民）身份认同/能动性的重要方面，但是如果一种认识论将意识与构成草根生存的客观条件分离开来——换句话说，和构成庶民生活的外部物质世界因素分离开来，必然会导致对农民能动性的片面解释。极其明显的是，庶民意识与精英意识一样，与各自的社会生存形式的现实环境密不可分，并且必然受到这种环境的影响。土地和生计问题在庶民研究话语中被认定为"外部因素"，事实上它们是农民"意识"的基础，将它们分离就是在将意识本身具体化。

庶民意识

庶民研究框架中的草根主体意识本质上是宗教性质的，并且庶民研究的支持者还认为"宗教是庶民意识的基本要素"（Chatterjee，1988：169）。庶民研究框架之外的许多人也注意到了草根意识的宗教性质（Engels，1974；Hilton，1974；Gough，1974）。庶民研究的特点是，它认为农民意识及其本质上的宗教性质皆独立于构成庶民生存的社会条件。事实上，农民意识的宗教层面和非宗教层面（物质条件及事项）存在内在联系。从各地农民的关切可以清楚地看到，农民意识不只是宗教问题，各地农民的关切是可以每天、每季或每年都有满足其生活需要的生存能力。电影《木屐树》就以动人的方式刻画了这一点。电影中有一幕，一个农民在田地里辛苦工作一天后回到家中，他第一次看到了刚出世的孩子。妻子告诉他："我们有了个孩子，一个男孩子。"农民深吸一口气说道："又要养一个孩子了。"这也是农民意识的一部分。在墨西哥的恰帕斯州，玛雅农民将玉米视作生活与苦难的标志（"我们是玉米民族"）。玉米作为他们的主食既象征着世俗生活，也象征着宗教生活（Kaplan，1999）。

拉贾斯坦邦在当时亦是如此，宗教是农民意识中一个非常重要的元素。与此同时，拉贾斯坦邦的农民忙于生计，对生计的考虑也是他们意识中必不可少的一部分。下面的句子传递了这样的农民意识：

Nai munjari khat ke na chuta pani
Bhasaralyan do char ke duje bapari
Bajar handa bat dahi me oira
Itha de kartarphir nahin bolna

[一张新铺上麻草的小床，一间不漏水的茅草屋，两到四头产奶的水牛，一锅磨碎的/煮熟的巴嘉利粥（类似玉米作物）再配上凝乳，主啊，请赐予我这些吧，除此之外，我别无所求。]

一个农村女性同样十分重视生活中的琐细之处：

Uethe hi piro hoye，uethe hi sasro
Athune hoye khet，chabe nahin arso
Nara khet naziK，jathc hal kholna
Itna de kartar，phir nahin bolna

[希望父母的房子与丈夫的房子就在同一村庄；希望田地在西边（这样她午前为在田地里干农活儿的丈夫送饭、午后回家时都不用面朝炎日）；希望茅草屋不要漏雨；希望田地边有池塘，这样放开拴着绳的公牛它便能

喝到水。主啊，请赐予我这些吧，除此之外，我别无所求。]

在农民的真实意识中，宗教（神圣）和世俗（俗世）事情是密不可分的。相比而言，庶民研究框架将宗教与世俗分离开来，把庶民意识整体描述成了宗教意识。

精英意识

庶民研究的支持者将宗教归类为一种赋权的庶民意识的核心元素，但他们似乎忘记了，宗教无论是对于精英意识还是对庶民意识都很重要。这是理所当然的事情，所以在拉贾斯坦邦，宗教是地主生活中十分重要的一部分。我在那儿进行田野调查期间，听过不少讲述统治者和提供军事服务被他们授予封地的人（地主们）去征战的故事。打仗就是他们的传统职业，他们的宗教使命/种姓宗教。他们骑马驱象上战场时，会将家族神灵的图像放在骑行的马或者象身上。同样，从德里到斋普尔的途中，要忽略斋普尔附近群山周围遍布的小庙宇几乎是不可能的。这些小庙宇由以前的统治者和地主修建，说明了他们曾经对宗教的狂热。拉贾斯坦邦的每一个王室家族和地主都有自己的家庭庙宇和家庭牧师，除此之外，在他们各自的领土上还有很多他们赞助或保护的其他或大或小的庙宇。地主也会赞助那些时常从远处来拜访他们、收馈赠的祭司和婆罗门。这里的重要问题是：寺庙、祭司和婆罗门又具体为他们的赞助人做了些什么？

答案同样明确而又简单。祭司和婆罗门在他们的庙宇中重申（传播）主流意识形态，即上天授予了地主统治这一繁重任务的说法。据称，拉贾斯坦邦的地主们认为，管理司法是在履行对神的职责："神授权于我们去管理他的子民。"（Singh，1998）这一有关法律的主流观点在一国地主的领土上是常见的。无论何时何地，宗教给农业精英提供的服务并不是也不应该是神秘的：主导的地主阶级能够再生产（并保留）其经济、政治、文化权力，并且总被意识形态的簇拥者认为是在服从神的旨意。印度的婆罗门、古时候和中世纪的祭司，以及现代社会学家和历史学家都在宗教观点中找到了统治阶级/种姓获取财富、进行统治的主要凭据。资本主义也是如此，资产阶级谋求财富（“合理掠取”）被视为在履行清教教义（Weber，1985c）。天堂意味着奖赏，地狱意味着惩罚，这成了有效的意识形态工具，能让地主垄断必要的政治、司法、军事权力，以对从属的阶层进行剥削和统治（Sharma，1985）。杰斐逊靠着奴隶劳动带来的收益生活。他认为，维护奴隶制是上天赋予他的重任。他提到，“通过奴隶制，上天让我们的利益和职责完美契合”（Wood，1983：9）。因此，“上天”不仅是庶民阶层的上天，更不用说是赋权庶民的上天。农业精英称“上天”为他们赋权，但上天赋权的方式实际上剥夺了庶民的权利，即为了合法化对从属阶层的剥削与统治，使用宗教话语将这一合法化过程归结于神圣的权威。这种情况毫无疑问是具有讽刺意味的。尽管庶民研究框架极力批判所谓精英史学，认为后者未能理解和熟悉庶民意识的宗教性质，但庶民研究计划的支持者最终对宗教的解读本身无异于（封建主义、资本主义）精英史学。

意识与能动性

庶民意识的认识论困境在唤起庶民能动性时赤裸裸地呈现出来。因此，研究者将印度的农民叛乱与庶民意识相等同。古哈（Guha，1983：4）写道：

> 因此，“叛乱”一词在标题和文本中被用作意识之名，这种意识影响农村群众的诸如造反、起义等活动……认识到农民发起了自己的反叛，就是在赋予他意识，正如我们在本书中所做的这样。

在研究农民叛乱时，庶民研究陈述的目标是“确定殖民时期反叛意识中的一些‘共同形式或想法’……这些基本的方面……在我们的农民运动中一次又一次地、几乎到处重现”（Guha，1983：12）。论者指出，叛乱庶民意识的最基本要素是其宗教性质。由此可见，庶民反抗被归类为宗教意识的作用：“总之……要讨论叛乱，就必须将之看作一种宗教意识……一种大规模的自我疏离展示。”（Guha，1983：34）这种解读（宗教=庶民意识=庶民能动性）的问题如下：

首先，正如其他地方争辩的那样（Singh，1998），寻找农民运动的基本方面就是在使农民运动超越历史[①]。其次，尽管庶民研究方法强调宗教在农民起义中的重要性是正确的，但它未能理解三件事。第一，如果可以说宗教在庶民叛乱中的某个方面起到了进步作用，并成为该方面的主要话语，那么它一定具有社会经济的面向[②]。然而，宗教话语往往不具有进步作用。第二，宗教通常不鼓励叛乱，而主张（被动）接受现状[③]。第三，如果宗教许可了基层动员，那么该动员的目标一定是恢复原状。然而，在庶民研究话语中，庶民意识中的宗教却脱离了社会语境，呈现出一种庶民心理独有的、完全激进的特征。要反对庶民研究的观点，就有必要重申，宗教既不是庶民意识的独有属性，也不是反叛的独有工具。

庶民研究对农民意识/能动性联结描述所做的三点驳论值得我们进一步讨论。第一，当宗教是进步的时候，它涉及社会背景（生计问题），这一点在很大程度上是不言而喻的。因此，用宗教用语表达的农民暴动，在这种情况下也是出于对自治政治代表、面包、住房、土地、就业和工资的需求，以及对劳役地租、特种税和强制劳动的反对。这一联系的关键因素是，在许多情况下，这并不是庶民自身的宗教意识，而是非庶民将宗教教义应用于庶民的物质条件，其使这些宗教用语与叛乱有关。这可见于吉安·潘迪（Gyan Pandey，1988：258－259）对奥德（Oudh）农民运动的叙说。潘迪是庶民研究小组的重要人物，其关于土地动员的研究也是以经验为基础的。巴巴·朗姆钱德兰（Baba Ramchandran）无论是从阶级还是从种姓来看，都不属于庶民，他提出的口号“胜利属于悉多罗摩”（Victory to Sita Ram）被农民所接受。这样看来，他的口号之所以被接受，是因为它象征着在土地权利、租金和劳动领域的正义，这都是农民在社会生存中所要面对的真实问题。然而，大多数庶民研究框架的倡导者拒绝承认非农民精英在庶民意识发展中的作用，这种拒绝导致他们错误地将自主性归因于意识，而将宗教置于产生/再生这种意识的首要地位。第二点和

---

① 关于这一点，参见朗热的著作（Ranger，1987）。

② 正如希尔顿（1974）指出的，宗教在中世纪农民暴动时期具有特殊意义，因为地主正是以宗教的名义行使其经济权力、政治权力和司法权力的。

③ 正如恩格斯（1974）指出的，在这种情况下，已经内化了宗教语言的从属群体遵守宗教统治者的规范。

第三点，宗教并不赞成“自下而上”挑战它认为合法构成的权威，庶民研究低估了宗教对其不满的程度，它批准的叛乱往往是回溯性叛乱，旨在恢复之前的“黄金时代”。这些都是千禧年运动的特点，无论是在印度（Fuchs，1965）还是在其他地方都是如此。因此，1793 年至 1795 年期间参加旺代叛乱的法国农民（Godechot，1972）和 20 世纪 20 年代末参加克里斯蒂亚达起义的墨西哥农民（Meyer，1976）都是动员庶民捍卫保守宗教信仰和反革命社会力量的范例。从这个角度看，宗教语言与宗教本身越有关，基于它们的庶民能动性就越不具备向前看的思想；相反，宗教语言关乎宗教信仰/权威越少，庶民动员就越具备向前看的思想。

拉贾斯坦邦的农民以宗教标准来判断地主（统治者和地主）的行为，发现地主的行为违背了他们自己理论上宣称的准则。迈瓦尔（Mewar）的比焦利亚（Bijolia）运动（1917—1922）领导人帕斯克（Pathik）如同奥德的朗姆钱德兰，并不是农民种姓或阶级，他在拉玛诞辰（Ram Nawami）日发起这场运动，这个时期对迈瓦尔的主要农业种姓成员具有特殊的宗教意义。他留着胡须，身穿藏红花色的衣服，这是一个弃世者（sanyasin）的象征，弃世者的使命是为公正的社会秩序奋斗。他以流行的民间媒介——圣歌（bhajanawali）的形式创作并传递抗议。贾特人是拉贾斯坦邦沙卡瓦蒂（Shekhawati）地区的主要农业种姓，在举行抗议之前，他们组织了一个净化的宗教仪式，然而在这样的情形下，不能脱离农民的经济、政治、文化背景来看待其宗教意识。进一步地，在所有这些情形下，用宗教语言表达，涉及宗教实践的宗教话语都被嵌入庶民的物质利益、政治权利和义务之中。地主对农民经济和政治权利的侵犯，以及地主阶级对农民文化自由的限制，这些现象被运动的非农民领导层投射为对宗教秩序的违背，因而其得到广大基层群众的支持。当斋普尔沙卡瓦蒂地区的贾特人被地主阻止在标志着仪式净化结束的游行队伍中使用大象时，强烈的反地主情绪由此产生。因此，在这种情况下，宗教意识与基层农村叛乱的关系，恰恰在于它与农民（地主）的物质利益和象征利益的联系。在塑造农民意识的过程中，宗教、物质利益和象征之间的这种重要且复杂的联系，在庶民研究框架中被抹去了。

1789 年法国大革命与史学反革命

从许多方面来说，庶民研究框架将农村基层叛乱简单地重铸为宗教意识，并试图将革命从印度历史中删除，与法国修正主义历史学家的行为类似，这些历史学家试图重铸 1789 年农民的能动性，并把革命从 1789 年的意义中抹去。

因此，修正主义“群英”的重要人物皮埃尔·肖尼（Pierre Chaunu）声称，“正是对基督教的污名化腐蚀了旧政权”（Kaplan，1995：29）。他认为，1789 年法国大革命的所有基本原则——自由、平等、博爱——实际上都是（也因此没有违背）犹太人/异教徒/基督教传统的一部分（Kaplan，1995：40）。同样地，弗朗索瓦·傅勒（Francois Furet）声称，“一切都表明……旺代郡叛乱的主要推动力是宗教，而不是社会或简单的政治”（Kaplan，1995：72），从而将宗教话语的进步形式运用与其他非进步形式混为一谈。修正主义历史编纂学对主体性——意识——的强调，与庶民研究方法对主体性的强调一样，都源于对能动性的共同思考，这一能动性渗透着与农村基层的物质问题/条件无关的话语。[①] 简而言之，“超越话语的凝视既不重要也不合法”，这实际上否定了社会在历史中的地位。因此，例如，傅勒的合作者莫纳·奥祖夫（Mona Ozouf）认为，“思想才是最重要的……这些思想不需要外部环境孵化器”（Kaplan，1995：54），而傅勒本人则宣称“几乎所有非意识形态的东西都是外部的……而且无关紧要”。如此唯心主义认识论，或多或少重复了古哈和查特杰的观点，即“外部效应”在印度产生庶民意识/能动性中所起的作用是无关紧要的。[②]

1789 年法国大革命的庶民研究和修正主义历史编纂学之间存在认识论重叠，这种重叠源于对阶级的共同反感。修正主义历史学家拒绝承认“外部效应”，因此也拒绝承认阶级形成和阶级冲突对理解 1789 年法国大

① 例如，肖尼认为，1789 年法国大革命主要是“一种思想现象”（Kaplan，1995：29）。

② 解释一下法国史学修正主义批评者的话，正如卡普兰（Kaplan，1995：55）指出的，虽然不能用“外部效应”来解释一切，但仅用“内部效应”恐怕无法解释任何事物。

革命的重要性。傅勒用历史唯物主义和阶级斗争辨识出并摒弃了“社会”因素，以摆脱历史唯物主义和阶级斗争观。[①] 修正主义历史学家认为，“社会”这一要素“与基于经济因素和它们所产生的社会关系推断出的普遍解释等同”（Kaplan，1995：100—101），还因认为经济条件与其分析和解释无关而忽视之，反而认为“关键问题在于意识形态”。在评论这种修正主义偏见时，批评者指出，“傅勒并没有说政治领域和意识形态与著名的下层建筑一样，都是社会现实。总而言之，傅勒的视角没有还原唯物主义的空洞言论，他认为（法国的）封建主义‘只是一种观念’，否定了农政结构中存在任何现实”（Kaplan，1995：67）。因此，1789 年法国大革命的修正主义历史编纂学和研究印度历史上庶民的专门研究方法一样，不可能承认“政治上的差异深深根植于社会现实”（Kaplan，1995：104）。[②]

农民叛乱：种姓和阶级

拉贾斯坦邦的证据表明，与印度庶民研究和 1789 年法国大革命修正主义历史学家的断言相反，农民意识和叛乱其实是由农村基层的物质条件产生并维系的。例如，在拉贾斯坦邦，这些证据包括农民反对地主的请愿书，这毫无疑问表明了结构性条件、意识和叛乱之间的密切关系。[③] 1910 年至 20 世纪 40 年代末，农民的请愿书中反复出现的问题是现行土地租佃

---

① 具有代表性的是，傅勒认为阶级是一种“一维的、纯粹的经济”关系。他强烈地反对共产主义（参见 Furet，1999）。

② 因此，与庶民研究一样，修正主义认识论将思想的历史与利益的历史分开，从而忽略了思想与环境之间的联系，这种方法本身就相当于“隐性决定论”（Kaplan，1995：112）。具有讽刺意味的是，正如庶民研究框架的拥护者一样，修正主义历史学家对社会历史的主要不满在于决定论，尽管是一种经济决定论。

③ 本节所指的农民运动都发生在拉贾斯坦邦，从 20 世纪第二个十年到 20 世纪 40 年代末（Surana，1983；Ram，1986）。第一次发生在 1917—1922 年的比焦利亚的梅瓦尔邦，是印度国民大会党和社会主义者之间的斗争。当时国大党、富农和商人（其中一些人如 Birla，后来成为印度主要的工业家）与一些“开明”的王子和梅瓦尔邦人联合起来，共同反对社会主义者。然而，从比焦利亚开始，这些运动波及拉贾斯坦邦的其他地区，涵盖其他一些主要土邦（其中，斋普尔和佐德普尔是最重要的）。与以往的农民动乱不同，这些运动不仅相互联系，而且在国大党的全面控制下，在组织上和思想上相互关联。这些运动早期和后期的区别是指 20 世纪 30 年代前和 20 世纪 30 年代后的差异。因此，与早期相比，从 20 世纪 30 年代至 40 年代末这一期间，拉贾斯坦邦的农民运动更有组织性，更激进，在经济、政治和文化需求方面表现出更大的凝聚力（参见 Singh，1998）。

制引起的经济、政治和文化上的不满：租金、特种税和超经济强制的纠纷，其实都根源于财产关系。[①] 这些请愿书中的关键经济问题包括土地安置规则、租契更新、土地收入，以及牧场、森林和灌溉井的使用权。拉贾斯坦邦的农民也抱怨道，在榨取剩余劳动价值和租赁续约或终止续约的过程中，地主无视以往的规约。因此，可以毫不夸张地说，农民在请愿书中表达的不满，大多数（如果不是全部）源于土地租佃制。

另一个关于土地使用权的关键问题是对现金地租和非现金地租（或特种税）的争议，尤其是后者。在拉贾斯坦邦，现金、实物、劳动力地租是从农民那里榨取剩余劳动价值的主要形式，以作为从地主那里租赁土地的代价。事实上，无论是劳动天数还是为了代替特定形式的劳动服务所支付的金额，都没有明确规定，这突显了租金占用的任意性，这种任意性给了地主极大的权力。无论是对于地主还是对于农民来说，其一生中的每一个重大时刻都以某种特种税为标志。因此，几乎所有与土地问题有关的请愿书也都抱怨特种税，尤其是其随意性，也就不足为奇了。也有大量对于强迫劳动（begar）的抱怨，这是农民为换取土地而对地主负有的三项主要责任之一。由于地主能够在榨取剩余劳动价值时实施超经济强制，因而农民经常抗议这一过程是残暴且不公正的。地主奢侈的生活方式立足于对农民和村里其他劳工的经济剥削和超经济剥削之上，外加强迫劳动，颇受指责。因此，请愿书中强调的是地主的炫耀性消费与农民勉强度日之间的对比，即生活在城堡中的地主尽享服饰、饮食及其他奢侈行为，而小农连基本生存都难以为继。地主的暴力行

---

① 这种不满绝非仅限于拉贾斯坦邦。从其他关于农民起义的叙述中，其中一些是庶民研究小组成员提供的，我们可以看到同样的问题——都与土地的关键问题有关。20 世纪 20 年代，奥德农民运动提出的主要要求都与土地租佃有关，因此，1921 年的一份 CID 备忘录显示，就佃农而言，“强烈抗议 bedadakhli（收回租地）……人人都这么说……普遍的观点是，柴达明们为了避免物价上涨带来的压力，把矛头指向了佃户，包括以 nazranas（佃户支付的准入费）的形式和提高租金”（Pandcy，1988：283）。同样，正如一位妇女活动家指出的，20 世纪 40 年代泰伦加纳起义的发生主要与稻田有关（Roosa，2001：67）。

关于这一运动，孙达拉雅（Sundarayya）在 1949 年写道：“穷人和农业劳动者有生以来第一次吃了两顿饱饭……这是这场斗争最大的收获之一。”（Roosa，2001：77）恰帕斯州的萨帕塔领导人、副指挥官马科斯（Marcos）恰当描述了土地和食物在农民叛乱问题中的中心地位：“我们为土地而战……在心智的较量中，食物变成了武器。”（见 1998 年哥伦比亚广播公司纪录片《一个名为恰帕斯的地方》）

为，尤其是对农家妇女的暴行，也是请愿书中谴责的对象。正如后面（本书第五章）所讨论的，在20世纪30年代以前，农民运动的最早阶段，农民显然准备接受所谓地主的“惯例权利”，即租金和一些形式的特种税，甚至一些形式的强迫劳动。然而，随着时间的推移，抗议的本质开始发生改变：一开始抱怨的是地主违反习俗，后来抗议逐渐变得激进，从20世纪30年代开始，拉贾斯坦邦的农民开始质疑土地租佃制本身的合法性。他们在运动后期的口号是“摧毁地主所有制”和“打击地主暴行”。这场运动的经济诉求伴随着政治诉求和法律诉求，农民认为地主的“专制暴虐”政权之下，“管理形式不负责任”和“司法制度专横武断”，其诉求针对的正是这些。为了防止有人认为是在召唤一个“黄金时代”（把杜巴尔看作正义/善良的统治者，被他授予权力/土地的人出卖），对地主政治权威的攻击，从根本上看就是对杜巴尔（Durbar）自己权威的攻击。这是因为他站在土邦土地租佃制的顶端，所以没有了地主，杜巴尔的地位、权威、权力就没有任何意义。其权威归根结底是一种源自国家全部土地所有权的政治—司法权力形式。①

除了这些经济要求和政治要求，农民还主张文化自治权，反抗地主强加于他们的各种形式的文化限制。因此，在沙卡瓦蒂地区，贾特人要求与拉吉普特地主地位平等，给自己的名字加上后缀“辛格”（singh，字面意思是“狮子”），将拉吉普特的身份地位据为己有——名字加“辛格”后缀在传统上是拉吉普特的特权。因此，对物质权利的争取伴随着对两个主要阶级象征性边界的斗争。这些斗争（不仅包括而且结合了经济、政治和文化三个维度）强调的是，除了在庶民研究框架的唯心主义认识论中，阶级利益显然不会（也不能）在结构化的真空中运作。②

---

① 约翰·鲁萨（John Roosa，2001：87）认为，20世纪40年代泰伦加纳（印度南部海得拉巴土邦的一部分）的农民运动最初“主要是对地主和警察的防御性斗争”，而不是对尼扎姆本人的斗争。他坚持认为，只有在尼扎姆拒绝加入印度之后，这场运动才变成了与土邦当局的对抗。这一论点没有抓住要点，即反抗土邦地主，同时也是反抗统治者本身的权威，因为地主和统治者有着共同的政治权力和司法权力基础——土地所有权的垄断，这带来了统治和审判的权力。因此，反对地主和统治者中的一方的运动必然也是反对另一方的运动。

② 我已在另一背景下详细讨论过该问题（Singh，1998）。

农民、王公及国大党

通过各种地方、省、国家政治组织，拉贾斯坦邦的农民运动与英属印度、独立印度（Indian-India）发生的土地动员建立了联系。在 20 世纪 20 年代到 30 年代期间，主要由城市青年领导的地方政治组织（praja mandals 和 lok parishads）在拉贾斯坦邦土邦成立，这些青年接受过教育，通常为非农民背景。这些组织把基层农民与全省、全国的政治组织特别是印度全国人民会议和印度国大党联系起来。这些领导人和政治组织的重要贡献之一是打破土邦农民运动的孤立性，将他们与国内其他地区的民众运动联系起来，从而在农民中产生超越英属印度、独立印度区分的团结感。印度农村史学的普遍观点是，土邦的农民运动超出了印度国大党的势力范围。因此，有言论称，国大党在英属印度而非土邦的成功，应归因于土邦公民自由的缺失，以及土邦对国大党活动的政治禁令。

比平·钱德拉（Bipin Chandra）用这一论点解释了在印度为什么是共产党而不是国大党成功控制了泰伦加纳的农民运动（Roosa，2001：86）。这一论点面临许多困难。第一，公民自由的缺失对共产党和国大党的影响程度相同。第二，在泰伦加纳，共产党并不比国大党更受欢迎。在拉贾斯坦邦土邦，公民同样缺乏自由，国大党和共产党都不受欢迎，但这并不能阻止两党积极参与到当地农民运动中去。事实上，公民缺乏自由这件事并没有被遏制，反而促使了各政党及其地方组织的积极参与。包括圣雄甘地和贾瓦哈拉尔·尼赫鲁（Jawaharlal Nehru）在内的国大党领导人，不时发表关于土邦农民动乱的声明。甘地对后者的立场是，国大党在任何情况下都不能采取僵化的和绝对不干涉的政策。

事实上，甘地制定了一个战略，即一方面维护农民的利益，反对地主和统治者；另一方面试图破坏地方官员和殖民地之间的关系。与他们各自领导人偶尔发表的声明中反映出的联系相比，土邦农民运动、全印度人民大会（协调印度各级土邦土地动员的政治组织）和印度国大党之间的政治联系其实更为密切。地主阶级日益被视为三个相互关联的问题的重要部分：外国对印度的统治、落后经济体的不发达本质，以及由此而来的大量农村人口的贫困问题。因此，在土邦的反地主运动和国大党在英属印度领导的更广泛的反殖民、反地主斗争之间，存在着思想、战术和战略上的有机联系。农民的反地主斗争超越了英属印度和印度的领土边界，这样的运动都统一于农民反地主斗争，这一共同点是推动印度独立和建国的反殖民斗争的重要因素（Moore，1983）。

还有一个更严重的误解，即国大党采取了被动革命的策略，将农村的阶级斗争延迟到印度从殖民统治中解放出来之后。鲁萨表述过这一观点。他指出，在泰伦加纳，“国大党的策略（是）等到独立后再解决村庄中关于财产和粮食的紧迫冲突”（Roosa，2001：88）。这一论点的问题在于，它将反殖民自由运动从农村土地权利、政治代表和文化改革的阶级斗争中割裂开来。此外，拉贾斯坦邦的土地运动不是由国大党自上而下发起的，因此国大党无法选择是否将其推迟到独立之后。从比焦利亚运动（1917—1922）开始，共产党和国大党参与这种动员，并且确实改变了拉贾斯坦邦农民叛乱的组织规模、思想面貌、策略和战略。正如其他地方所讨论的（Singh，1998），最初，运动由维杰·辛格·帕斯克（Vijay Singh Pathik）领导下的共产党人控制。在这个阶段，他们是一个多阶级的联盟，不仅包括贫农和农业劳动者，还有部落农民、富农和中农，一同加入了对地主的斗争中。随后，甘地领导的国大党也参与进来，并与其盟友一起，在拉贾斯坦邦商人和工业家的支持下，在印度主要工业中心（孟买、加尔各答、马德拉斯）建立了稳定的商业利益，国大党成功推翻了沿着阶级路线动员贫农、无地劳动者和部落人口的左翼领导。①

在这一阶段，拉贾斯坦邦农民运动的阶级特征发生了重大变化：贫民和部落利益被富农和中农利益所取代。在印度国大党的战术和意识形态指导下，富农和中农采用的主要口号“还地于耕者”，实际上把贫农、无地劳动者和扎马尼制度下的整个服务种姓群体排除在外，因为他们都不被视为“耕者”。以这种方式被排除在运动之外的人，事实上也被排除在独立后印度的土地改革方案之外。受益者是处于这些运动先锋位置的富裕佃户

---

① 毛尔科维奇（Markovits，1985）概述了 20 世纪 30 年代国大党与印度工业资产阶级之间不断加强的联系。

阶层，他们获得了国家权力的一部分，利用权力改变了农村的财产关系，成为以前转租土地的所有者。他们从只有使用权的依附性农民发展成独立的土地拥有者阶级。能够适应新环境的昔日地主也加入了这些富农和中农的行列，但这些昔日的地主和佃农现在都是地主，他们平起平坐。贾特人、西尔维斯人、比什努瓦人和拉贾斯坦邦的达喀尔人是殖民时期的主要农业种姓，现在都是独立的产权所有人，与以前的拉吉普特地主一样，同省和中央一级的政府权力合作。

值得注意的是，共产党人支持贫农和其他农村边缘化群体，国大党在反对共产党人的过程中，不仅得到了农村富农和中农的支持，还得到了市中心商人、实业家的支持，以及地主阶级和殖民地国家的支持。因此，在拉贾斯坦邦，甘地和尼赫鲁（国大党领袖）、比拉斯（Birlas）、巴贾杰（Bajajs）和苏拉纳斯（Suranas，拉贾斯坦邦本地实业家），以及主要农业种姓中的富农和中农、一部分“开明的”地主及殖民地国家联合在一起，阻止农村阶级斗争的胜利。团结的动力是对共产主义的恐慌，即对农村贫困人口和部落农民的恐惧。农村贫困人口和部落农民要求在国家权力中有一席之地，并利用此权力让财产关系向着有利于他们的方向改变。他们必须应对共产党人，从政治操纵（在拉贾斯坦邦）到军事行动（在泰伦加纳），不择手段地应对。因此，民族解放运动和阶级斗争不是两个独立的过程，不是一个结束另一个才能开始。民族解放是阶级斗争，胜利的阶级赢得国家。然而，关于意识和能动性的问题，也就是在农村阶级形成和阶级斗争中产生的政治联盟的问题，并不是庶民研究框架的倡导者能提出的问题，更不用说回答了。

总结性评论

庶民研究与当下研究 1789 年法国大革命的修正主义历史编纂学有一些共同的基本认识论假设，其中包括将经济和社会现象视为“外部效应”的观点、将经济与政治分离的观点、将阶级视为“经济”的还原论观点、对阶级斗争的无视和把政治置于中心的观点。最重要的是，两者都坚持思想至上（并因此特别重视思想），特别是宗教思想，并且都将去物质化的意识形态视为社会形成和转型的决定性因素。20 世纪 70 年代和 80 年代，法国修正主义历史编纂学家（Chaunu，Ozef，Furet）支持这些观点，德国的社会历史学家开始放弃马克思而选择韦伯，法国、英国和美国的社会学家也紧随其后。[①] 与 1789 年法国大革命的修正主义历史编纂学相类似，修正主义庶民研究项目也“在正确的时间”出现。与法国修正主义历史编纂学家一样，庶民研究的关键人物曾经是支持纳萨尔派革命理论的马克思主义者。[②] 实际上，法国和印度的修正主义历史编纂学有着共同的认识论，因为它们具有相同的政治系谱。

庶民研究项目提出的思想和政治主张都有问题。也就是说，它并不像声称的那样，不是全新的、独特的观点。[③] 更确切地说，它折中组合了来自保守认识论的各种流派：婆罗门主义、东方主义、结构/功能主义和资产阶级自由主义。根据它的分析，种姓本质上是宗教性质的，其分析属于婆罗门主义和东方主义（其观点支持杜蒙和德克斯）。[④] 这些看似多样的观点之间存在共同点，即它们都反对庶民通过阶级斗争实现经济、政治、文化解放。如同父权社会拒绝承认性别身份、能动性，或种族主义社会拒绝承认种族身份、能动性一样，拒绝承认阶级社会中的阶级身份、能动性

---

① 有关详细信息，请参阅卡普兰（Kaplan，1995：14）。这些假设之所以在学术界流行，不是因为其知识价值，而是因为它们与欧洲和美国的保守政治和知识界氛围相一致。傅勒承认，“我在正确的时间到达，很早就弄明白了这些事情”，并宣称“大革命的社会解释进了博物馆”（Kaplan，1995：60，104）。

② 其中一些前纳萨尔派分子现在不仅猛烈抨击马克思主义和历史唯物主义，甚至对任何形式的世俗主义都持强烈的批评态度［如 Ray（1999）和 Singh（2001）之间的交流］。傅勒对马克思主义史学不满，认为其没有足够严格地与马克思衔接（Kaplan，1995：99），这一点与庶民研究的主张相呼应，即它只是反对马克思主义的还原主义应用，而不是马克思主义本身的应用（Chakrabarty，1984）。然而，问题是，没有一个庶民研究框架的倡导者试图从理论出发建立与庶民研究印度历史方法相适应的马克思主义的“正确”版本。一些庶民研究者提出的其他主张（如 Prakash，1992）是，马克思/马克思主义有不同的（同样合理的）解读，包括主张从概念上放弃阶级形成/斗争和生产方式的解读。

③ 古哈（1982—1989；1983），古哈、斯皮瓦克（Spivak，1988）和达斯（Das，1989）都提出了关于“新的”/“独特的”理论观点。

④ 庶民研究借鉴了法国的实证主义和功能主义（古哈《农民叛乱的基本方面》和涂尔干《宗教生活的基本形式》），从资产阶级自由社会学借用了韦伯的阶级概念作为技术经济现象，种姓作为社区的概念。正如查特杰（1988）承认的那样，它也借鉴了富科和德里达的后现代主义，普拉卡什（Prakash，1992）试图将其与马克思主义结合起来（“两者兼顾”），这是一种“布波唯智主义”的形式（Brooks，2000：43，45，165），试图调和事实上不可调和的对立物。

并没有保持价值观上的中立。显而易见，这是一种精英意识形态。这种意识形态的拥护者对阶级感到“厌倦”（Singh，2013）。

庶民研究反对“精英”史学殖民地印度研究，“精英”史学认为，发生在殖民地时期，直到第一次世界大战结束为止的所有农民运动都必然预示着自由运动（自由主义历史学家观点）或者社会主义和共产主义动员。[①] 庶民研究工作者还认为，“精英”历史学家将政治与运动的“有组织的政治体”混为一谈，这些运动拥有政治领导和明确的政治纲领。任何不符合这种模式的农业运动都作为“前政治”而不被考虑。庶民研究项目用什么来纠正这种不平衡？它将 1917 年后的所有运动都视为农民叛乱的“后历史时期”，主要是因为这些运动有国大党和共产党的参与。那么，国大党和共产党的出现是否真的瓦解了殖民地印度的农民阶级和农民意识？并没有。但庶民研究拒绝承认 1917 年后的农民运动，因为这些运动不符合其概念框架。庶民研究认为，农民叛乱的基本形式是庶民身份和能动性不应受“外部效应”影响。然而，问题是，要想理解封建财产关系的衰落、殖民统治的瓦解和 1947 年后土地资本主义的出现——这些印度历史上涉及农民的重点问题，就不能忽视这些运动。

庶民研究声称，其代表了庶民的呼声，但它说的话庶民无法理解，更不会认同。这让问题变得越发神秘，而这种神秘性正是精英意识形态的特征和功能。胡克斯（Hooks，1990：215）驳斥了庶民研究自诩代表庶民意识的主张：

> 看到这么多人在描写统治和压迫，却远远置身于痛苦、伤痛和丑陋之外，我有时感到惊惧万分，像是看见了什么恐怖的东西。很多时候，统治与压迫只是一个主题、一种“话语”。那些讨论统治与压迫的人并不认为我在这里所说的话、提出的理论，能够缓解我生活中的痛苦，或其他人生活中的痛苦。

① 这一点由古哈（Guha，1983：4）提出。

第五章　种姓内外的不平等：亲族、种姓与土地

印度传统社会学的一个基本缺陷是：在研究种姓与血缘关系时脱离了经济、政治结构。因此，它无法理解亲族和种姓群体结合在一起的基础。我认为，同族、同种姓成员间的团结归根结底取决于经济和政治利益的一致。因此，当马尔瓦尔的农民反抗地主时，地主无法团结起自己同亲族和同种姓的人。这是因为，尽管地主与他们同属一个亲族和种姓，但大家的经济和政治利益并不相同。在社会学的探讨中，“洁净与不洁”的二分概念被视为种姓制度不平等的基础，这种看法是站不住脚的，因为它无法解释同一种姓间甚至同一亲族间的不平等现象，而这些不平等现象的基础是对土地的不平等控制和政治权力的不平等分配。

传统的印度社会研究者对亲族和种姓表现出了极大的关注。尽管有简化之虞，但我们可以说，传统社会学倾向于认为，印度的社会现实之所以具有独特的面貌，是因为在印度的社会结构中，亲属和种姓（尤其是后者）扮演着独特的、决定性的角色。

传统社会学的一个重要假设是：亲族关系和种姓关系同时扮演着双重角色，即它们将群内成员团结起来，将群外成员排除出去。这一假设通常被传统社会学作为最终结论提出，其实是错误的，而且是根本性的错误。它的错误根植于传统社会学的主要研究方法，即在研究亲族和种姓的过程中脱离历史，脱离经济和政治现实。因此，这种错误假设给种姓和亲族加上了其本身并不具有的自主性。进而，传统社会学主要是在思想领域内研究亲族和种姓，而没有试图将它们系统性地与物质现实联系起来，因此它最终只是使亲族和种姓的本质更加令人迷惑。

本章的主要目的是分析亲族和种姓在具体情况下发挥的作用，具体到20世纪三四十年代发生在前马尔瓦尔土邦（焦特布尔）的基桑（农民）运动。分析结果将表明，与传统社会学家的一般假设相反，亲族和种姓并不总能将群体内的成员团结起来，也不能将群外人员排除在外。同属一个亲族或种姓群体的成员并未团结起来，因为他们的经济、政治和阶级利益并不一致。但是，如果同一群体的经济和政治（阶级）利益相同，种姓关系就可以成为该群体成员团结的额外动力。不仅如此，即使是不同种姓群体的成员，在他们的经济和政治利益相同的前提下，也可以保持团结状态。换言之，决定亲族和种姓功能的因素在它们外部，即土地利益。这是传统社会学未能理解的亲族和种姓的现实情况。

在本章的最后，我们会尝试讨论一个核心问题：种姓制度中不平等的基础是什么？传统社会学认为是思想，即“洁净”与“不洁”的对立关系。这种假设受到了怀疑。

接下来，我要简单地介绍一下农政结构，再简单地介绍一下因其内在矛盾而导致的土地运动。本章的主要目的既不是讨论农政结构的性质，也不是讨论土地运动的性质，而是分析亲族和种姓关系在特定情形下的变化，这个特定情形就是20世纪三四十年代的马尔瓦尔农民运动。

马尔瓦尔的农政结构

马尔瓦尔土邦的所有土地大致可分为两类：一类是卡尔沙，即王室土地；另一类是扎吉尔，即受封人土地。19世纪70年代，超过80%的土地属于受封人，其余则属于王室。王室土地处于印度王公即马尔瓦尔王朝杜尔巴（Durbar）的直接控制之下。作为邦内最大的地主，他享受着最高的土地权利。受封人（札吉尔达尔人，一个笼统的术语，用于概括一个结构多样化的群体）享受杜尔巴授予他们的土地权利。这里我们关注的是札吉尔达尔人中的一个特殊群体——锡卡内达尔人（享有军费补助金的地主），他们构成了土地贵族，因此是土邦的统治阶级。锡卡内达尔人和其他札吉尔达尔人一样，只能享受杜尔巴赋予他们的权利。但是权利一经授予，锡卡内达尔人就能对其封土内的土地行使一切所有权。除非有特殊情况需要，否则杜尔巴不能干涉其内政。

王室和地主的土地都是由佃户耕种的，佃户的名字各种各样，如莱特、卡沙或基桑（农民）。在王室土地上，农民在杜尔巴即焦特布尔的王公授权下使用土地；在地主的土地上，则在地主的授权下使用土地（地主拥有焦特布尔王公的军事封地）。地主和农民是该国农村的两个主要阶级。地主享有土地的上层权利，是统治者，社会等级较高；农民在地主的允许下享有土地的下层权利，是被统治者，社会等级较低。

马尔瓦尔的地主和拉吉普塔纳其他土邦的地主一样，如斋普尔、乌代浦尔、比卡内尔等的地主，并未十分上心地保存土地记录。因此，关于农民在地主领土上租佃时的权利和义务的书面资料很少。但是，我们可以参考 1925 年 2 月 23 日西拉吉普塔纳邦居民给政府特员也就是印度总督的一封信，信中叙述了关于马尔瓦尔地主领土上农民租佃的权利和义务等基本问题。根据信中的内容，地主的领地上大致有两种租赁形式：一是占用租赁（在当地被称为巴泊提）；二是意愿租赁（在当地被称为格哈伊尔—巴泊提）。

占用租赁是指永久的可继承的但不可转让的占有和使用权利。地主的权利是有限的，不能把佃户直接赶出其所占用的土地。如果地主想要驱逐佃户，就必须向邦税收法院提起诉讼。即使是佃户拖欠土地收入和其他费用，地主也需要向邦税收法院上诉。如果佃户蓄意弃耕他们所占用的土地，那么地主有权获得损害赔偿，即便如此，地主也必须向税收法院提起诉讼。如果地主试图强行驱逐占用租赁的佃户，后者就有权向税收法院提起诉讼。

以上所说的是理论上的情形。实际上，地主在自己的领地内，对土地和佃户的控制是非常广泛且不受限制的。我们从其他许多方面都可以看出这一点。而邦税收法院中地主和佃户双方提起的相关诉讼都相对较少，但这并不意味着地主没有越权的行为，这只意味着佃户太过软弱，甚至无力合法地抗议。必须指出的是，地主非常强大。他在自己的领土上享有最高的权利、最高的政治和司法权威。他有权指挥军队和警察，甚至连邦税收法院也由地主兄弟会控制。除了这些客观因素，在“高群众性”“低阶级性”的日子里，农民们尚未形成阶级意识，相应地也就无法组织起来反抗地主。在马尔瓦尔，地主与佃户之间的关系与尼尔（Neale）观察到的早期英国殖民印度时期的奥德土邦非常相似。佃户们知道他们对自己耕种土地的占有权世代相袭，但他们更加知道的是，掌权者无所不能。

农民的义务

农民在地主的领地上以占用或非占用的形式租赁土地，作为回报，他们必须支付土地税（哈西尔）、领地税、劳役（苦役）。土地税占土地实际产量的十分之一到五分之三不等，根据土质、灌溉用水资源、作物种类、土地使用性质等，苛捐杂税缴纳的程度各不相同。事实上，地主从农民缴纳的土地税或其他领地税中获得的现金或实物，其确切数目永远也无法计算。因为无论何地获得的何种记录中，都没有包括所有的变现收入。即便是记录中提到的，内容也未必完全可信（一般说来，记录中只会提到法律规定的事项，而封建社会的共同特点是，实际的情况总是远远超过法律条文规定的或许可的）。

土地税既非农民的唯一负担，也非他们的主要负担。除此以外，农民还需要承担领地税，即当地人所说的 lag-bag，其占比较土地税要高得多。和土地税相比，领地税的确切数目及从中变现的具体金额更加无从得知。直到 1884 年，对于王室土地上的征税都未进行过定期记录，更不用说对地主财产的记录。1941 年，杜尔巴任命了一个调查委员会，调查一个地主领地尼姆伯德的政务，该委员会最终认定其领地税的合法额度。

此外，地主对农民还有大量的巧取豪夺，以劳役之名强加在农民身上。一般来说，农民没有强制参与仆役或体力劳动的义务。相反的是，他们必须提供某些服务，有时要为劳役而支付某些款项。因此，农民不得不将地主的那份粮食免费地运到地主的粮仓中。地主需要运输物品或出行，随时索取农民的推车或骆驼。如果地主的工作人员因公或因私来到村里，农民就得一应安排好他们的饮食、住宿等。为了满足这些要求，农民只能放弃为自己和家人创造的那一点舒适的生活条件。20 世纪 20 年代初，梅瓦尔土邦的豪华庄园比约利亚爆发农民起义期间，一首名为《潘契埃拉》

的民谣非常流行。这首歌生动描述了农民悲惨的生活状况。摘录如下：

> 农民啊！劳役的重担永远压在你的肩头。一见到地主派来的警察，你就只得逃跑。地主的人拿走你的小床，亲戚和客人只能睡在地板上；地主的人享用着你的凝乳、牛奶和黄油等，而你却只能给客人端上干巴巴的面包。

强制的元素

强制是整个土地体系里的重要部分，尽管它并不总是明目张胆或赤裸裸地表现出来。每个地主都有自己的民兵和警察。除此之外，地主还有一群武装的仆从和马兵，定期监视农民。每个庄园都配备了当地称为卡西的设施，这是一种由两根双杠组成的木质结构，人被要求站在两个杠子之间，双手或伸或绑在背后。这是一种非常粗暴的折磨肉体的手段，常被用以折磨“犯错”的农民。那时候地主的堡垒里有一些隐蔽的处所，黑暗而肮脏，用于囚禁“犯错”的农民，有时还关押没犯什么错的男男女女。地主可以合法地传唤农民到庭，想让农民坐多久就坐多久，想让农民站多久就站多久，也可将农民或其亲戚关在卡西中，又或者以催收拖欠土地税或领地税为借口把他们关起来。此外，地主有权扣押农民的动产或不动产，并将其拍卖或变卖，以变现为税捐。

农民运动：其性质和组织

我在前文简要地介绍了马尔瓦尔的土地结构，以说明该制度的内在矛盾，这些矛盾是引发 20 世纪 30 至 40 年代农民运动的主要原因。这场运动之初，是反对地主假借土地税、领地税和劳役之名任意勒索，强占农民的土地剩余。一开始农民并未反对所有的税项，只反对那些他们认为“非法”的。但随着农民运动日渐壮大，“合法”和“非法”之间从未明确划分过的界限完全消失了。所有这些苛税——合法或非法——都是依靠当时的生产关系实现的，所以这场运动的最终目标是改变这些生产关系，即使农民并不总是明确宣告这一目标。

只要看一看农民反对地主的诉状，就会明白这一点。大多数情况下，这些诉状是提交给邦政府部门，有时则直接上诉至邦的统治者。这些诉状的实际数量可能非常大。其中一份诉状在其类别中相当具有代表性，我将其中内容摘录在此，以展示农民普遍的不满，而这种不满表达了农民运动中最突出的情绪。这一诉状于1930年10月13日由蒂卡纳·阿赫里的农民提出，内容如下：

致尊敬的焦特布尔政府首席部长

先生：

……那些地方税都是地主征收的。地主要求每户出7个人去为他无偿割草，以代替缴税。若有人不去，地主则会向他追讨两倍于该村日工工资的金额。耕种者被迫用牛车把干草免费送到地主的住处。这一重担完全落在农民身上。如果农民拒绝劳役，地主就以把农民赶出农场作为威胁。地主甚至不允许农民在其祖传的土地上放牧。村里没有土地可以放牧，结果农民即便在雨季也只能用干饲料喂牛。

（1）农民结婚时需要支付卡桑（Kansa）税。如果拒绝支付，地主就让农民无法成婚。

（2）最近一些税项的数额有所增长。例如，曾经25卢比的税涨到了125卢比，曾经30卢比的税涨到了101卢比。这一切都加重了农民的负担。

（3）自古以来，农民只向地主支付作物收成的一部分作为土地税（哈西尔）。而现在，地主坚持把粮食和饲料都作为土地税的一部分。此外，地主还会向农民索要一笔钱，以偿农民除草时收集到的草料。

（4）从前，种植玉米和胡萝卜的地每比嗒（近三分之二英亩）租金为1卢比2安娜（anna）。现在地主则要求农民上缴一部分玉米和胡萝卜。结果，农民就不再种植这些作物了。

（5）只要地主想要，农民就必须提供自己的牛车，这是免费劳动的一部分。

（6）田赋方面，农民缴了大量的谷物，都给了地主的仆人。

（7）从前地主的工作人员要从农民那里拿3卢比，而现在地主要求拿10卢比给工作人员。

（8）地主想要农民出人无偿担任邮递员。

> 除上述各项外，地主还会因为陶工、理发师和其他工作人员向农民征收各种税赋和要求提供免费服务。如果有人反抗，就会遭受侮辱、无端被监禁和被各种方式虐待。

随着时间的推移，农民运动的势头越发壮大，规模也逐渐扩大。起初农民提出的是经济方面的要求且相对较低，只是减轻因非法或过度增加苛税而引发的不满，后期则开始要求更多的经济权利，如固定税款和保障租期。在纯经济需求之外，农民还希望得到一些政治权利，其中最重要的是“在大君（印度君侯尊称，译者注）的庇护下建立一个负责任的政府”。以焦特布尔地方组织（Praja Mandal）、马尔瓦人民委员会和马尔瓦尔农民委员会为代表的新政治组织领导了这项运动。这些政治组织与主要从事耕作工作的种姓（贾特人、比什伊努人、锡尔维人、马利人和库马尔人）组成的种姓委员会（村务委员会）合作。在基层，这些政治组织同传统的种姓组织合作；在上层，它们同全印度政治组织，特别是全印度农民协会和印度国大党保持定期的交流联系。20 世纪 30 年代中期至 40 年代早期，农民运动越发体现出了下列特点：(1) 这是两个主要的农村阶级即地主和农民之间的斗争。(2) 斗争的主要问题是经济（和政治）问题，如土地税和其他费用的征收、土地使用权的保障等。(3) 这不再是一个局限于一个村庄或一个地主的地方性、偶发性事件。农民运动在整个国家兴起。不仅如此，它同全印度组织和运动也建立起了良好的关系。

亲族和种姓的角色

我现在要谈一谈主要问题：经济、政治利益与原生关系（如种姓关系和亲族关系）之间的关系。要理解亲族和种姓关系在这场运动中的不同反应，就有必要了解经济政治因素是如何分别影响马尔瓦尔地主和农民的亲族结构与种姓结构的。我们从一开始就注意到，经济、政治因素造成了地主的亲族与种姓结构的严重分裂。因此，地主无法团结同亲族、同种姓的成员们与农民对抗。此外，地主的亲族和种姓阶级分化是由经济因素导致的，但这样的经济因素并不存在于农民群体中，故农民的亲族和种姓结构相对具有同质性和一致性。于是，所有属于“主要农业种姓”的农民，其中包括至少五个不同的种姓群体，才会团结在一起，为他们共同的经济、政治利益而与地主做斗争。

关于马尔瓦尔“农业种姓”和“主要农业种姓”的一句话可能有助于阐明情况。在马尔瓦尔，某些种姓被当作农家，另一些则被当作非农家。“农家”一词指的是“完全或主要靠自己耕作维持生计，或在家人或雇工的帮助下耕种土地为生的人”。1933 年 9 月 8 日，马尔瓦尔邦税务局的一份通告中提到了几种农业种姓：贾特人、比什伊努人、锡尔维人、马利人、库马尔人和拉吉普特人。

为了更准确地展示情况，下面我给出了一个按种姓划分的农民运动相对强劲地区的农业资产分配情况（见表 5 - 1）。

表 5 - 1 所占土地 单位：比加斯

种 姓	Mushtqil（永久的）	Ghair-Mushtgi（暂时的）
(1) Nagor and Dccpwana		
拉吉普特	227	52 847
贾特	32 167	370 425
锡尔维	135	5 130
马利	2 377	25 883
库马尔	145	14 486
比什伊努	—	29 083
(2) Mcrta, Purbatsar and Sambhar		
拉吉普特	2 969	31 115
贾特	24 694	227 167
马利	1 390	7 888
库马尔	1 768	8 015
比什伊努	122	5 717

这里要指出的是，尽管拉吉普特人在“农家种姓”的等级排列中占据重要排名，但他们不属于“主要农家种姓”的类别。1884 年编制的《马尔瓦尔邦调查和定居报告》只提到贾特人、锡尔维人、比什伊努人、马利人和库马尔人属于“主要农家种姓”。拉吉普特人通常被视为“漠不关心的耕种者”。

地主的亲族和种姓结构中的派系

地主阶级的亲族和种姓结构在经济和政治利益方面存在很大的差异。其亲族结构分化的主要原因是长子继承制，即长子（patawi）继承财产，弟弟（chutbhais）获得赡养费。如果地主的财产足够多，比如多到有 100 个村庄或者更多，那么长子之外的儿子可能每人能到一个村庄来维持生计；如果财产比较少，那么弟弟们只能从一个或几个村庄中分到一些土地。对于长子之外的儿子们能从地主的财产中分到多少份额，似乎没有明确的规定。表 5－2 是在迪达瓦纳巴德拉的一个地主的地产中，长子和弟弟们之间的财产划分，可以使我们大致了解弟弟们在家庭财产中所占的比例。

表 5－2 某家族中弟弟们的财产划分情况

名　　称	面积/比加斯	收入/卢比
弟弟们	11 678	647/-
（i）佐尔·辛格	100	33/-
（ii）阿奴普·辛格和萨坦·辛格	500	80/-
（iii）拉姆·辛格	160	31/-
（iv）苏扬·辛格	200	33/-

弟弟们仅分得一小部分地产，够勉强维持生计，这还只是他们及其后代地位下降的开端，而不是结束。与长子不同，弟弟们的份额是在其子嗣中平均分配的，因为长子继承制的规则并不适用于此。随着代代延续，长

子的后代们和非长子的后代们之间的差距越来越大。一个始终是贵族，其他的则沦为平民。因此，看到地主小儿子们的子孙在长子家做仆人，是很平常的事。

长子和弟弟们在各种问题（如继承费、弟弟的收养、地产的返还）上的争吵，都是司空见惯的。弟弟们经常受到大哥的不公和歧视待遇。直到今天，许多弟弟仍然对大哥的虐待心怀怨恨。与弟弟们交谈后，人们会得到这样的印象：大哥从来不想让他们在经济上富裕起来，或者不想让他们在政治上举足轻重。在我采访的过程中，许多人透露说，在分土地时地主会尽可能把不肥沃的土地分给他们以维持生计。这在一定程度上是因为大哥无法从弟弟的土地上获得任何利益，而如果将较为肥沃的土地分给农民，地主就能从中获益，因为农民总要缴纳部分农产品作为赋税。把生产力较低的土地分配给弟弟们也意味着，弟弟们在经济上或政治上永远不可能有重大成就，从而也无法对大哥构成威胁。来自亲属的潜在威胁，是封建土地所有制固有矛盾的一个组成部分。

关于亲族关系在拉吉普塔纳拉吉普特土邦的组织中的重要性，学界已有很多论述。有观点认为，亲族中所有人都是平等的；还有人认为不仅是亲族之间，就连氏族成员之间也是平等的。因此，统治者也只是一个“平等关系中的上位者”，有点像宗族中的长者。这种观点歪曲了亲族结构的性质和土邦组织的基本原则，这种视角下的土邦已沦为纯粹的宗族聚落。19 世纪初，殖民地的学者、行政人员及其下属们如何以及为何支持这一观点？如果有人试图探究这一问题，那么它肯定是知识社会学领域一次有趣的实践。尽管这种探索实践非常吸引人，但在目前情况下（或者在本章中）是不可能完成的。在此，我只想指出这种观点是如何误解了亲族关系在印度社会中的地位和作用。

然而，不可否认的是，亲族关系在某些重要领域，如有关婚丧嫁娶的仪式等，具有重要的意义。即使在婚丧问题上，这种浮于表面的仪式公平也和现实严重不符，长子及其后代的婚礼场面盛大，弟弟及拉吉普特佃户的婚礼简陋寒酸。可见，财产组成方面的相关规定，特别是长子继承制的规定，使得地主的亲族结构产生了深层的裂痕，亲族成员因而受到了深远的心理和社会影响。

长子继承制的规则对长子和弟弟们进行了区分，产生了许多后果。在家庭内部，这两者的区别从小就很明显，长子和弟弟们出生时的典礼和仪式就是不同的。随后，他们的社交模式也不同。父母、亲戚、佃户，甚至女仆和仆人们都保持着这种区别对待和歧视。长子和弟弟们的成长环境完全不同：一个以统治者的身份长大，其余的则作为被统治者长大；一个是主人，另一些则是仆人；一个去阿杰梅尔的梅奥学院（贵族学校）就读，另一些只能去读平民学校。因此，家庭成为滋养兄弟手足之间深刻的心理和社会层面隔阂的温床。而这些社会心理倾向的根源则在于长子继承制带来的大哥和弟弟们潜在的经济、政治和社会地位的差异。借用恩格斯的话说，家庭是微观形态的地主社会，它为群体内部的一些对立和矛盾制造了发展空间。

地主阶级在种姓结构上的分裂比亲族关系方面的分裂要深刻得多，也复杂得多。在马尔瓦尔的 270 个封建地主中，有 262 个是拉吉普特人，他们在经济和政治上的差别很大。占据该邦最高位置的统治者（杜尔巴）是拉吉普特人。在等级制度中，他之下便是封建地主（锡卡内达尔人）、布霍米查拉（一种特殊的土地使用形式）地主、布霍米亚人和喀什卡兰・里亚提人。他们各自属于不同类别的土地所有者，其社会地位在许多方面由其土地权利的性质决定。

布霍米查拉是存在于马尔瓦尔的马拉尼地区的一种土地使用形式，该地区共有 550 个村庄，几乎占马尔瓦尔邦领土的三分之一。马林纳斯征服了马拉尼，好几代人后，约达・辛格（Jodha Singh）征服了焦特布尔。马林纳斯的后人以布霍米查拉的形式使用着马拉尼这片土地。辛格的后人成为马尔瓦尔的统治者。

马拉尼的布霍米查拉地主从未完全接受马尔瓦尔・杜尔巴的宗主权。争辩的重点在于，马拉尼和那些封建封地不同，它不是由杜尔巴分封的，而是由他们的祖先自行征服的。马尔瓦尔统治者的领土也是其祖先征服得来的。因此，布霍米查拉地主和马尔瓦尔统治者一样，对自己的领土拥有所有权。他们对杜尔巴宣称的忠诚只是名义上的。如此一来，重点就在于，布霍米查拉土地所有权的性质不同于封建土地授予的性质。这一纠纷不仅引发了邦统治者与布霍米查拉地主之间的长期纠纷，也引发了布霍米查拉地主与封建地主之间的长期纠纷。因此，马拉尼的布霍米查拉地主与马尔瓦尔的封建地主（都是拉吉普特人）之间的关系存在几点矛盾。

布米亚人是另一类受封人。他们全部是拉吉普特人，他们的土地都是由杜尔巴分封而来。布米亚人的分封基本上是服务性分封，即布米亚人需要为杜尔巴服务以换取分封的土地，通常会在军警部门中服役。他们中的一些人不得不支付一种名为“布霍巴伯”的免役税，而其他人则不需要支付这笔税款。

可以说，托德在他的不朽著作《拉贾斯坦邦的纪事与文献》中过分夸大和美化了布米亚人的地位。布米亚人是纯粹的服务性受封人，他们作为土地所有者的地位远低于封建土地受封人（土地受封人持有封地，作为回报要服兵役）。马尔瓦尔的大多数布米亚人都不是拉梭尔部落的。拉梭尔人征服了布米亚人，并让他们成为马尔瓦尔邦的仆人。布米亚人的另一个重要的社会功能，似乎是将女儿嫁给拉梭尔人（马尔瓦尔统治者属于拉梭尔部落，布米亚人则不属于）。然而，封地主们——无论是否来自拉梭尔部落——总是看不起布米亚人，视其为低人一等。有时如果布米亚人拥有的土地刚好就在锡卡内达尔人的领土上，就一定会出现两人之间的长期冲突。

拉吉普特种姓的佃户被称为 Kashtkaran Riyayti（特权佃户或特许人）。与属于“主要农家种姓”的其他佃户（贾特人、比什伊努人等）相比，他们通常被特许享有25%的土地收入。此外，他们还可以免除主要农家种姓要承担的很多领地税和劳役。一般来说，拉吉普特佃户不会因未缴付税捐而被没收财产，而其他农家种姓则会因类似问题而被没收财产。

地主和拉吉普特佃户之间的关系从来都不是风平浪静的。拉吉普特人是冷漠的庄稼人，这意味着他们所拥有的土地从未像主要农业种姓佃户们的那样高产。这对于将农产品的一部分作为税收的地主而言是直接损失。地主在拉吉普特人的土地上还会受到其他损失，地主在土地收入上做出了让步，并按惯例免除了他们的封建贡品和无偿劳动。此外，拉吉普特人还是不良纳税人。这在一定程度上是因为拉吉普特人享有某些豁免权，而其他种姓的人则得不到这些特权。因此，拉吉普特佃户很少受到惩罚，这种惩罚措施往往针对主要农家种姓的佃户。人们很少听说一个拉吉普特人因为没有向地主或邦统治者缴纳税款而被关进卡西。

因此，尽管拉吉普特佃户和地主属于同一种姓，但他们在涉及经济和政治利益的问题上很可能相互对立。从 19 世纪 70 年代开始，这种敌对性变得更加明显，当时存在的一些因素使得拉吉普特地主和拉吉普特佃户之间的疏远程度越来越深。19 世纪 80 年代，在王室土地上进行的结算中，拉吉普特佃户失去了许多长期享有的特权和优待。许多地主纷纷效仿，这加剧了他们和拉吉普特佃户之间固有的紧张关系。

由此可见，地主的亲族和种姓结构因为财产权利分化产生了许多分裂。其长子和弟弟们之间的区别基于他们在土地上的不同权利，这使他们虽属同族却不平等。与之相类似，不同土地权利的所有者之间也存在区别和不平等，如锡卡内达尔人、布霍米查拉人、布米亚人和特权佃户等，他们属于同一种姓，但属于不同的经济和政治类别。这种分裂对地主与激进派农民之间的对垒有着深远的影响。最重要的是，地主阶级间的分裂还导致了一种重大后果，它阻碍地主利用亲族和种姓团体的原始忠诚来获得支持以抵抗农民。

有三种各不相同的（拉吉普特）组织，即马尔瓦尔锡卡内达尔协会、布斯瓦米斯（Bhooswamis）协会和拉吉普特大会，它们的结构和运作方式值得我们在此给予关注，分析三者的结构和运作方式，我们会非常清楚地看到上面这一点。马尔瓦尔锡卡内达尔协会是马尔瓦尔邦地主（锡卡内达尔人）的组织，代表贵族的利益。布斯瓦米斯协会是地位较低的贵族（属于较低等级的布霍米查拉人和布米亚人）的组织，即贵族的次子、三子等的组织。拉吉普特大会是一个以种姓血脉为标准的组织，它试图接纳所有拉吉普特人，无论其在经济政治等级中的地位如何。

必须指出的是，这三个组织很少能够长期合作。他们时聚时散，最终分道扬镳。代表贵族的锡卡内达尔协会总是盛气凌人的样子，他们始终对贵族的次子和三子等、布米亚人和拉吉普特佃户挑挑拣拣。他们的态度在

1941 年 5 月 17 日表露出来。当时一群地主在贾伊塔兰（马尔瓦尔的一个著名庄园）会面。在会议上，一些地主公开表达他们非常不愿意向下层拉吉普特人寻求帮助。他们还觉得，许多拉吉普特佃户和布米亚人实际上是在煽动农民反对地主。不仅如此，一些庄园里的拉吉普特佃户公然与其他农民联合起来反对地主。1941 年 7 月，在巴兰达（另一个著名的庄园），拉吉普特人遭到地主手下的残忍枪击，2 名拉吉普特人死于这场事件，6 人受伤。

布斯瓦米斯协会和拉吉普特大会的普通成员与领导人仍然同样怀疑锡卡内达尔协会的动机。在一次采访中，布斯瓦米斯协会的创始人之一谭辛格（现今是国会议员）告诉我，锡卡内达尔协会一直试图利用下层拉吉普特人（贵族的次子和三子等、布米亚人和拉吉普特佃户）来巩固自己的地位。这三个组织中，一个代表着上层阶级的利益，另外两个代表着拉吉普特人中下层阶级的利益，其间的矛盾在废除地主所有制（锡卡内达尔制度）的前夜变得更加引人注目。这时，地主们意识到自己作为大地主的利益和富农的利益是平等的，地主所有制被废除后，富农将与自己地位相等。正是在这个时候，锡卡内达尔协会、布斯瓦米斯协会和拉吉普特大会这三个组织之间的蜜月期走到了尽头。

与地主相比，农民的种姓和亲族结构更加同质和平等。但是，仍然不能说农民群体是完全同质的。农民们有富有贫，拥有的土地面积有大有小。其中，乔达里和马哈多享受着阶级内其他成员所没有的一些特权。尽管如此，和地主阶级内部的情况相比，农民群体内部还是相对平等同质的，地主才是这场运动的主要目标。因为将地主的亲族和种姓结构分开的制度差异并不存在于农民群体中。首先，农民阶级不遵循长子继承制，地主的亲族中长子与弟弟们之间因继承而形成的差距不会出现在农民阶级中。其次，拉吉普特人里不同类别的土地所有者之间存在着分裂，而农民的种姓结构中并没有，作为土地所有者，他们本身都是农民。而作为农民，他们是平等的，遭受着共同的经济、政治和社会文化方面的剥夺，包括剩余收成被侵吞、被迫无偿劳动、土地使用权得不到保障等等。

在社会和文化领域内，较之拉吉普特人长子和弟弟们之间，或拉吉普特地主和拉吉普特佃户之间，农民阶级的同质性和平等性更强。他们吃的都是粗茶淡饭，穿的都是粗布麻衣，住的也都是简陋茅屋。他们婚丧嫁娶时的开支相差不大，被剥夺的权利大同小异，所遭受的苦难也如出一辙。他们认为，地主阶级应对他们蒙受的各种剥削、劣势等负责。这给了农民更大的同质化与平等意识，给了他们团结的感觉。这些对于农民团结起来反抗地主有着至关重要的作用。

鉴于此，可能会有人特别提到乔达里和主要农家种姓的贾特村务委员会（种姓委员会）的作用。过去，每个主要农家种姓都有自己的贾特村务委员会，其首领一般是该种姓群体内某个年长而杰出的成员。每个村都有一个乔达里，其主要职能是充当地主和农民之间的联络员。他们都是从主要农家种姓中挑选出来的。通常，乔达里同时担任种姓委员会的领导职务。在运动中，乔达里和农家种姓委员会的首领成为农民的主要动员者。他们调节新政治组织间的关系，例如马尔瓦尔基桑委员会和马尔瓦尔普拉加协会、普通农民之间的关系。乔达里和马哈多都出自村庄，他们与其他农民是文化同源的。他们在自己的种姓中享有令人尊敬的地位。这种特殊地位使乔达里和马哈多能够很容易地利用群体成员对种姓的忠诚来推动农民运动。因此，对于一直为共同的经济、政治目标而奋斗的农民而言，种姓和亲族关系成了他们团结起来反对地主的一股助力。

在本节末尾，我们有必要解释一下在农民运动中拉吉普特佃户明显异常的立场。亲族和种姓的纽带本应该将拉吉普特佃户与拉吉普特地主团结起来，而作为佃户，他们又应与被煽起来的非拉吉普特佃户（农民）联合起来。然而，他们却选择了中立。他们既不支持属于同一种姓甚至同一亲族的地主，也不支持在土地利益方面与他们关系相对密切的农民。

拉吉普特佃户并没有与拉吉普特地主联手，因为两者之间尽管存在礼节性的团结，但其经济、政治利益并不相同。他们表示礼节性团结的方式，就是在家族婚丧嫁娶时，从同一个瓶子里倒葡萄酒喝，在同一个盘子里吃卡巴和普卡食物。但在与非拉吉普特人争夺土地权益的斗争中，他们却分道扬镳了。

此外，他们也无法与土地利益关系更为密切的非拉吉普特佃户联合统一。事实上，认为拉吉普特佃户自然会与非拉吉普特人联手，是对历史的粗俗的唯物主义理解。两者没能联手的主要原因有两个。第一，作为佃户中有特权的人，拉吉普特佃户的土地权益与其他农民的并不完全相同。第二，或许更重要的一个原因是，它需要一个革命政治组织来打破拉吉普特佃户的种姓意识，并发展出一种革命阶级意识，这样他们才能够与非拉吉普特佃户联合起来反对拉吉普特地主。而在这件事上，第二个先决条件完全没有被满足。众所周知，20 世纪三四十年代，马克思主义的力量在马尔瓦尔并未得到发展。除此之外，无论是直接领导这场运动的当地政治组织（如马尔瓦尔普拉加协会或马尔瓦尔基桑委员会），还是对运动有全面但间接控制的印度国大党，都不是那种意义上的革命组织。避免阶级斗争、阻止革命阶级意识的发展是圣雄甘地领导下的国大党公开宣称的政策。甘地的非暴力意识形态不包括攻击亲族、种姓或宗教等传统社会制度的基础。

因此，经济（和政治）立场的差异使拉吉普特佃户与同亲族种姓的人即地主分离开来，然而因为缺少革命意识形态，他们又无法加入阶级利益更为接近的不同亲族、不同种姓的佃户团体。这就是他们保持中立的原因。请问：传统社会学能解释为什么在拉吉普特地主与非拉吉普特佃户的斗争中，拉吉普特佃户不支持同属于一个种姓甚至有时是一个亲族的地主吗？

由此可见，地主的经济政治利益与其亲族和种姓群体内的其他成员（贵族的次子和三子等、布米亚人和拉吉普特佃户）的利益是不同的。因此，尽管有着共同的亲族和种姓关系，他们却未能团结起来。然而佃户们的经济政治利益是一致的。在这种情况下，亲族种姓关系促进了他们之间的团结。换言之，归根结底，土地利益的统一与否决定了亲族和种姓关系所带来的反应。关于亲族和种姓的传统社会学研究的失败之处并不在于它没有给出这个答案，而在于它甚至没有从一个恰当的角度提出这个关键问题。

然而，在这里提出这个问题也许不算不合时宜：种姓制度不平等的基础是什么？主流社会学认为，种姓之间的不平等与种姓内部的不平等背后有着一样的原理，只是表现形式不同。这个原理可以在各种思想中找到（如“洁净”与“不洁”的对立关系）。有人可能会问，是否可以用“洁净”和“不洁”的对立来解释属于同一种姓群体甚至同一亲族群体但经济、政治等级制度地位不同的两个群体之间的不平等？比如，同样是拉吉普特人，拉吉普特地主比不是地主的拉吉普特人“更洁净”，这样说合乎逻辑吗？同一亲族中继承财产的长子及其弟弟们之间的区别更为可疑，“洁净”和“不洁”这一永恒的原理如何解释这一区别？

与上述观点相反，家庭与种姓体系中不平等的基础或许来源于劳动及其产物（财产）的不平等分配。因此，长子及其弟弟们之间的不平等基于他们对财产（土地）控制能力的不同，这反过来又决定了他们在体系中的地位和作用。按照同样的逻辑，拉吉普特地主和其他类型的土地所有人（楚特拜斯、布米亚人和特许承租人）之间地位的差异，也是基于他们对土地掌控能力的不同，这再次决定了他们在体系中的地位和所发挥的作用。

综上所述，亲族与种姓传统社会学研究的根本缺陷在于，它试图用观念来解释社会现实，而又将观念从经济政治现实中剥离出来，使之能独立存在。这导致传统的研究方法接近于思辨哲学。因此，传统社会学的所有努力都成了神秘化研究对象的过程。

第六章　变化的土地关系与种姓：村庄的视角

> 结构要素在领导人的选拔中起着决定性的作用，扮演着多重角色，每一种角色都对整个村级社会系统至关重要。
>
> 传统农村领导权力的持续时间转瞬即逝。面对新的政治、经济和文化因素，农村政治正经历着新的紧张局势，并因此逐渐呈现出多元化的特征。
>
> 未来的领导人将对其追随者负责，并必须照顾到为争夺领导职位而“合法”竞争的不同群体的利益。

近期的若干变化，尤其是废除了柴明达尔制度（地主土地所有制）并将选举权扩展到所有成年人，使村庄中所有种姓的领导抱负都合法化了。传统上占主导地位的群体，他们的领导抱负合法化对农村的政治结构产生了许多深远的影响。过去十年间，对印度农村领导力的研究如雨后春笋般增长，却显然忽视了这一影响。① 因此，研究的重点被错误地放在了传统领导权力的连续性上。② 本章试图通过分析北方邦东部农村领导结构所受到的压力，透过传统领导权力表面的连续性看待问题。

---

① 引自R. 帕克和I. 廷克（编辑）的《印度的领导和政治机构》，牛津，1960；《南亚新兴农村领导模式》，国家社区发展研究所，海得拉巴，1965；乌达义·帕里克（编辑）的《印度农村领导情况》，新德里，1966；L. P. Vidyarthi（编辑）的《印度领导情况》，亚洲出版社，1967。

② 引自普拉巴特·钱德拉：《印度农村领导情况》，《东部人类学家》，1959年9—11月；约翰·T. 希区柯克：1960年帕克和廷克（编辑）的《印度的领导和政治机构》中《印度北部农村领导情况：两个案例研究》；布里杰·拉杰·乔汉：1967年L. P. Vidyarthi（编辑）的《印度领导情况》中《拉贾斯坦邦各阶段乡村权力结构和领导情况》。

研究中的农村领导结构显示出一种基本的连续性，它一直处于，并依然处于同一个地位群体①，即拉吉普特种姓——曾经的柴明达尔——的统治之下。传统上处于从属地位的弱势群体如今对成为领导层有着自己的抱负，拉吉普特这一群体因此面临着前所未有的挑战。这一挑战如果持续下去，就会改变领导结构中不同群体的相对地位，还会改变整个农村的政治面貌。

观察地点

马瓦日村距离印度北方邦东部的江布尔镇约 22 英里，地理位置相对偏远。这个村庄三面环绕着稻田，一面流淌着一条小河，如果不愿或不便步行的话，村庄里的男人出行只能骑大象，女人则只能坐轿子，尤其是在雨季，除此之外没有其他传统交通方式。直到最近，那里才有了现代交通工具。

马瓦日村人口总数为 1 125 人，超过了北方邦农村的平均数 527 人。这是一个多种姓村庄，共有 156 户人家，14 个种姓。

拉吉普特：占统治地位的种姓

以往，村庄的正式领导权和非正式领导权都掌握在三个柴明达尔拉吉普特家庭的手中。从前正式的领导权都是受严格限制的。村里有一个法定的村务委员会潘查亚特，也就是他们的行政和司法机构。该机构的领导人被称为慕希亚，掌握着司法与行政大权。慕希亚的司法职能要求他必须听取村务委员会管辖范围内的琐碎诉讼。据说，提交到村务委员会的大多数案件都是以非正式的形式裁决的。慕希亚的行政职能要求他必须充当政府和村民的中间人，但这种情况很少。慕希亚的世袭官职一直由一个拉吉普特家族的成员担任。

在柴明达尔制度尚存的时期，非正式的领导权的范围相当大，遍及乡

① 这里使用的是韦伯定义的地位群体。韦伯使用的地位群体概念有三个明显的特征：（1）独特的生活方式；（2）世袭的领导力，具体表现为出生就具有的某种特权地位；（3）政治权力的垄断。（见马克斯·韦伯：《社会和经济组织理论》，自由出版社，1964，第 342 页。）

村生活的各个方面——经济、政治、社会和文化。正如R. D. 辛格（R. D. Singh）和约根德拉·辛格（Yogendra Singh）① 等指出的，柴明达尔虽然本质上是一种经济现象，但它已经发展成一种涉及各个方面、无孔不入的模式。他们掌控着村里的经济、政治、社会和文化大权。因此，他们有两个相互关联的特点，即掌握着传统的权威和无处不在的非正式领导权。拉吉普特人是占有统治地位的种姓。

正式领导

印度独立后，发生了两个值得一谈的重大变化。一是柴明达尔的废除结束了官方认可的传统统治集团的经济和政治霸权；另一个是将普选权扩大到所有成年人，随后引入了新的正式政治机构，如村务委员会、司法委员会和区委会。

与此同时，非拉吉普特种姓的相对经济和教育地位也发生了一些重大转变。由于人数众多，他们在涌向城市工业城镇寻找就业机会的人中占了大多数，从而改善了他们家庭的经济状况。上学的拉吉普特男孩的数量比其他种姓的男孩要少，在受教育程度方面甚至也处于严重落后状态。

新的政治机构扩大了正式领导的范围。村中主要的正式机构有村务委员会、村合作社、学校管委会。此外，村务委员会、司法委员会和区委会提供了新的正式领导岗位。

村里最重要的正式领导职位是村务委员会主任——村务委员会的首领。自从大约15年前村务委员会成立以来，村务委员会主任的职位一直由一位前柴明达尔家族的拉吉普特人担任。这个职位从来不存在竞争，大家每次都一致选择这位拉吉普特人。村合作社是一个只有拉吉普特人的团体。村务委员会和司法委员会的成员选拔主要也由拉吉普特人决定。村中许多人甚至对司法委员会和区委会的存在一无所知。村里的小学是拉吉普特人创办的，在得到政府的认可和帮助之前，由拉吉普特人资助和照料。现在，有了政府的拨款，拉吉普特人虽然摆脱了在教育方面的经济重担，

① 约根德拉·辛格：《乡村群体变化的权力结构：北方邦东部六个村庄的种姓制度研究》，载于A. R. 德赛所著《印度农村社会学》，孟买，1961。

但仍然在学校的工作与章程上有很大的发言权。

简而言之，正式的领导权仍然掌握在旧时的村统治者手中。

非正式领导

正式的政治机构并没有降低村里非正式领导的声望和神圣。如果我们从日常或问题导向的角度来看，就会发现非正式领导权出现的频率大大多于正式领导权。非正式领导完全掌握在三个前柴明达尔的拉吉普特家族手中。这些家族的成员都是村里最“有名望”的，他们在决策中占主导地位，尽管在废除柴明达尔制度后他们的地位普遍受挫，但他们还是村里最有影响力的人。

非正式领导的范围很广泛。非正式领导权的关键作用在于解决与经济、政治、社会和道德问题有关的争端。经济问题在家庭破裂、共同财产分割时显得尤为突出。这些分割在一开始时总是非正式的；然而，非正式领导权或多或少具有约束力。绑架、非法性关系和欺骗行为等道德问题都由非正式领导人裁决。社会关系方面有违常理的行为，也会由非正式领导人来过问。例如，如果一个年轻人不善待他的父母，或者一个男人对他的妻子或孩子表现得很残暴，非正式领导人就会试图纠正这种有违常理的行为，而且往往会有所成效。

除了拉吉普特人和婆罗门人，村里每个种姓都有一个种姓委员会。如今的种姓委员会运作得和柴明达尔时代一样有效。但它们从未对全村产生过影响。纵向上，每个种姓委员会的管辖范围仅限于各自的种姓；横向上，它总是沿着种姓家系延伸，远远超出村庄的边界，这削弱了它作为一个村级单位的效力。

来自下层的挑战

尽管传统领导人仍掌控着当下的领导权，但这并不意味着领导权从过去到现在经历了顺利的过渡。20 世纪 50 年代初，柴明达尔制度被废除后，拉吉普特人长期以来的权威立即受到了非拉吉普特人尤其是村子里下层种姓的严重挑战。有两个事件与我们的研究目的有着紧密关联。一件事是，一个名叫巴哈伊·阿希尔的人（中等种姓，从前是佃户）曾经在属于柴明达尔的拉吉普特人塔库尔·沙德拉·帕尔·辛格的土地上耕种过，为这块地向后者缴税。柴明达尔制度被废除后，巴哈伊拒绝缴税，沙德拉便不许他耕种这块地。于是，马瓦日村和周边村庄所有的阿希尔人都聚集起来，武力抢占了这块地。他们还给村中最年长也最受尊重的拉吉普特人带话，说拉吉普特人如果想要比试力量，尽管可以来试试。这激怒了村里的拉吉普特人，没过多久，马瓦日村和附近村子的所有拉吉普特人（和一些婆罗门人）聚在一起，来到当初那块争议的土地上，阿希尔人立刻逃跑了。随后，沙德拉便在该村向婆罗门领导的司法委员会提起了诉讼。拉吉普特人和婆罗门人联手，对阿希尔人处以重罚。

另一件事发生于一年之后。从前的地主塔库尔·巴苏迪奥·辛格要求一位前佃户（帕西人）放弃一块其耕种的土地，而这位帕西人拒绝了。一天，这位佃户正在这块地上犁地，巴苏迪奥·辛格和另外几个拉吉普特人前去阻止他。他们刚到那儿，就被这名帕西人和同村几个阿希尔人围攻了。双方都受了伤。第二天一早，村里的拉吉普特人和婆罗门人对佃户的住宅发动了突袭。前一天参与斗殴的帕西人和阿希尔人出于恐惧，已经逃离了村子。一帮拉吉普特人在光天化日之下一把火烧了那名帕西人的房子。帕西人向警察报了案，还向区法院提起了诉讼。另一边，巴苏迪奥·辛格向乡委会对帕西人提起了诉讼，而乡委会的婆罗门头领又一次支持了原告拉吉普特人，对帕西人处以重罚。表 6-1 为马瓦日村各种姓家庭情况。

表 6-1　马瓦日村各种姓家庭数与人数

种　　姓	家庭数/户	总人数/人
阿希尔	54	400
查玛尔	42	294
婆罗门	19	137
帕　西	16	105

续　表

种　　姓	家庭数 / 户	总人数 / 人
纳　伊	9	59
塔库尔	3	30
特　里	2	25
卡哈尔	2	10
洛哈尔	2	15
都　比	2	14
加莱里亚	2	14
库马尔	1	10
荀塞恩	1	7
卡亚斯塔	1	5
总　计	156	1 125

结构性因素

这两件事“重新确立”了拉吉普特人在村里的权威和统治地位。此外，这两件事还令三个在柴明达尔制度尚存时分裂为三个独立派系的拉吉普特家族团结到了一起，还拉近了马瓦日村的拉吉普特人和邻近村庄的拉吉普特人与婆罗门之间的关系，因为他们开始意识到，团结起来才能更好地抵抗其他种姓。村中土地主要为拉吉普特人所有，加之他们团结了起来，这似乎成为他们在村中占统治地位的主要原因。

我们的研究结果表明，结构性因素在领导人的选聘中起着决定性作用。从一开始，村子的领导权就掌握在拉吉普特人手中。个人领导地位背后最重要的因素，便属于拉吉普特种姓。拉吉普特人总是比非拉吉普特人容易当选，即使两者的个人品质不相上下。换言之，拉吉普特人总是村里非拉吉普特人的领导者。这一情况与奥斯卡・刘易斯（Oscar Lewis）研究印度北部一个村庄时所描述的情况基本相似，“每个贾特人都是非贾特人的领导者”。

然而，个人品质即使无法超越所属群体带来的限制，仍然很重要。领导人或占领导地位的家庭需要满足一些传统的潜标准。因此，在财富、社会声誉和社会关系方面地位较高的拉吉普特家族在领导事务上有更大的发言权。那些看起来诚实、可靠、谦逊、忠诚、好客、为人正直的人会更受欢迎，作为领导者也更容易被人接受。因此，我们赞同沃尔夫的观点①，村中某个特定群体之所以能名正言顺地手握权力或居于统治地位，不完全是因为他们的胁迫行为或占据了村中的多数土地。相反，正如 A. K. 辛格（A. K. Singh）② 所指出的，领导者之所以能得到认可，在很大程度上是因为他符合人民心目中领导者的文化形象。

村中领导者的作用不是特别具体的，而是笼统的。领导力的体现不在于执行任何具体任务或实现任何具体目标，而在于解决从经济、政治和社会到道德、文化等各个领域的问题。它们不是任何危机局势的产物，而是日常生活的产物。这些问题如果得不到妥善解决，将对农村的社会秩序构成严重威胁。如果领导者成功地解决了这些问题，就会为维护乡村社会秩序做出贡献，这就是领导力的作用。

由此可见，领导权掌握在构成该村社会核心的一群人手中。他们在经济、政治、社会、文化等领域为乡村社会扮演着一套多功能的角色。从功能上看，他们类似于凯勒的“战略精英”③；从结构上看，他们与“战略精英”恰恰相反。

连续性和变化：从过去到未来

农村的领导权从过去到现在存在着表面的连续性，领导人始终来自拉吉普特种姓；领导权的本质是相同的，权威是传统的，非正式领导权比正

---

① A. K. 沃尔夫：《印度领导情况》中《权威的概念：非洲研究》，L. P. Vidyarthi。

② A. K. 辛格：《印度领导情况》中《印度领导的无意识形象》，L. P. Vidyarthi。

③ 凯勒（Keller）所说的“战略精英”指的是根据个人动机和能力选出的人。从结构上说，他们是多样化的，因为他们可以来自任何阶级。在这方面，他们与从单一某个种姓中选出的领导人是对立的。见凯勒：《统治阶级之外》，纽约，1963，第 30－35 页。

式领导权更加无孔不入。

这里，我们面临着一个至关重要的问题：未来谁将担任领导？领导权的本质又会如何变化？柴明达尔制度的废除、公民身份的扩展及其必然的结果，即群众的公民联合在这一背景下具有特殊的意义。从前，柴明达尔是一个阶级，非柴明达尔（佃户）是一个阶级，中间有着鸿沟，领导权是前者的特权。柴明达尔不仅在经济上占主导地位，在政治和文化上也是如此。柴明达尔制度被废除使柴明达尔与佃户之间的固有差距得以消除，从而结束了前者的领导特权。用一句流行的话来说，古老（纯净）的血统（拉吉普特人统治权在意识形态上的正当性）永远地结束了。结论显而易见，从此领导权不再被赋予某一特定群体，而是靠个人争取。

值得指出的是，因为普选权和群众的公民联合，各种姓群体的成员理论上有了平等参与乡村政治的可能。最重要的是，这意味着非拉吉普特人可以合法地争取村里的领导权力。而在过去，拥有这种志向是不合法的。法律允许其他种姓争取领导权，这是未来村级领导权的最重要的背景。旧的统治者虽然延续了下来，但这并不意味着他们永远是公认的领导者。即使他们成功地保住了领导权，领导权的本质也将发生改变。原因很简单，不同的种姓群体会为了争夺领导权而相互竞争，而在这种竞争中，财富、受教育情况、个人成就和人数优势将发挥决定性作用。哪个群体能在这些方面打败其他群体，就更有可能掌握领导权。这些机会对所有人开放，所以农村政治可能变得更加多元化。[①] 领导者必须考虑到不同竞争团体的利益，这些团体导致农村政治中利益关系不断转移，重新洗牌，为新的利益集团和派系提供发展空间。

不断变化的经济、社会和教育条件容易创造有利于农村政治多元化发展的气氛。外出打工改善了非拉吉普特人的经济状况，教育增强了他们的参与意识。与外界的接触越来越多，这打破了他们漠然的态度。随着公民选举权的扩大，人数优势已经成为主要的政治力量。

---

① 威尔达夫斯基（Wildavski，1964）也使用了同样含义的多元主义。多元主义的核心特征是，在这一体系中，统治权在本质上是说服性的，而不是强制性的。见威尔达夫斯基：《小镇领导情况》，1964。

在这种情况下，农村领导情况的根本转变不再只是理论上的可能性。转变的过程早就开始了。从前，拉吉普特人视非拉吉普特人为自己的服从者，认为自己是后者"天生的"主人。现在，他们把其他种姓的人视为合法的竞争对手，并有意识地通过"政治活动"来维持自己的地位。传统领导者在有意识地努力争取和维持领导地位，这意味着一个重大突破。

在这一章中，我考察了印度北方邦东部一个农村中领导权的结构和作用。我已经表明，结构性因素在领导者的选聘中起着决定作用。领导者的作用并不局限于任何特定的问题或领域。相反，他们扮演着多重角色，这些角色对整个农村社会体系起着重要作用。农村领导层的结构在根本上呈现出一种连续性，在过去的几个世纪里，这个村庄的统治权一直被三个"统治家族"（借用林德的话）掌控①，他们属于同一个地位集团——曾经的柴明达尔，属于拉吉普特种姓。然而，我的观察表明，这种连续性转瞬即逝，它仅仅是残存的旧事物。面对新的政治、经济和文化因素，农村政治组织正在走向多元化，并经历着这一过程中出现的新压力，在多元化过程中，不同的群体合法地竞争领导职位，它们之间的利益将得到更多协调，更重要的是，领导者将必须对其追随者负责。

---

① 罗伯特·林德：《美国社会中的权力既是资源又是问题》，载于 A. 康豪瑟（编辑）《美国民主中的权力问题》，1957。

第七章　契约制、宗教和种姓：印度教和种姓的两大迷思

印度契约制度和大英帝国

从1834年开始，经历1933年大英帝国废除奴隶制，到第一次世界大战结束为止，中间大约90年，共有1 336 034名印度契约劳工被送往英国在南非、加勒比群岛和斐济的殖民地（Pool and Singh，1999：2）。印度契约劳工代替先前的奴隶劳工，支撑着大英帝国殖民地糖料种植园的运作。当时，糖料生产和销售是全球重要的经济领域。90年间，印度契约劳工是维系大英帝国糖料种植园的主要劳动力。这无疑是印度对大英帝国经济增长及扩张做出的巨大贡献。通常来说，劳动力是帝国主义经济的宝贵资源。印度契约劳工作为债役劳工，尤其符合当时大英帝国糖料种植园的劳动力需求。然而，有关英国在印度殖民统治的历史记载却明显隐瞒了印度契约劳工的故事。更奇怪的是，圣雄甘地在南非开始政治活动时，关注的核心问题便是印度契约劳工（和非契约劳工）的地位，为什么关于大英帝国的印度契约制度却是一片空白？圣雄甘地成了印度的国父，但他早期对政治社会化的核心关注、印度契约劳工的故事，却几乎被殖民历史完全忽视了。

且不说圣雄甘地在南非为印度契约（非契约）劳工付出的努力，以及这一努力对甘地自身的影响，印度契约劳工（不论男女）为命运所做的斗争逐渐成了印度自由运动中强有力的武器。此外，面对海外印度契约劳工遭受的待遇，印度国内也采取了行动、做出了回应，这些回应和行动严重影响了印度的殖民国家、伦敦殖民地部、各殖民地的殖民当局及种植园

主，为在各个殖民地不断斗争的印度契约劳工提供了大量宝贵的政治支持和道德支撑。即便如此，印度契约制度的故事在印度殖民史、去殖民史甚至庶民研究的史学中几乎没有记载，着实令人费解。

庶民研究没有记载印度契约制度尤其令人百思不得其解。庶民研究学派称，保守主义史学家、民族主义史学家、自由主义史学家和马克思主义史学家组成的精英史学压制了庶民的声音，庶民研究学派要帮庶民发声。印度契约劳工是庶民中的庶民。他们被迫离开社区，失去谋生手段，被帝国毫无自由可言的劳动体制束缚着，受《主仆法》（奴隶制时期管理主人、仆人间关系的法案）的管制，沦为大英帝国种植园机器上的一个个生产单位。然而，支持、同情庶民研究的契约劳工研究，几乎要么专注于批判甘地，认为他代表的是精英阶层的利益；要么专注于解构官方文件，批判其没有给予庶民话语权。在这个过程中，契约劳工及其后代的话语权、他们经受的考验和磨难、他们日常的斗争和抵抗几乎都被忽略了。与此形成鲜明对比的是，研究奴隶制度、奴隶买卖和奴隶抵抗运动的史学家们十分重视奴隶的话语权、他们的苦难和抗争、他们的物质生活和精神生活。奴隶制和奴隶抵抗的史学记载中许多是有关印度契约制度的，可资借鉴。

散居在外的海外侨民

英国废奴主义者最早将印度契约制度视为“新的奴隶形式”。随后，休·廷克（Hugh Tinker）出版的著作也以“新的奴隶形式”命名。自此，学者们便开始用“新的奴隶形式”指代印度契约制度，但这并不恰当。印度契约制度不同于奴隶制度，也不同于白人契约奴役制度。造成印度契约制度独具一格的原因在于它特定的历史背景。印度契约制度起源于印度殖民过程，结束于印度去殖民化的抗争历程。殖民统治和殖民反抗的对立统一，形成了印度契约制度特定的历史背景。但对契约制度的研究却专注于移民、定居和公民权，遗漏了这一背景的历史独特性。

具有讽刺意味的教化使命

英国废奴主义者认为奴隶制是野蛮的。契约制度使英国摆脱了野蛮的奴隶制，同时还使英国种植园主获得了无数没有自由的劳动力（在殖民法律的伪装下，伪装成“契约”的形式），对于帝国偏远地区糖料种植园经济的生存和扩张不可或缺。但殖民地的英国种植园主和白人移民却将印度契约劳工及其后代称为野蛮人。伦敦殖民地部，如印度殖民政府及其他殖民地的殖民政府，也对契约劳工所受的不公平待遇不闻不问。更具有讽刺意味的是，在 19 世纪 90 年代至 20 世纪的第二个十年，圣雄甘地还在南非就印度问题进行抗争。他最终意识到，印度人在南非陷入困境的原因归根到底是英国在印度的殖民统治。甘地在南非参与运动期间，以印度契约劳工为核心议题写了《印度自治》一书，绝非偶然。

人们普遍认为，废除奴隶制带来了解放，却导致劳动力短缺，威胁到种植园的存续。种植园主这样认为，他们在各个殖民地和英国的拥护者也这样认为。因此，奴隶解放后期的种植园主致力于让英国立法者和行政者相信，各殖民地面临着严重的劳动力短缺问题，可能会对殖民地乃至整个帝国的福祉造成可怕的后果，这是对整个教化使命的沉重一击（Kale，1998：7）。

早在奴隶制被废除之前，种植园主和他们的拥护者就忙于寻找新的劳动力来源，使种植园的经营能够继续获得盈利。在原有的奴隶解放后，尤其是在学徒制度结束后，寻找新的劳动力来源显得格外迫切（Kale，1998：19）。但奴隶解放后期的劳动力短缺只是部分原因。输入印度契约劳工的主要原因并非劳动力短缺本身，而是印度劳动力不仅价格低廉，也更可靠（Laurence，1994：4）。导致这一现象的原因就是英国在印度的殖民统治。

在奴隶制时期，奴隶被迫从事这些工作，而解放后的奴隶却不愿意继续在种植园里工作。种植园主认为，出现这一现象的原因在于，解放后的奴隶“性格懒惰”“需求有限”，缺乏“金钱意识”。一些种植园主甚至开始质疑，解放后的奴隶是否具有“文明人的基本属性”（North-Coombes，1984：83）。不管事实是否如此，但想到奴隶所受的待遇根本无任何文明可言，种植园主的观点无疑体现出了奴隶主及其拥护者的急切心情。解放后的奴隶不愿继续参与这种彻头彻尾残忍野蛮的劳动形式，而奴隶主及其拥护者急于将此描述成奴隶缺乏“文明的属性”的表现。不管怎么说，正式废除奴隶制后，奴隶不愿意回到奴隶制之下，而奴隶主却把这描述为奴隶没有文明的体现。对于帝国时期的压迫者和受压迫者来说，文明的属性显然有着不同的内涵。

殖民者将解放后的奴隶描述为懒惰的形象，但与之相反，奴隶反抗的真正原因是奴隶制带给他们的恐惧，这种恐惧“如钢铁烙印般铭刻于记忆之中，无论时间如何流逝也无法消除”（Rev Patrick Beaton，引自 North-Coombes，1984：82）。种植园的工作耻辱而又痛苦。正如贵格会传教士爱德华·贝克（Edward Baker）所说，解放后的奴隶逃离种植园，并非他们不够理性，也不是因为他们天生懒惰，而是种植园主要求的庄园劳作对他们来说没有吸引力（North-Coombes，1984：83）。种植园主的要求十分明确，他们不仅需要源源不断的劳动力供应，还要求劳动力价格低廉、没有自由，这种劳动策略在历史与心理上都根植于奴隶制。

据记载，在奴隶制时期，不说自由，任何试图改善劳工条件的尝试，都会引起种植园主近乎歇斯底里的反应，他们习惯于将劳工视为一种生产工具，一种财产形式，而不是可以讨价还价的自由工人。依照他们的心理，他们是绝不会“哄”着劳工的。英国在印度的殖民统治，使得种植园主可以获得印度契约劳工，他们符合种植园主要求的基本原则——稳定、廉价、没有自由。印度契约制度的特殊意义在于，它消除了种植园主的心理压力，使其不用适应从非自由劳工到自由劳工的转变（North-Coombes，1984：85－86）。事实上，印度契约制度的意义远不止如此。

印度契约劳工和帝国争霸

有论者提出，输入印度劳工的想法是为了向解放后的奴隶施压，因为他们不愿意在原先奴隶制的条件下工作（Kale，1998：159－160）。但这种想法是完全不切实际的。印度劳工有着奴隶劳工的所有属性，还剔除了奴隶制的标签，在此情况下，雇用解放后的奴隶就是多此一举。一方面，获得自由的奴隶不愿意在种植园主的约束下工作；另一方面，种植园主有了其他具有所有奴隶属性的劳动力来源，不用背上奴隶制的骂名，也不愿意雇用已经获得自由的奴隶。

更重要的是，19 世纪中叶是殖民帝国争霸的时代。印度契约劳工给英国带来了一个得天独厚的优势，这是其他欧洲殖民帝国无法相比的。不管是欧洲殖民帝国还是英国控制的任何一个殖民地，或是多个殖民地的组合，都不会像印度一样，被开发为无限的劳动力储备库。这些劳动力表面上是自由的，却受契约束缚，不仅要满足种植园当下劳动力的需求，还要满足种植园未来发展的需求（见《论雇用印度契约劳工的种植园经济的扩张》，见前文 North-Coombs）。这才是印度契约劳工的真正意义所在。印度契约劳工成了任英国统治、支配的独特历史财产。

劳工与肤色

印度契约劳工尤其适合替代奴隶劳工，还有另一个原因。几个世纪以来，非洲奴隶劳工的使用形成了一种偏见：种植园劳工是非白人群体，他们天生智力低下，除了充当土地上的一个生产单元，没有任何价值。这一商品化而又带有种族歧视的劳动力观念，也已经成为种植园主、种植园经营者社会意象、心理意象和性别意象的一部分。印度契约劳工除了廉价、受契约束缚、数量充足，还与种植园主和种植园管理人员认为劳工就该是非白种人的社会心理契合。

新型三角

奴隶贸易史学家强调了非洲、中美洲和欧洲之间的三角贸易关系（参见 Williams，1966）。印度契约制取缔了奴隶制，更新了原先的三角贸易关系，形成了以印度、英国除印度之外的殖民地以及以英国为支点的新型三角关系。大多关于印度契约制的研究倾向于关注印度劳工流向的其他英国殖民地发生的事情，或发生在殖民地管控中心英国的事情，而在这个三角的剧场中，印度的角度（劳工招募的主要场所）被相对忽视了。若要完整地勾勒印度契约制与大英帝国的历史，就务必加入印度的角度。大英帝国废除奴隶制后，采用的种植园劳动力是一种形式上自由但实则不自由的劳动力，在种植园劳动力的整个起源、更新和再生产过程中，印度既是起始点，也是终止点。

自由劳动力市场

为了使从印度引入契约移民的做法正当化，殖民地的种植园主、伦敦殖民地部和伦敦在印度的殖民当局辩称，（英国的）印度政府无权阻止或妨碍劳动力的自由流动（Kale，1998：25）。殖民统治制度不仅在印度国内剥夺了印度人民的自由，同时还试图以劳动力自由流动之名（尽管劳工并没有自由），为输出印度劳工寻求正当性，这一切都是为了白人种植园主的利益。这种背景下的劳动力自由流动实则是一种殖民手段。

还有人认为，契约移民为印度人民提供了进入国外劳动市场的机会，这使他们不仅能够改善物质条件，还有机会突破本土狭小的圈子，在别处开阔思维（Kale，1998：32）。暂且不考虑一个显而易见（却很少问及）的问题，即为何这类物质发展、精神发展的机会不能由印度的殖民政权直接提供给印度人民，有关精神发展机会的观点本身就十分荒唐，尤其是在奴隶制这一历史经验的背景下。由于印度契约劳工替代了奴隶劳工，印度契约制和奴隶制之间的比较就显得尤为重要。事实上，与印度殖民政权、殖民地种植园主声称的相反，奴隶制和契约制的共同之处在于两种制度下劳工的精神发展不仅没有得到促进，还受到了阻碍。除此之外，他们（奴隶和契约劳工）的另一个共同点是都被认定为智商低下，天生就反感开阔精神视野这件事。归根结底，他们只是“帝国的猴子”（Bremann，1989）。

19世纪中叶，殖民者有权力以片面的方式呈现历史。随着印度对殖民统治的反抗越发强烈，契约制中印度一方的故事渐渐为人所知。重要的是，官方殖民史学拥护的那种将殖民地契约制描述成一派平和景象的观点自此被解除了。必须指出的是，契约制的研究在这一过程中做出了很重要的贡献。但是这些研究开始的时间很晚，而且研究范围仅限于印度劳工流入的特定殖民地（特定研究场所），忽略了印度一方的故事。引入印度方面的故事可以涵盖契约形成到解除的全过程，这将进一步丰富契约制研究，特别是大英帝国的债役劳工在更新和再生产过程中形成了新三角贸易。

社区—商品—社区契约循环

契约制和奴隶制一样，断绝了移民与他们祖国传统社区的联系，将他们变成了商品——纯粹的种植园生产工具。不论他们在祖国的社会地位如何，移民后毫无例外地都降到了同一等级——苦力（一个贬义词），代表契约劳工在殖民地社会中位于最底层。然而，在 5～10 年的契约制结束后，印度劳工又重建了社区。这就是本书所谓社区—商品—社区契约循环。

本书对契约制实行期间及之后形成的社区—商品—社区契约循环的叙述（侧重宗教、家庭和种姓）主要和南非有关，因为南非是印度契约移民的目的地之一。此外，南非还有特殊的意义，因为圣雄甘地在南非参与了印度问题的讨论，其中的重要组成部分便是印度契约劳工及其后代的待遇问题。十分凑巧的是，我在 1993 年走访了南非，那一年正好是甘地抵达南非 100 周年。

我在南非收集的资料既有档案资料，也有民族志田野调查资料。其中，档案资料主要源于德班-威斯特维尔大学的文献中心、彼得马里茨堡的纳塔尔省级档案馆和约翰内斯堡威特沃特斯兰德大学的图书馆。民族志田野调查是在德班和彼得马里茨堡的印度契约劳工后代及纳塔尔省的偏远社区中进行的。纳塔尔省是大多印度契约劳工工作的种植园所在地，契约期结束后，他们在此定居。必要时我也使用了与加勒比群岛和斐济的印度契约有关的二手信息。我与有加勒比地区契约劳工血统的约克大学学生进行对话，在多伦多不定期地参观他们的寺庙活动，参加他们的婚礼、生日庆典等社会活动。这些活动都对我了解这些群体的宗教（印度教）、家族和种姓（虽然种姓已不存在）有很大的帮助。

社区—商品—社区契约循环故事中的有趣之处在于：印度移民在殖民地保留或恢复了印度本土社区的哪些要素或习俗？他们没有或没能保留、恢复的又有哪些？为什么？我们尤其感兴趣的是，在契约制实行期间及结束后，种姓制度又有什么变化，以及这对印度本土的种姓制度产生了什么影响。有趣的是，宗教和家庭这两个印度本土社区的基本元素在殖民地的社区—商品—社区契约循环中得到了恢复、维持和强化，而种姓和种姓制度却瓦解了。种姓和种姓制度的社会学研究强调亲属关系、种姓和宗教之间尤其是宗教和种姓之间存在内在联系，而契约制引发的两个后果却是矛盾的——家庭和宗教的恢复与强化，以及种姓和种姓制度的瓦解，这一点非常重要，值得充分重视。

契约制与家庭

在讨论宗教和种姓问题之前，我想先简单地讨论一下印度契约移民（一夫一妻制）家庭的重建问题。契约制并没有田园诗般的美好，也没有玫瑰色的浪漫。作为一个为了英国白人种植园主的利益而设计、由英国在印度的殖民统治而得以实行的计划，契约制典型地反映了马克思（1975）提出的"原始积累"过程中的武力、欺诈、暴力和共同体解体（非田园诗式）。契约制涵盖阶层、种族、性别和种姓诸多问题，妇女待遇问题也是其中的一个方面。20 世纪的第二个十年，印度自由运动领袖在众多关注点中抓住了妇女待遇这一问题，以此作为废除契约制的理由。

契约制中的女性问题有许多方面，我无意在此讨论（这一问题的一些方面已经在别处讨论过了，Pool and Singh，1999）。此处关注的女性问题之所以重要并且与当下的讨论相关，原因在于契约制实行期间（一夫一妻）家庭制度的崩塌，以及在 5~10 年的契约期限结束后，印度人民如何从破败中按照印度盛行的一夫一妻模式重建家庭，尽管这一模式既有优点也有缺点。女性问题既是契约制实行期间的核心问题，也是契约制结束后重建家庭过程中关注的核心。

（不可思议的）三十三法则

鉴于契约制实行及妇女招募的特定背景，女性问题和家庭一夫一妻制的恢复有着特殊的社会学意义。根据印度契约移民招募的相关规定，每艘船招募的移民劳工中必须有三分之一是女性。这一规定的由来和真正意图目前仍不明确。有人认为，英国的废奴主义者（据我们所知，他们的运动促成了奴隶制的废除）试图恢复种植园劳动群体的家庭制度和家庭观。家庭制度和家庭观在奴隶制实行期间遭到破坏，是支撑废奴主义运动强有力的论据。将印度女性带到种植园很可能是为了回应强调家庭观神圣不可侵犯的废奴主义运动（参阅 Kale，1998：158－160）。

可以发现，每艘船招募的劳工中有三分之一是女性的强制规定并不是为了鼓励劳工组建家庭，进而促进殖民地劳动力的自然增长。已经明确的是，种植园雇主的主要关注点在于继续输入印度契约劳工，而不是鼓励殖民地家庭的建立和劳动力的自然增长。他们的座右铭是："我们的甘蔗地现在就需要一群强壮的小伙子。"他们在寻找一个固定且快速的外部"种植者种族"供应源（John Scoble，《记者》，毛里求斯某期刊，1840 年 3 月 11 日，引自 Kale，1998：163）。直接输入劳工而不鼓励劳工在种植园里定居并繁衍后代的主意和奴隶制时期劳动力更新、再生产的做法是一致的：与恢复家庭进而促进奴隶劳动力自然增长相比，进口奴隶的成本更低。

如果征召三分之一妇女的强制要求不是为了通过形成家庭促进劳动力的自然增长，那又是出于什么原因呢？其另一个原因是为了确保殖民地契约劳工得到更多的"慰藉"，"行为更加检点"（Kale，1958：59）。但谁也不知道那些女性劳工是如何给数量两倍于她们的男性劳工提供"慰藉"，还保证他们"行为检点"的。尽管如此，这个规定还是普遍存在的。然而，三分之一的女性劳工为三分之二的男性劳工提供"慰藉"的推理并不是全部事实。除此之外，种植园中白人男性的数量也需要考虑，这些白人男性既有种植园主，也有监工和管理人员，他们大多是单身的旅居者，为了自己的"慰藉"和"行为检点"而寻找女性（有色女性），这是奴隶时代的遗留问题。大多旅居的白人男性之所以单身，主要是因为殖民地对白人女性来说尚不安全。但是，在同样不安全的条件下，从印度起航的每艘船上却被要求必须有三分之一是女性，这是另一处与殖民统治教化使命相矛盾的地方。

不论是鼓励印度契约劳工建立家庭价值观，在帝国发展健全契约劳工社区的道德主张，还是废奴主义者对奴隶制实行时期奴隶家庭毁灭的悲叹（奴隶制得以废除的一个因素），都要从以上角度来看待。奴隶制和契约制并不是什么道义之举，而是原始积累和扩大再生产过程中谋取剩余价值的制度。尽管有女性占比33%的强制要求，但给每艘船都凑足33%女性总是困难的（参阅 Pool and Singh，1999）。因此，船上男女比例随年份、船只的不同而不同。波哈娜曾提及，男女比例呈波动状态（Bhana，1991：19－20)。道德、家庭观及通过自然增长实现劳动力更新和再生产之间的矛盾，在男女比例严重失衡中得到了充分的彰显。将女性作为（男性）获得慰藉手段的这一想法在道德上是令人痛心的，虽然在殖民时期和帝国主义时期，有色女性占据了其他女性的位置。

印度妇女低贱的身份建构

一些研究已经讨论过契约制实行期间与女性有关的各类问题（引自 Pool and Singh，1999；Kale，1998；Kelly，1992；Laurence，1994；Lal，1985a，1985b)。早在印度契约制史学家开始讨论这些问题之前，在反殖民主义运动领袖对契约制的驳论中，殖民地的女性印度契约劳工问题就已经被视为对印度文化的道德威胁。非常具有讽刺意味的是，官方言论和反官方言论常常认为女性印度契约劳工就是女性印度契约劳工问题的罪魁祸首，尽管她们其实是受害者。这两种言论都将印度女性低贱的身份建构归因于她们出身卑微（在种姓和阶级方面)，因此她们接受的教养也必然是不道德的。官方的言论是，考虑移民的女性本就是被贬低、已经商品化的女性，她们来自市井、城市自由地带，与受人敬重的印度乡村人民、住在印度郊区永久性兵站的欧洲人民格格不入（《印度国务秘书派遣公报》，1875年3月24日，引自 Kale，1998：165)。

殖民地的种植园主和种植园管理者将责任推卸给印度的招募人员，指责他们招募了“错误的女性，即妓女”（Kale，1998：164)。招募人员转而指责当地的治安法官，认为他们妨碍了良家女性的招募。而治安法官则指责印度的文化和社会，因为是印度的文化和社会不允许单身的良家女性移民到未知甚至不可知的地方。不允许欧洲的良家女性移民是正常且正当的，是文明的标志；如果是印度女性，情况就截然不同了。不允许印度女性移民，就象征着印度文化的落后。殖民者和被殖民者之间的差距为两个女性群体设立了不同的常态标准和“良家”标准。当时公认的说辞是，由于招募工作受到了重重阻碍，如果不招募大量的妓女和毫无诚信、得体可言的最底层女性，那么男女 2∶1 的法定比例几乎无法实现。但是，根据官方的说辞，其原因在于从“苦力阶层”招募更多女性相对容易，因为这一特定阶层、特定种姓中的女性在道德上是最松懈的（Kale，1998：165）。而对于印度的自由战士来说，因为种姓等级背景使然，所以只要不伤害上层种姓的女性，他们也同意上述说辞。

有趣的是，印度原本是没有“苦力”的，更别说“苦力阶层”或“苦力种姓团体”了。直到印度人民开始被招募为印度及英国其他殖民地种植园的契约劳工，这些劳工才被统称为“苦力”。然而，殖民话语不仅将“苦力”一词在印度本土化，还创造了“苦力阶层”“苦力种姓团体”这些术语。创造这些术语的真正意图是将责任推卸给受害者，包庇种植园主和帝国主义殖民体系，尽管后者不仅创造了对苦力劳力的需求，还在之后的 100 多年中，将印度作为猎场，从所谓“苦力种姓团体”和“苦力阶层”中寻找苦力。此外，印度契约劳工实际上来自印度上上下下的各个种姓等级（Bhana，1999），所以可以推断，契约制将整个印度社会变成了一个存在“苦力种姓团体”和“苦力阶层”的社会，这和甘地在南非费尽苦心发现的问题是一致的。

各方都在互相指责，但归根结底，真正的受害者是女性印度契约劳工。正如上文所述，颇具讽刺意味的是，殖民地的种植园主及其拥护者、印度的治安法官和劳工招募机构、印度的自由战士及其在海外的支持者都将契约女性作为殖民地道德沦丧的罪魁祸首。殖民者和反殖民主义者都不能也不愿超越他们自身的阶级意识、种族意识、种姓意识和父权意识，最终导致了他们对女性的定见。圣雄甘地的助手安德鲁斯（Andrews）深深同情印度契约劳工的遭遇，在评论斐济的女性印度契约劳工状况时写道：

> 这个国家的印度妇女就像一艘没有舵的船，桅杆撞向岩石；或像一只没人掌控的独木舟，在湍急的河水中疾驰而下。她经历了一个又一个的男人，对此甚至已经没有一丝羞耻感。（《斐济的印度契约劳工》，珀斯：彩印版，1918，引自 Kale，1998：16。）

我的目的并非讨论契约女性问题或契约制本身的道德问题。确切地说，我想要指明，正是在这些不利条件下，殖民地的印度人民基于传统的印度家庭结构恢复了一夫一妻的家庭制度，克服了道德伦理混乱的障碍，克服了殖民地种植园主、监工、白人移民、当地人民及官僚体制带来的障碍。在南非，这些障碍相对来说更加难以克服，但印度人民恰恰通过与这些女性——“没有舵的船”合作恢复了一夫一妻制。女性印度契约劳工不仅是印度人民重建家庭的平等伙伴，还站在了南非“印度问题”斗争的最前线。

契约制和宗教

在南非走访契约制出身的印度人时，最令我震撼的是：宗教无处不在，影响着每个阶层的人，不论高低贵贱贫富。我走访的每个家庭几乎都会留出一个位置摆放神龛。他们邀我吃饭之前，会先邀我参加家庭祷告或礼拜仪式。开车或者步行经过德班或腹地的某个印度社区时，人们通常可以看到白色或红色的旗子，立在屋顶或屋前的草坪上，象征家庭的神明。通往德班—威斯特维尔大学正门的道路两边都是小山，山顶的一侧是座寺庙，另一侧是座清真寺。我在进行实地调查的过程中，和许多年轻女孩讨论了很多问题，包括她们对约会对象的选择。她们告诉我，她们考虑的因素之一便是约会对象和她们去的是不是同一座寺庙。我在南非的四个月时间里参观了很多寺庙，在离开我出生、成长的印度村庄后，我再也没在除此之外的任何地方参观过如此多的寺庙。

在访问印度契约劳工后代的过程中，我了解到，早在第一代移民有能力为自己和家人建造房屋之前，他们先搭建了寺庙。如果各位还记得印度劳工契约期限大多长达十年，在此期间住在工房里这件事，那就说得通了。契约期结束后，他们才有能力为自己建造房屋，前提是他们还得有资源，而契约期结束后资源的获取总是需要时间的。搭建寺庙的情况则截然不同。我了解到，种植园的劳作很吃力，劳工们每周要长时间不间断地工作六天，有时甚至是六天半。他们每周只能休息一天甚至半天，用来恢复体力和社交。据我所知，契约制实行期间，这些劳工参与社交最为重要的形式就是宗教集会。他们聚集在一起，打多喝拉（博杰普尔语，指盛行于印度北部村庄的鼓），敲他们带来的或在当地简易制作的满吉拉（为多喝拉伴奏的金属乐器），唱拜赞歌（宗教歌曲），听能读会诵的人诵读《罗摩衍那》（印度教盛行的经文）。

种植园里的日常工作不仅繁重，还令人感到耻辱，这使印度劳工的身心受到了伤害。此外，远离家乡及与亲族、亲属和社区的分离又进一步加剧了这一伤害。每周的集会使劳工们远离了这一伤害，身心都得到治愈。除此之外，由于劳工们是被迫脱离社区的，因而这些集会还重新赋予了他们社区归属感。当印度契约劳工有能力在殖民地建造家园和社区时，他们并未舍弃宗教，因为在契约制实行期间和契约期结束后，契约劳工在不得不独自艰难前行的过程中，宗教治愈了其许多创伤。所有宗教意识和仪式在后契约制时期都变得更加根深蒂固。在南非的印度人之所以笃信宗教，是因为其特殊的社会历史背景。在契约制实行期间，宗教给了劳工们归属感和希望。在后契约制时期，宗教又为他们提供了抗争的力量。寺庙是个人、政治、社会和精神的交汇点。直至今日，寺庙仍旧是南非印度社区中的核心机构。

我无意使宗教在南非印度人民中的普遍存在现象变得浪漫。在契约制存续期间及取消之后，宗教确实起到了维护和重建社区的作用，明白这一点固然重要，但也要警惕原教旨主义的潜在危险。我在南非遇见过一些人，他们在面对宗教信仰及宗教倾向问题时，变得十分死板，相当偏执。我清楚地记得，有一次我受邀拜访一个家庭，这个家庭是后契约制时期印度人民成功移民南非的典范。我们正准备吃晚饭时，话题转向了我这种背景的印度人在加拿大这类牛肉消费尤为普遍的国度中吃什么。我进退两难，不知是否该说实话。最终，我回答说，我成长于印度北方邦东部的一个偏远村庄，我的家人都是虔诚的印度教教徒，我深受他们影响，对牛肉深度厌恶，这让我很难爱上牛肉。这一回答避免了给我、主人家及我们之间的联络人带来尴尬。

在南非的印度人呈现出一种宗教保守主义，这种保守主义更能体现在社会、文化和政治层面。然而，这个问题我不打算在此讨论。此处论述宗教的主要目的是审视下述普遍认知：种姓是印度教的产物，并且是印度教的核心要素。我在南非的发现与之截然相反。宗教得以维护、恢复和强化，但种姓却没有。在南非的印度契约劳工后代都是没有种姓的印度教教徒。

我在南非与种姓制度的邂逅

抵达南非后，我在约翰内斯堡花了两周时间研究文献材料，并与有印度背景的人交谈，其中大部分人是威特沃特斯兰德大学的师生。之后，我到了纳塔尔省（印度契约劳工的目的地）的主要城市德班。到达德班时，我并不认识任何印度人，也不认识任何非印度人。但对我来说，要想在印度契约劳工后代中实地开展民族志调查，当务之急就是要找到印度裔南非人并与他们取得联系。

在德班-威斯特维尔大学文献中心检索乘船人员名册时，我发现了大量第一代契约移民的种姓姓氏，其大部分源自从北印度前往纳塔尔的移民。之后我查阅了德班的电话号码簿，试图筛选不同种姓的印度人，与他们取得联系，进而开展民族志实地调查。令我困惑不解的是，船员名册提及的种姓姓氏在电话号码簿中几乎都消失了，只有零星出现的辛格和马哈拉吉（Maharaj）。后来我才发现了种姓姓氏在德班电话号码簿中消失的秘密。除德班外，印度移民还抵达了纳塔尔省的其他地方，但许多地方的电话号码簿中也都不再有种姓姓氏，原因就在于，契约制实行期间，以姓氏作为身份象征的种姓和种姓制度早已在现实中消失殆尽。

我对契约制和种姓的讲述分为两部分。第一部分是在契约制实行期间及结束之后，印度契约劳工在殖民地定居过程中种姓制度发生的一切变化，讲述了种姓和种姓制度的瓦解，尽管种姓和种姓制度为异国他乡的印度人民提供了共同抵抗种族排斥和公民歧视的力量。第二部分讲述种姓和归国劳工[①]的故事，即种姓和种姓制度困扰着遣返回国的印度人，并使他们在印度本土变成“贱民”的故事。我的主要目的是从事件的这两个方面来反思印度种姓和种姓制度的基础，尤其是经济政治关系、宗教（印度

---

① 归国劳工是指在5~10年的契约期结束后，重返“家乡”的契约劳工。

教）和种姓制度之间的关系。

种姓和职业

有关殖民地印度契约制和种姓的资料严重匮乏。戈文德·拉姆·皮莱（Govind Ram Pillay）于1991年在纳塔尔省北部海岸的卡内维尔开展了一项研究，提供了与种姓和种姓制度多方面相关的宝贵实证资料，这正好和我感兴趣的问题密切相关。

有趣的是，移民在印度的原初种姓地位和契约制实行期间从事的职业并不对应。这种不对应在下文的申诉中有所体现。这是一个声称为婆罗门的移民向当时的移民保护机构提出的申诉（引自Sanyasi，1931：169）：

> 我是一名婆罗门，来自桑那斯家族。我在殖民地已经待了一年零四个月。在印度，我从未工作过。作为一个婆罗门，我过去常常带着铜锅去访问我的弟子，在他们的额头涂抹檀香膏来祝福他们，之后他们会给我面粉、扁豆、米饭、酥油、咖喱调味品、蔬菜和现金。在招募的时候，招募机构告诉我，身为婆罗门的我可以在纳塔尔省当厨师，如果我不喜欢这个职业，就可以被送回印度。现在，我发现我无法在这个行业工作，我希望被送回印度。

皮莱的研究表明，职业与种姓没有相关性。这在契约制的背景下是可以理解的。契约制使所有职业变得平等。不论印度劳工在印度的原初种姓职业和种姓地位如何，到了南非，所有人都沦为苦力——一个涵盖种植园所有契约劳工的统称。契约期结束后，个人和家庭随机选择职业，最终瓦解了种姓与职业之间的所有关联。婆罗门（第一等级）成了鞋匠和鞋商，拉吉普特族人（第二等级）成了香料商，阿依尔和库米族人（第三等级）从商，班尼亚（第三等级）的孩子接受教育，成为教师。一些婆罗门成了牧师，但还有许多非婆罗门也成了牧师。从事某种职业的人会选用与该职业完全不对等的种姓姓氏，在多数情况下，他们甚至会完全抛弃种姓姓氏。屠夫会自称为辛格（处于第二等级的刹帝利姓氏），勤杂工和服务员会自称为马哈拉吉（婆罗门的统称），等等。契约制成了一座活生生的博物馆，记录了代际更迭过程中甚至同代间的不断融合、改变或丢弃家族姓氏。最重要的是，家族和姓氏失去了在印度本土的种姓等级内涵。种姓意识和种姓等级制度在弱化。

研究表明，种姓等级制度早已在殖民地消失。大多数印度教教徒都不知道四类瓦尔纳，也没有任何种姓意识。殖民地仅存的是一种意义模糊的二分原则，用以区分高种姓（再生族）和其余的低种姓。甚至这一简单的二分原则也只存在于老一辈的印度人和没有以契约劳工身份前往南非的古吉拉特族人之间。还需要指出的是，契约劳工和非契约劳工（也称侨居移民）之间的差距也非常大，其程度堪比传统瓦尔纳体系中再生族和首陀罗间的区别，或是种族体系中白人和黑人之间的区别。

据称，种姓制度的核心是族内婚和共餐，皮莱并未提供任何关于再生族和其余种姓之间的二分原则社会影响的细节，甚至没有关于族内婚和共餐的细节。此外，高种姓的权力及其对低种姓日常生活方方面面的控制是印度种姓等级制度的核心，但这一问题没有被提及。也就是说，即使高低种姓意识在某种程度上仍存在于流散的个体或某些印度群体间，但这种意识对于这些个体和群体也没有重要的社会意义，尽管种姓和种姓制度在印度有着非凡的社会意义。仅仅是流散个体间的高低种姓意识还不足以形成种姓，更不用说是种姓制度了。

摈弃种姓姓氏

契约移民（尤其是北印度的契约移民）在乘船人员名册上登记的种姓姓氏几乎完全消失了。皮莱的研究也证实了在多数情况下，通过姓氏判别种姓已不再可行。调查发现，在泰米尔群体间，诸如蒙纳萨米和戈文萨米等低种姓姓氏已不复存在，而奈杜和皮莱这类高种姓姓氏留存的概率则相对较高。皮莱写道，在选取婚姻伴侣时，姓氏仍然发挥着一定作用，主要是为了通过姓氏判别一个人是否为“贱民”（在南印度处于种姓等级体系的底端）。但皮莱并未讨论在性别比例严重失衡的契约制实行期间上述考量的效度问题。

正如我在文献资料和民族志调查数据中发现的一样，许多家庭选用了家庭户主的名字作为姓氏，例如博达·辛格（Boda Singh）、巴尔加内什

（Balganesh）、杜哈兰（Dookharan）、西塔拉姆（Sitaram）、马哈德夫（Mahadev）、萨姆罗（Samroo）等。这些姓氏在代际相传的过程中不断变化。博达·辛格的例子尤其引人注目，值得引证。博达·辛格是一位来自印度比哈尔的第一代移民的名字。在契约期结束后，他成为一名成功的农场主。正因如此，现在的博达·辛格（我在他的农场住宅采访了他和他的妻子）才成为南非最大的家庭农场主。因农场实行了农业清洁生产制度和公平的劳工制度，博达·辛格获得了世界银行颁发的奖项，所以他还被称为“绿色先生”。据我所知，第一代移民博达·辛格是来自比哈尔的刹帝利。虽然现在的博达·辛格和他的妻子（她说她是一名婆罗门移民的后代）都特别提及了他们的高种姓血统（刹帝利和婆罗门），但他们并不相信任何形式的种姓和种姓制度。

姓氏象征着种姓等级（引自 Pandey，2010：25）。过去，高低种姓可以简单地通过姓氏（或名字）加以区分。在电影《拉甘》的印度摄制组中，种姓最低的演员名字是卡奇达（Kachda，字面意思是泥浆）。低种姓的女性很少用刚加（Ganga）、贾穆纳（Jamuna）、詹基（Janki）、萨拉斯沃蒂（Saraswati）或拉克西米（Laxmi）这些名字。同样，低种姓的男性也不能用拉姆·钱德拉（Ram Chandra）、因德拉达塔（Indradatta）或迪格维贾伊（Digvijay）这些名字。在船员名册中，我们可以发现一些带有贬义的姓氏，如多姆（Dom）、查玛（Chamar）、帕西（Pasi）等。但这些姓氏已经消失了。契约移民的后代不仅突破了名字的束缚，还突破了姓氏的束缚。在选取（梵文）名字时，他们突破了其父母种姓的限制，选取了一些在印度本土通常是高种姓的名字。在选取姓氏方面的改变更彻底，他们废弃了原有的种姓姓氏（姓），转而选用家庭户主（通常是男性）的名字作为姓氏。这是向废除种姓等级的重要象征迈出的重要一步。潘迪（Pandey，2010：25）曾写道，姓氏问题一直是印度达利特群体的中产阶级不断争论的一个问题。近一个半世纪以前，印度契约劳工的后代一致决定彻底改革姓氏（和名字）。然而，印度当下的姓氏之争和印度契约劳工一个多世纪以前在殖民地的姓氏改革存在着根本的差异。在当下的印度，有关姓氏的争论是为了获得“认可”，进入更高的种姓；而在一个多世纪之前的殖民地，姓氏改革是为了抛弃种姓。

共餐制

根据皮莱的研究，共餐的规矩已经弱化。这一弱化早在劳工艰难的契约之旅开始的最初阶段，甚至是登船之前就开始了。在离开家乡前往劳工招募所的过程中，不同种姓的人一同前往中转站（这段旅程可能要持续数周，具体时长取决于出发地）。在中转站，人们不得不花费数周时间进行体检并办理手续，之后他们才能获准上船。最后，由于下船地点不同，航行时间可能会从几周到几个月不等，因而谁做饭、谁上菜、谁坐在谁旁边吃饭都无法控制。谁能触碰谁和谁能吃谁摸过的食物这些仪式划分被视为种姓和种姓制度的基础，但这些划分早在航行刚开始时就土崩瓦解了。这也提醒我们，要让仪式划分和规矩切实可行，仅有天马行空的构想是远远不够的。

在种植园和工房的生活环境里遵守共餐规矩是不切实际的。种植园里长达 5 到 10 年的劳作和在工房里的生活如同巨型熔炉，瓦解了种姓等级制度中有关食物和人是否可以触碰的规矩。契约期结束后，印度人民主要关注的是生存，没有社区或机构支持甚至赞同种姓制度中一系列纷繁复杂的共餐规定和禁令，例如生熟食物的区分——一个是酥油（澄清黄油）烹制的食品，另一个是水烹制的食物。尽管我强烈反对把共餐礼仪看作种姓等级制度的基础，但我并不是要贬低共餐制在种姓制度中的象征意义。同样，我们也不该轻视共餐制的瓦解对种姓制度最终瓦解的意义。

内婚制

种姓内婚制（被视为种姓制度的核心）结果如何？契约制瓦解了种姓内婚制。契约制实行期间，促成种姓内婚制瓦解的重要因素之一便是长期出现的性别失衡问题——男女数量不成比例，男女比例有时超过 2∶1，欧洲单身男性的存在使这一失衡更为严重，他们视印度女性为猎艳对象（这一问题需要单独探讨，许多研究曾记载过这一问题，引自 Pool and Singh，1999）。除却女性匮乏，劳工招募情况，尤其是女性劳工招募情况杂乱无章、变幻莫测，在这种情形下，判别女性劳工的种姓几乎是不可能的。有趣的是，招募男性劳工时，他们的种姓总会被记录在登船人员名册中，但女性劳工的种姓却很少被记录。

由于男女比例失衡，因而一个女性同时与一个或多个男性交往是“正常的”情形。通过查看实地调查收集的档案记录和民族志资料，我们可以清楚地发现，由于多个男性对同一个女性的渴望而产生的冲突是契约移民通常要面对的问题。由此引发的后果包括谋杀、自杀等严重犯罪行为，这些情况在移民保护机构的记录中都是司空见惯的。鉴于这一不稳定的局面（除了男女比例失衡导致的问题，契约制实行期间还存在其他异常之处），不仅内婚制，甚至一夫一妻制的观念也在女性匮乏的强压下崩塌了。然而，需要注意的是，在后契约制时期的社区重建过程中，一夫一妻制得以恢复，而种姓内婚制却没有恢复。种姓内婚制随着种姓一同被抛弃了。根据皮莱的研究，宗教、种族和语言成为择偶过程中比种姓更为重要的考量因素，此外，西式教育、职业和财富也是重要的决定因素。我在南非采访了近 20 个有契约制劳工背景的家庭，发现在几个世代里，没有一个家庭会将子女的择偶范围限定于同一种姓。

根据皮莱的研究，有一些证据表明，在部分印度契约移民中仍存在一定程度的种姓内婚制，如说泰卢固语（印度东部德拉维拉语言）的移民。这是因为大部分说泰卢固语的人都是来自同一地区——安得拉“国”（现为安得拉邦），他们以契约劳工身份移民。在契约期结束后，他们还能一起形成小型聚居地，进而维系种姓的社会文化习俗。然而，需要指出的是，某个种姓或次种姓对内婚制的部分坚持，不能与种姓和种姓制度本身的存续、复兴混为一谈。可以指出的是，即使是在当代西方社会，总的来说，天主教徒和天主教徒结婚，新教徒和新教徒结婚，科普特基督教徒和科普特基督教徒结婚，正统犹太教徒和正统犹太教徒结婚，摩门教徒也是如此。但这并不构成种姓，更不用说种姓制度了。内婚制无疑是种姓的一个重要（并且相对来说具有韧性的）特征，但这并不足以构成种姓，遑论种姓制度。

然而，在南非还有一群印度移民，即古吉拉特人，他们以侨居移民的身份与契约移民一同前往南非。侨居移民与契约移民不同，他们是自由的个体，大多从事贸易活动。他们总体的经济状况及职业使他们在管理家庭和社区方面有更多的自主权。最重要的是，他们能够和印度本土的社区保持联系，这使他们可以继续实行种姓内婚制和共餐制。他们的航行条件和工作条件并不会迫使他们同其他种姓的人共餐，也不会被迫在种姓差别、阶级差别和职业差别被削弱的种植园中工作。因此，他们能够继续依照其种姓、次种姓及阶级的惯例在印度本土选择婚姻伴侣。最终，种姓和种姓意识虽在印度契约移民及其后代中消失，却在古吉拉特商人间得以留存。古吉拉特商人是自由的个体，政治经济体制与契约移民不同：古吉拉特商人并未断绝与祖国的经济、政治和文化联系，而契约移民同祖国的（经济、政治和文化）联系则被残忍而迅速地中断了。物质条件、种姓意识和种姓仪式三者之间的关联在契约制背景下两类印度移民的根本区别中得到了彰显。

在南非，具有契约劳工背景的移民同印度侨居移民之间几乎没有任何社会交集（共餐、婚配）。问题是，这两个移民群体间产生社会距离，究竟是由于契约制的烙印，还是由于这违背了种姓规则（内婚制和共餐制）？事实上，两者兼而有之。契约制的烙印是一个强有力的区分标志，掩盖了同为印度人甚至同属一个宗教的群体的共性。契约制实行期间，种姓的丧失进一步扩大了契约移民与侨居移民之间的差距。

回到南非古吉拉特人的种姓意识和种姓仪式问题，必须强调的是，尽管种姓意识和种姓内婚制仍存在于印度的一个移民群体间，但这并不能证明种姓制度得以存续。首先，移民群体的种姓和种姓意识依赖于来自印度本土种姓制度的支持才能存续。其次，我们在南非发现的只是一支种姓，而不是种姓制度。这一点很重要，对过去乃至现在的印度移民和印度种姓都有广泛的影响。因为通常证明种姓具有强适应力的证据就是，所有远在他乡的印度人都保留了种姓和种姓意识，不管这些印度人是经商还是从事对受教育程度要求不一的各种层次的工作。事实的确如此。但更重要的问题是，种姓意识和种姓行为的哪些方面得到了保留，又有哪些方面被遗弃了？它们对种姓制度尤其是种姓等级制度有何影响？和这些古吉拉特人情况类似的种姓只能以离散的单元存在，而不会以种姓制度的形式存在，主要原因在于：那些各不相同的种姓曾经受特定经济关系、政治关系、社会关系和文化传统的蒙蔽，才会服从于那种相互依存、不平等、充满剥削与胁迫的等级制度，但在这里，那些关系和传统明显是不存在的。

比哈里·辛格的故事（特立尼达）

贝拿勒斯（现瓦拉纳西）地区加尔哈拉村 20 岁的村民比哈里·辛格登上了瓦鲁那号，于 1869 年 11 月 8 日抵达西印度群岛特立尼达的纳尔逊岛，开始从事契约劳工的工作。从他离开村庄到最终登船，经历了长达两个月左右的时间。简要描述这一期间发生的事情，可以帮助我们了解形式上为自由契约的契约劳工招募过程。

根据家谱的记载，辛格的家乡因积极参与 1857 年起义而闻名。随后，该地区成为“捕获”潜在契约劳工的“目标”区域。契约劳工招募人员（当地称为 Arkatyas）获准使用正规手段，有时也会使用不太光彩的手段，完成劳工招募指标。招募进程还得到了《劳工赔偿法》的支持。《劳工赔偿法》是一种法律，可以用来诱骗毫无戒心的农村青年与劳工招募人员签订契约。

1869 年 6 月，辛格前往离家约 28 公里的瓦拉纳西，参加在恒河（上层种姓印度教教徒尊崇的圣河）河畔举行的十胜节庆典。当庆祝活动结束时，天色已晚，辛格无法步行回家。因此，他接受了一个村民的提议，食宿在这个村民家里。第二天早上辛格准备回家时，这个村民（实际上是劳工招募人员）要求辛格在离开之前（按照《劳工赔偿法》的规定）支付食宿的费用，然而辛格无法支付该费用。随后，在警卫的押送下，他和其他几人一同乘船前往加尔各答——将印度契约劳工运送到遥远英国殖民地的两个港口之一。1869 年 8 月 1 日，辛格收到了契约文件，他的家人和朋友对此均不知情。据说，契约上写的待遇十分优渥（我从南非的印度契约劳工后裔处听到过许多类似的招募故事）。经过近三个月的艰苦航行，辛格最终抵达特立尼达，途经卡拉帕尼（黑色水域，这个地名在修辞上也可以用来指最严酷的监禁）。我在一个小村庄里长大，和比哈雷·辛格来自相同的文化地区，我曾听说，那些反对英国殖民统治的人会被监禁在偏远的卡拉帕尼岛上，自生自灭，无法与任何亲友取得联系。在我的家乡，人们普遍认为卡拉帕尼比死刑还要严酷。

辛格前往特立尼达搭乘的船是瓦鲁那号。船上共载有 237 名乘员（其中女性 82 名）。在航行中（为期 93 天），船上空间狭窄，乘员能够参与的活动有限。但他们有很多时间可以交谈，他们说了很多关于自己即将远离的家庭和村庄的事情。值得注意的是，他们之间还形成了跨越种姓和群体界限的联系，其中最重要的当数雅哈吉兄弟（字面意思是“船上的兄弟”）和雅哈吉姐妹（字面意思是“船上的姐妹”），这种关系甚至比家族几代人之间的关系更为长久。雅哈吉兄弟和雅哈吉姐妹是特定历史条件下的社会关系，是契约制特定环境中的产物，其特征是平等，没有种姓界限和阶级界限。之所以会出现这种关系，是因为船上的所有人都是契约劳工，都是平等的个体。这也提醒我们，不平等社会关系（包括种姓）源自物质条件的不平等。契约制实行期间同等的物质条件使所有印度契约劳工都处于平等的地位。不可否认，不平等现象在后契约制时期重新出现在印度人民中，但种姓不平等并未重现。

一到特立尼达，契约劳工们就被分散到不同的种植园中，辛格被分配到了麦考亚庄园（临近麦考亚河）。在他的“雅哈吉包”（随身行李）中，辛格装了一个湿婆林伽像和一个 lota 壶（有多种用途的窄口金属容器）。抵达麦考亚庄园后，辛格将湿婆林伽像摆放在一棵树下，紧邻分配给他的工房。每天日出之前，他都会在湿婆林伽像前献上鲜花和供上小水壶中的水（在辛格的家乡，这是高种姓信徒的惯常做法）。周末，他和其他雅哈吉会聚集在树下的湿婆林伽像旁，尽情交谈，唱拜赞歌（宗教歌曲），诵读《罗摩功行之湖》（北印度最受欢迎的印度教史诗），并交流近期经历。此外，他们偶尔还会聚在一起做礼拜，庆祝印度教节日，如胡里节、十胜节、排灯节和湿婆节。1878 年，辛格和他的同伴开始在特立尼达和多巴哥搭建第一座寺庙。

在全球各殖民地的具有印度教背景的印度契约劳工群体中，上述情形似乎非常普遍。我也听说过许多类似的故事，故事讲述了印度群体于契约制实行期间在南非的类似经历——印度人民在殖民地建造的第一座建筑便是寺庙。他们在为自己和家人建造房屋之前，甚至在能够为自己和家人建造房屋之前，首先为他们的众神建造了寺庙，这证明了宗教对远在异乡（经济、政治、社会和文化层面）的印度人的重要性。

契约期结束后（1874 年），辛格在麦考亚买了一块地，开辟了一个菜园。后来，他在打理菜园的同时开了一家店，盖了一栋房子，并娶妻生子，开始养家糊口。他随身携带的湿婆林伽像在他的人生历程中一直陪伴着他、激励着他。现在这尊林伽像被摆放在他和妻子共同建造的房子后面的一棵菩提树（神圣之树，尤其是对湿婆的信徒来说）下。湿婆林伽像不仅是一种宗教符号，更象征着辛格被迫远离的土地（达尔提玛塔——祖国）。对于所有殖民地的印度契约劳工来说，回到自己被迫远离的土地似乎一直是他们共同的愿望。辛格房后菩提树下的湿婆林伽像仍旧是印度同胞集会的中心。

辛格结婚了。在移民证明上，他的种姓是 Cheettree（刹帝利种姓）。他妻子的种姓则没有记载。这对夫妇有七个孩子，其中一个女儿名叫詹基耶。她嫁给了贾格莫汉・辛格（Jagmohan Singh）。她在印度教的信仰和仪式传统中成长，因而也遵循印度教的信仰和仪式传统。比哈雷・辛格家族家谱就是由詹基耶和贾格莫汉的后代编写的。比哈里・辛格的玄孙拜访了他们的祖籍所在地，并在瓦拉纳西恒河的石阶码头进行夜祭——就是在这个码头，比哈雷・辛格乘船前往位于加尔各答的劳工中转站，最终到达特立尼达。

简言之，比哈里・辛格家族家谱中体现的是家庭和宗教的延续。种姓甚少被提及，只有比哈里在加尔各答登船时拿到的移民证明和家谱中提到了种姓。纵观涵盖比哈里・辛格家族五代人的庞大家系图，辛格这一种姓少被提及，其配偶的种姓马哈拉吉只被提了一两次。詹基耶的部分后代将第一代移民的姓氏辛格延续至今，其他人则选用了其他多种姓氏，大多是家庭户主的名字。值得注意的是，辛格家族的后代已不再坚持种姓内婚制和共餐制。一些后代的配偶甚至不是印度教教徒。但宗教的情况却截然不同。如前所述，比哈里和他的孩子们都是虔诚的印度教教徒。比哈里的玄孙也找寻了他们的祖籍所在地，并在恒河的石阶码头进行了夜祭（体现了宗教信仰和仪式的延续），但他们从未有志于找寻他们的种姓根源。综上所述，比哈雷·辛格及其家族家谱故事的意义在于展现宗教信仰和仪式直至今日的延续。这个故事有很强的家庭纽带意识，且深刻意识到了家庭纽带对追忆往昔的意义，表达了维系当下家庭纽带的渴望。相比之下，种姓意识已不复存在，人们没有追寻种姓历史的冲动，也没有牢记种姓的渴望。宗教和家庭仍旧存在，种姓制度却已然终结。

遣返回国的印度人：受种姓所扰

契约期结束后，印度契约劳工（或自愿或以其他方式）回到“家”中，却深受种姓和种姓制度的困扰。被遣返回国的印度人的悲惨经历得到了媒体的广泛报道。我们可以选择性地回顾其中一些报道，以说明种姓制度对印度契约劳工重新“融入”印度社会造成了多么广泛的妨碍。据一份报纸报道，他们无法在村庄生存。在他们的亲人眼中，他们成了无种姓者。如圣雄甘地所言，他们被视为“社交毒药”。对他们来说，印度就像一片陌生的土地。在国外生活了那么多年后，大部分归国人员的印度根源已消失，他们几乎成了外人（《阿姆里特市场报》，5月15日，引自Sanyasi，1931：12，14）。

人们说他们没有印度文化，或者说，他们在殖民地中失去了印度文化，除了从父母那儿受到的一点儿影响，连他们的父母也在一定程度上失去了印度特色。在殖民地出生的印度人往往是跨种姓通婚的产物，种姓制度的盛行意味着他们在印度没有对应的社会地位。如马哈拉塔（Maharatta）所言，从殖民地回到印度就如同跳出油锅又落入火坑（Pune，1931：19）。

殖民地的油锅是种族，印度的火坑是种姓。两者都极具歧视性和排他性。远在他乡的印度人摆脱了种姓制度的束缚，却受到种族问题的迫害。回国后，他们避开了种族问题，却又要受种姓和种姓制度的迫害。在殖民地，由于印度人民对种族歧视的抵抗，种族排斥并没有使他们在殖民地成为“贱民”。然而在印度本土，他们没有理由反抗种姓和种姓制度。相比而言，种姓的障碍显得更加难以跨越。

《自由》写道，归国人员陷入了两个死亡陷阱的选择之中。这两个死亡陷阱就是他们移民时离开的故乡和他们归国后所在的村庄。这些地方充斥着种姓，好似一片遍布活雷的土地，随时都可能爆炸，再也不是他们可以称之为家的地方。在他们的故乡，他们受到了种姓和社区的抵制，于是许多被遣返回国的印度人来到了加尔各答的马蒂阿布鲁兹贫民窟（许多人都曾希望回到南非并付诸努力，但都失败了），在这里，他们没有物质支持，没有身份，没有现在，也没有未来（《自由》，加尔各答，1931 年 5 月 18 日，Sanyasi，1931：19－20）。

一份报纸写道，印度的宣传人员曾夸下海口，在所有国家中，印度的社会制度总是能同化外国文化。但契约移民回国后，他们却并未被同化。受种姓制度的束缚，他们的社区不愿重新接纳他们。该报宣称，“种姓制度无处不在”。（《巴特那时报》，巴特那，1931 年 6 月 14 日，Sanyasi，1931：26）。

如前所述，安德鲁斯曾积极参与在南非、加勒比群岛和斐济的印度契约劳工事务，他（Sanyasi，1931：27）在谈到从殖民地回国的印度人的状况时写道：

> 根据印度盛行的保守传统，更准确地说是不通情理的暴行——村庄的兄弟不允许归国人员进入他们的圈子。他们会避免让自己的子女和归国人员结婚……瞧！他的亲生兄弟从非洲回来了，可是却被视作“贱民”。一个归国人员曾说：“我们受到的待遇和狗不相上下。”

意识到印度种姓制度的铁甲是如何折磨个人和群体之后，安德鲁斯呼吁：“别再移民，也别再回国。”他建议，“在殖民地结婚的印度人别再回国”（Sanyasi，1931：28，30）。“离开印度，去任何地方都好”，也成为已归国移民的迫切愿望（《现代评论》，加尔各答，1931 年 8 月）。

南非报纸的一则报道也再度体现了印度种姓制度的影响。这则报道写道，一名印度老人和他在纳塔尔省出生的三个孩子通过自愿送返计划回到印度后，又从达累斯萨拉姆长途跋涉了 2 500 英里前往祖鲁兰，试图在纳塔尔省重新定居，但最终失败了。为什么被遣返回国的印度人会渴望返回殖民地呢？最重要的一个原因是，除了那些种姓极低的人，返国的印度人（其中33%是在殖民地出生的）无法“融入”各自的社区，主要是受到了种姓制度在社区的影响。这则报道写道，“在殖民地出生的孩子往往是跨种姓婚姻的产物（如上所述，跨种姓婚姻导致了种姓在殖民地的瓦解），这一事实带来了无法解决的困难”（《星报》，约翰内斯堡，1931年6月13日）。

1931年8月11日，在巴特那的演讲中，巴瓦尼·达亚尔·桑尼亚西（Bhavani Dayal Sanyasi，在南非出生的印度契约劳工后裔，致力于为南非印度人的事业而奋斗）指出，返国的印度人回到印度后发现自己仿佛处于一片陌生的土地。他们的习惯和举止与印度本土人民毫无共同之处。南非的印度人不在乎种姓。在那里，共餐和跨种姓婚姻已是惯常做法。回到印度后，他们却发现自己与周遭格格不入。印度社会不愿接受他们，即便愿意接受，也会附带一些他们无法满足的条件：村里的婆罗门会要求他们进行印度教苦修仪式，但这超出了他们的能力范围（在印度，婆罗门可以为无种姓者举行种姓仪式，让他们重获种姓，但举行这一仪式需要花费大量金钱）。除此之外，他们唯一的出路就是离开印度。种姓洁净成了明码标价的商品，如果无种姓者是穷人，他们就无法负担这一花费。不幸的是，返国的印度人既无种姓又是穷人。

还有一则报道记载了契约制、家庭关系与社区关系的破裂，以及留守在印度本土的移民亲友为与家人团聚而进行的努力尝试。该报道写道，在过去的20年中，印度本土一直有一场抗争，试图拯救在加勒比群岛、斐济和南非的英国殖民地的印度契约移民的命运。然而，这些契约移民的痛苦却看不到尽头。在5到10年的契约期结束后，在殖民地，他们不再受欢迎，而在祖国，他们也没有了归宿。他们在印度的家人也十分绝望。

上述报道还写道，一次，正值兄妹节之际，某个村庄的妇女邀请萨达尔·帕特尔（Sardar Patel，著名国大党领导人，印度独立后的第一位内政部部长）前往她们的村庄，并在她的手腕系上保护绳，作为回报，她们强烈要求她介入修改移民返乡的条件，希望可以改变这些条件，以实现家庭团聚。帕特尔（引自 Sanyasi，1931：68－69）含泪回答道：

> 我理解他们在殖民地的困境，也了解你们在印度的困境。但我完全无能为力。我知道他们在殖民地无法保护你们的名誉。然而，如果他们回“家”的话，要想为本国社会所接受，他们就不得不面对各种各样的障碍，其中的主要障碍就是种姓偏见。

具有讽刺意味的是，该报评论说，在南非，白人将印度人视为“贱民”。与此同时，在印度，从南非和其他殖民地回国的移民又被印度本国人民视为“贱民”（甚至更糟）。包括自由战士在内的印度人民，对从殖民地遣返回国的印度人受到的待遇并未感到愤怒，却对印度人在殖民地受到的待遇感到愤愤不平。但该报如是评论：如果印度人没有勇气为移民在印度本土的种姓认同和社区认同而战，就不该鼓励移民重返印度（Sanyasi，1931：74）。

另一家报纸刊登的一则报道让我们得以一窥移民—遣返—同化（或放逐）的艰难历程。故事是这样的：40 年前，巴斯蒂地区达鲁哈里村的戈帕尔·查玛尔带着妻子和六个月大的儿子移民到了南非的纳塔尔省。那时候，南非的白人种植园主拼命在印度寻找劳动力，印度政府也雇用了专人在印度招募劳工。戈帕尔的儿子古勒扎尔在纳塔尔省长大，并以契约劳工身份在种植园工作了 5 年。契约期结束后，戈帕尔租了 14 英亩土地，种植玉米和烟草。他结了婚，有了孩子。他的孩子长大了，结婚了，也有了自己的孩子。在 40 年中，他的扩展家庭中有了 18 个成员。

1928 年，戈帕尔回到了印度——寻找他在流亡的 40 年中一直渴望回到的家乡。由于急于遣返任何愿意回国的印度移民，南非政府花费了 457 英镑，把戈帕尔和他的家人送回印度。戈帕尔将他的家人安顿在坎普尔，自己重访家乡巴斯蒂，但在那里的遭遇让他非常沮丧。村里人都不愿意接纳他和他的家人。沮丧、绝望的戈帕尔回到了在坎普尔的家人身边。但回来不到两周，他就病故了。在之后的 3 年里，这个扩展家庭中的 6 名成员相继去世。剩下的家庭成员都出生于南非，有权在南非定居，于是他们希望回到南非。但要想回到南非，他们需要支付 350 英镑，而在印度，这个家庭不可能筹到这么多钱。他们的命运就此尘埃落定。

该报写道，从南非、加勒比群岛和斐济等殖民地被遣返回国的前印度契约劳工成千上万，戈帕尔及其家人的故事只是他们的典型缩影（维沙尔·巴拉特，加尔各答，1931 年 7 月）。

圣雄甘地、印度契约劳工与种姓问题

圣雄甘地曾和南非的印度契约劳工、前印度契约劳工一同生活，他参与并领导了他们的抗争。他承认，种姓制度的严苛和各类限制让归国人员十分苦恼。同时，他认为，由于印度契约劳工的种姓身份已经败坏，他们无法重新融入印度本土的社区（印度，1931 年 5 月 19 日，引自 Sanyasi，1931：6－7）。在评论印度契约劳工在南非所生子女的地位时，甘地写道：

> 作为在殖民地出生的印度人，他们既不是印度人，也不是殖民地当地人口。他们身处异国他乡，仅保留的一点印度文化是从没有文化的、在一定程度上已经脱离印度的父母那儿拾得的，除此之外再无印度特色。他们也不是殖民地当地人口，因为他们被殖民地……文化排除在外……在这里，他们堪比“社交毒药”。

上述甘地对出生在殖民地的印度人地位的观察，在 1931 年 7 月 7 日的苏瓦《斐济时报》和《先驱报》中也有体现（Sanyasi，1931：22）。

具有讽刺意味的是，甘地在南非为印度人而战，认为他们承载着印度 2000 年的文化和文明，因此，他们值得欧洲人平等对待和尊重。但欧洲人歧视印度人恰恰是由于他们认为印度人没有教养，不文明，不配受到平等的对待（引自 Singh，2007a）。而回到家乡后，甘地又公开表示南非印度人已失去印度特色。他的解决办法是：鉴于被遣返回国的印度人及其子女无法融入他们在印度的社区，他们应该重返殖民地，同时他希望殖民地国家能协助解决好这一问题。对遣返回国的印度人的经历和甘地的要求，殖民地政府却置若罔闻。

可以一提的是，圣雄甘地即使致力于解决包括“贱民”在内的低种姓问题，却从未提及从南非和其他殖民地遣返回国的印度人陷入的困境——他们也受到了种姓和种姓制度的迫害。在南非，印度契约劳工因种族问题被南非社会排除在外，对此甘地曾进行激烈的斗争。既然如此，为什么甘地不借遣返回国的印度契约劳工事件，鼓动大家反对印度的种姓制度，进而帮助他们融入印度社会呢？这是个有趣的问题。

甘地在从南非回到印度并参与印度反对殖民统治斗争的早期，曾对瓦尔纳和种姓有一些见解。从这些见解中，我们可以找到问题的线索。他（Gandhi，1968：473－474）写道：

> 所有人都会承认，没有瓦尔纳（四社会阶层）和阿室罗摩（四灵性晋阶）戒律的印度教什么也不是。印度教传承书无不在致力于传播四阶佛法。瓦尔纳和阿室罗摩戒律的根源可以追溯到我们最古老的经文《吠陀经》，因此任何一个自称印度教教徒的人都不会忽视这一戒律。

南非的印度契约劳工就是忽视了瓦尔纳和阿室罗摩戒律的印度教教徒。

在1920年6月20日给安德鲁斯的一封信中，甘地（参见Gandhi，1965：498－501）写道：

> 你不必担心我对种姓的看法，也不需要担心我的道德立场。你误解了我的立场。出于厌恶，不与同胞共餐是一种罪过。出于自我克制，不与其共餐则是一种美德。你知道吗？在印度，母亲甚至会约束自己不与家庭共餐……我认为我限制自身择偶范围是一种美德……在我指定礼拜和祭品范围时，我就有了罪过。无论当下印度教的践行状况有多么败坏，完备的印度教理论总是宏大的，我常常想，你还没有认识到这种宏大。

在1920年5月25日给安德鲁斯的信中，甘地（参见Gandhi，1965：534－535）写道：

> 你问了我一个很有探究性的问题。我向来承认，在婚姻和种姓问题上，你我之间存在着根本的差别……在两性选择问题上，我会对其施加纪律限制，就像兄妹通婚是不合礼仪的那样，我认为一个人同其所在群体（同种姓）之外的人结婚是不合礼仪的……我从不相信人可以了无拘束……所以我会反对婆罗门在自身的圈子之外选择妻子……种姓制度也是如此……我不希望婆罗门跨出自己的圈子，随处尽情用餐……剥去种姓的不洁，你会发现种姓是印度教的堡垒，是一种根植于人自然天性深处的制度。

种姓制度的根源并不根植于人的自然天性。种姓不是自然现象，而是一种社会历史现象。种姓的“不洁”是系统性的（根植于经济、政治、意识形态中）。如果不废除自我生产、自我重现的种姓制度本身，不废除其物质基础和意识形态，就不可能消除种姓和种姓制度的“不洁”。同样，改革甚至放弃印度教也无法解决种姓和种姓制度的“不洁”。种姓的“不洁”不是宗教的“不洁”，而是宗教面具下世俗的“不洁”。相反，种姓不是印度教的堡垒。在没有种姓制度形成、存续所必需的经济政治条件的情况下，种姓和印度教走上了截然不同的轨迹：一个走向消亡，另一个走向复兴和发展。这是契约制和种姓告诉我们的。

甘地对四阶瓦尔纳和种姓的观点后来发生了变化，他甚至建议废除种姓。他也改变了自己对内婚制、共餐制和瓦尔纳的看法，不再认为它们是人性的自然呼唤。主要问题在于，他是否改变了自己认为种姓（和瓦尔纳）实质是宗教性质的看法？这个问题对种姓理论及政治事务、政策事宜都很重要。要废除种姓，就必须了解种姓产生和再生产的基本条件。契约制实行期间不存在这些条件，因而即便外力不想要废除种姓，种姓也瓦解了。甘地和其他政治领导人并没有去了解这些基本条件，也没有去了解种姓瓦解的过程，他们只是建议、组织活动，呼吁将回国的印度契约劳工送回殖民地。“在生命即将结束的时候”，甘地可能已经对瓦尔纳和阿室罗摩的合理性心灰意冷（Deshpande，2013：5－6），安贝德卡（Ambedkar）可能一开始就不认为它们有合理性，但他们都没有用系统整体的视角看待过种姓、种姓的经济政治根源，以及给政治经济根源提供合法化依据的宗教/世俗意识形态。对他们来说，种姓的本质仍然是宗教。持有这一观点还试图废除或消灭种姓，就像往无底洞里倒水，不会有任何成果。

印度契约劳工和他们的后代被困在三角殖民帝国集团（伦敦、德里及英国在南非、加勒比群岛和斐济的殖民地）和印度自由战士之间。他们在殖民地因阶级、种族和国籍受到歧视，印度自由战士对此表示反对和抗议。但当被遣返回国的印度人在印度因种姓而受到歧视时，这些自由战士却并未抗议。自由战士为女性契约劳工挥泪，却不愿意为她们重返印度家园而战；相反，他们反而希望她们能被送回殖民地，送回因贬低印度妇女而遭他们批判的殖民地。

移民到殖民地意味着种姓和种姓制度的消亡。同时，因为种姓制度在殖民地会消亡，一旦移民自行返回印度或被遣回印度，他们将无法融入印度社会，面临社会死亡。正如甘地所述，对于印度移民来说，殖民地如同“油锅”，但殖民地也将他们从种姓中解脱出来。在被遣返回国后，他们又受到种姓和种姓制度的煎熬（如桑尼亚西所言），没有人可供他们依靠，即便是圣雄甘地也没能帮助他们。那些自愿回国或被遣回国的印度契约劳工及其后代也是印度教教徒，但他们仍会因为种姓问题遭到抛弃和排斥，这一现象引发了一些有关种姓和印度教的问题。

种姓和印度教：两大迷思

关于种姓和种姓制度，有两个最根深蒂固的迷思：第一，印度教是种姓制度的基础；第二，种姓制度是印度教的堡垒。上文已经呈现了种姓和宗教（印度教）在殖民地的印度契约劳工及其后代间的不同轨迹——印度教得以留存、种姓制度走向消亡。印度教和种姓之间的联系是主流社会学理论强调的内容，是大众的普遍认知，体现在包括圣雄甘地和安贝德卡在内的众多著名政治领袖的观点中。对于这一认定的联系，本书发现的两条不同的发展轨迹说明了什么呢？如果印度教的宗教观念和仪式足以产生和维续种姓制度，那么种姓就应当在殖民地再现并保留下来。然而事实并非如此。契约制是一个夷平机制，使所有印度人都沦为同样的最低劳动形式。契约期结束后，他们重建社区，保留了宗教，重组了家庭，却没有形成种姓和种姓制度。因为要形成种姓制度，代代相承，就必须有某个群体能够重新垄断经济政治权力，其他群体的生存必须依赖他们，而在殖民地，无法形成这种经济政治条件。于是种姓制度消亡了。这并非否认宗教或宗教观念对种姓的影响，而是要证明，宗教观念的作用是在特定经济政治结构中发挥出来的（过去如此，现在也是如此）。如若宗教观念脱离经济政治结构和历史实际，则会模糊我们对种姓和种姓制度的理解。

如果种姓制度是印度教的堡垒，那么前者的消亡必将导致后者的消亡。然而事实并非如此。在南非、加勒比群岛和斐济，印度契约劳工和他们的后代放弃了种姓，保留了印度教。在当下的加拿大、美利坚合众国和英国，这一情形正在重现。我参观了他们的寺庙，参加了他们的婚礼和葬礼。他们信奉印度教观念，举行印度教仪式，但没有种姓。他们是没有种姓的印度教教徒。韦伯在书中写道，种姓、种姓强加的仪式权利和义务及婆罗门的地位是印度教的基本制度。他进一步评论道，“没有种姓，就没有印度教教徒”（Weber，1958b：29）。然而，与这一迷思相反，种姓和种姓制度的根源并不是印度教，种姓的终结也不是印度教的终结。没有种姓的印度教真实存在着。

参考文献[①]

[1] Aiyappan, A. *Social Revolution in a Kerala Village*. London: Asia Publishing House, 1965.
[2] Ahmad, Aijaz. *In Theory: Class, Nations, Literatures*. London: Verso, 1994.
[3] Alvares, Claude. 'Steeped in Eurocentrism'. *Economic and Political Weekly* 46 (October, 2011): 77–79.
[4] Alvi, Hamza. 'Peasant Class and Primordial Loyalties'. *The Journal of Peasant Studies* 1 (1973).
[5] Ambedkar, B. R. *Castes in India: Their Mechanism, Genesis and Development*. New Delhi: Dalit Book Trust, 2003/1917.
[6] Amin, Samir. *The Liberal Virus: Permanent War and the Americanization of the World*. Translated by James Membrez. New York: Monthly Review Press, 2004.
[7] Anderson, K. B. *Marx at the Margins: On Nationalism, Ethnicity, and Non-Western Societies*. Chicago: The University of Chicago Press, 2010
[8] Anderson, P. *Lineages of the Absolutist State*. London: Verso, 1974.
[9] Anderson, Perry. *Passages from Antiquity to Feudalism*. London: Verso, 1978.
[10] Appadurai, Arjun. 'Putting Hierarchy in its Place'. *Cultural Anthropology* 3 (1988): 42–43.
[11] ———. 'Putting Hierarchy in its Place'. In *Rereading Cultural Anthropology*, edited by George E. Marcus. Durham and London: Duke University Press, 1992.
[12] ———. 'Is Homo Hierarchicus'? In *Caste Hierarchy, and Individualism: Indian Critiques of Louis Dumont's Contributions,* edited by R. S. Khare, 174–191. Delhi: Oxford University Press, 2006.
[13] Arnold, David and David Hardiman, eds. *Subaltern Studies: Writings on South Asian History and Society,* Vol. 8. Delhi: Oxford University Press, 1994.
[14] Baden-Powell, B. H. *The Land System of British India*. Oxford: Oxford University Press, 1892.
[15] Bailey, F. G. *Caste and the Economic Frontier: A Village in Highland Orissa.* Manchester: Manchester University Press, 1957.
[16] ———. *Politics and Social Change: Orissa in 1959*. Berkeley: University of California Press, 1963.
[17] Ball, Charles C. *The History of Indian Mutiny*, 2 Volumes. London: The London Publishing House, 1858–1859.
[18] Bandyopadhyaya, Sekhar. *Caste, Culture, and Hegemony: Social Domination in Colonial Bengal*. Delhi: SAGE Publications, 2004.
[19] Banerjee-Dube, Ishita, ed. *Caste in History*. New Delhi: Oxford University Press, 2008.
[20] Bayly, C. A. 'Rallying around the subalterns'. *The Journal of Peasant Studies* 16 (1988): 1.
[21] Beidelman, T. O. *A Comparative Analysis of the Jajmani System*. Locust Valley, NY: Monographs of the Association for Asian Studies, 1959.
[22] Berreman, G. D. *Hindus of the Himalayas*. Berkeley: University of California Press, 1963.
[23] ———. 'Stratification, Pluralism, and Interaction: A comparative Analysis of Caste'. In *Caste and Race: Comparative Approaches,* edited by Anthony de Reuck and Julie Knight, 45–91. London: J. & A. Churchill Ltd., 1967.
[24] ———, ed. *Social Inequality: Comparative and Developmental Approaches*. New York: Academic Press, 1981.

① 为方便读者查阅，本书按英文原著格式复制参考文献。

[25] Best, Geoffrey, ed. *The Permanent Revolution: The French Revolution and its Legacy, 1789–1989*. London: Fontana Press, 1988.
[26] Beteille, Andre. *Caste, Class, and Power: Changing Patterns of Stratification in a Tanjore Village*. Berkeley: University of California Press, 1965.
[27] ———. 'The Idea of Natural Inequality'. In *Social Inequality: Comparative and Developmental Approaches*, edited by Gerald Berreman. New York: Academic Press, 1981.
[28] ———. 'On Individualism and Equality: Reply to Louis Dumont'. In *Caste Hierarchy, and Individualism: Indian Critiques of Louis Dumont's Contributions,* edited by R. S. Khare, 110–119. Delhi: Oxford University Press, 2006.
[29] ———. *Marxism and Class Analysis*. Delhi: Oxford University Press, 2008.
[30] ———. *The Backward Classes and the New Social Order*. New Delhi: Oxford University Press, 1981.
[31] Bhagavan, Manu and Anne Feldhaus, eds. *Speaking Truth to Power: Religion, Caste, and the Subaltern Question in India*. New Delhi: Oxford University Press, 2008.
[32] Bhana, Surendra. *Indentured Indian Immigrants to Natal 1860–1902: A Study Based on Ships' Lists*. New Delhi: Promilla & Co., Publishers, 1991.
[33] Blackburn, Robin, ed. *Ideology in Social Science: Readings in Critical Social Theory*. London: Fontana, 1972.
[34] Bloch, Marc. *Feudal Society*. London: Routledge, 1961.
[35] Bose, Arun. 'Indo-Hierarchy Theory'. In *Caste Hierarchy, and Individualism: Indian Critiques of Louis Dumont's Contributions,* edited by R. S. Khare, 136–149. Delhi: Oxford University Press, 2006.
[36] ———. 'Louis Dumont on Individualism'. In *Caste Hierarchy, and Individualism: Indian Critiques of Louis Dumont's Contributions*. Delhi: Oxford University Press, 2006.
[37] Breman, Jan. *Taming the Coolie Beast: Plantation Society and the Colonial Order in Southeast Asia*. Delhi, New York: Oxford University Press, 1989.
[38] Brodkin, Karen. *How Jews Became White Folks and What That Says About Race in America*. New Brunswick, NJ: Rutgers University Press, 1998.
[39] Brooks, David. *Bobos in Paradise: The New Upper Class and How they Got There*. New York: Touchstone, 2000.
[40] Caute, David. *Frantz Fanon*. New York: The Viking Press, 1970.
[41] Chakrabarty, Dipesh. 'Discussion: Invitation to a Dialogue'. *Social Scientist* 12 (1984).
[42] Chatterjee, Partha. 'Peasants, Politics and Historiography'. *Social Scientist* 120 (1983).
[43] ———. 'More on Modes of Power and the Peasantry'. In *Selected Subaltern Studies,* edited by Ranjit Guha and Gayatri Spivak. New York: Oxford University Press, 1988.
[44] ———. 'Caste and Subaltern Consciousness'. In *Subaltern Studies, Writings on South Asian History and Society,* edited by Ranjit Guha. Delhi: Oxford University Press, 1982–1989.
[45] ———. 'The Manifold Uses of *Jati*'. In *Region, Religion, Caste Gender and Culture in Contemporary India,* edited by T. V. Sathyamurthy. Delhi: Oxford University Press, 1996.
[46] ———. 2012. 'After Subaltern Studies'. *Economic and Political Weekly* xlvii (September 2012): 44–49.
[47] Comninel, G. C. *Rethinking the French Revolution: Marxism and the Revisionist Challenge*. London: Verso, 1987.
[48] Cox, O. C. *Caste, Class and Race: A Study in Social Dynamics*. New York: Double Day, 1948.
[49] ———. 'Max Weber on Social Stratification'. *ASR* 11 (1950): 223–227.
[50] Dehejia, Vidya. *Royal Patrons and Great Temple Art*. Bombay: Marg Publications, 1988.
[51] DeReuck, Anthony and Julie Knight, eds. *Caste and Race: Comparative Approaches*. London: Churchill, 1987.

[52] Desai, I. P. et al., contributors. *Caste, Caste Conflict and Reservations*. Surat: Ajanta Publications, 1985.

[53] Deshpande, Ashwini. *The Grammar of Caste: Economic Discrimination in Contemporary India*. Delhi: Oxford University Press, 2011.

[54] Deshpande, Satish. 'Caste and Castelessness'. *Economic and Political Weekly* xlviii (13 April 2012): 32–39.

[55] De Vos, George. 'Discussion'. In *Caste and Race: Comparative Approaches*, edited by Anthony de Reuck and Julie Knight. London: J. & A. Churchill Ltd., 1967.

[56] Dirks, N. B. *The Hollow Crown: Ethnohistory of an Indian Kingdom*. Cambridge: Cambridge University Press, 1987.

[57] ———. *Castes of Mind: Colonialism and the Making of Modern India*. Princeton, N.J.: Princeton University Press, 2001.

[58] Dixit, Vinod. *Caste, Class and Constitutional Reservations*. Bhopal: National Law Institute University, 2009.

[59] Dobb, Maurice. *Studies in the Development of Capitalism*. New York: International Publishers, 1976.

[60] Dumont. Louis. 'Caste: A Phenomenon of Social Structure or as an Aspect of Indian Culture'. In *Symposium on Caste and Race: Comparative Approaches*, edited by Anthony de Rueck and Julie Knight. London: J and A Churchill, 1967.

[61] ———. *Religion/Politics and History in India: Collected Papers in Indian Sociology*. Paris, The Hague: Mouton Publishers, 1970.

[62] ———. *Homo Hierarchicus: The Caste System and Its Implications*. Translated into English by Mark Sansbury. Chicago: The University of Chicago Press, 1980.

[63] ———. 'Change, Interaction, and Comparison'. In *Caste Hierarchy, and Individualism: Indian Critiques of Louis Dumont's Contributions*, edited by R. S. Khare, 216–224. Delhi: Oxford University Press, 2006a.

[64] ———. 'On Individualism and Equality'. In *Caste Hierarchy, and Individualism: Indian Critiques of Louis Dumont's Contributions*, edited by R. S. Khare, 225–230. Delhi: Oxford University Press, 2006b.

[65] ———. 'Louis Dumont and the Indian Mirror' (Interviewed by Christian Delacampagne). In *Caste Hierarchy, and Individualism: Indian Critiques of Louis Dumont's Contributions*, edited by R. S. Khare, 231–239. Delhi: Oxford University Press, 2006c.

[66] ———. 'A conversation with Louis Dumont' (Interview by Jean-Claude Galey). In *Caste Hierarchy, and Individualism: Indian Critiques of Louis Dumont's Contributions*, edited by R. S. Khare, 240–248. Delhi: Oxford University Press, 2006d.

[67] Engels, F. 'Social Classes—Necessary and Superfluous'. In *On Historical Materialism*, edited by K. Marx, F. Engels and V. I. Lenin. Moscow: Progress Publishers, 1972.

[68] ———. *The Origin of the Family, Private Property and the State, Selected Works*. Moscow: Progress Publishers, 1973.

[69] ———. *The Peasant War in Germany*. Moscow: Progress Publishers, 1974.

[70] ———. *The Peasant War in Germany*. Moscow: Progress Publishers, 1974/1956.

[71] ———. 'The Revolt in India'. In *The First Indian War of Independence*, edited by K. Marx and F. Engels, 160–164. Moscow: Progress Publishers, 1978.

[72] Fanon, Frantz. *A Dying Colonialism*. New York: Monthly Review Press, 1965.

[73] ———. *A Dying Colonialism*. Translated from the French by Haakon Chevalier, with an introduction by Adolfo Gilly. New York: Grove Press, 1967.

[74] ———. *The Wretched of the Earth: The Handbook for the Black Revolution That is Changing the Shape of the World*. New York: Grove Press, Inc, 1968.

[75] Frankenberg, Ruth. 1993. 'Growing Up White: Feminism, Racism and the Social Geography of Childhood'. *Feminist Review* 45 (1993): 51–84.
[76] Fuchs, Stephen. *Rebellious prophets: A Study of Messianic Movements in Indian Religions.* Bombay: Asia Publishing House, 1965.
[77] Furet, Francois. *Interpreting the French Revolution.* Translated by Elborg Foster. Cambridge: Cambridge University Press, 1981.
[78] ———. *The Passing of an Illusion: The Idea of Communism in the Twentieth Century.* Chicago: University of Chicago Press, 1999.
[79] Gandhi, M. K. *The Collected Works.* Ahmedabad: Navjivan Trust, 1958.
[80] ———. *The Collected Works.* Ahmedabad: Navjivan Trust, 1963.
[81] ———. *The Selected Works of Mahatma Gandhi.* Ahmedabad: Navjivan Publishing House, 1968.
[82] ———. *The Collected Works of Mahatma Gandhi,* Vol. 17. Delhi: The Publications Division, Government of India, 1965.
[83] Ganshof, F. L. *Feudalism.* Translated by Phlip Grierson with a foreword by Sir F. M. Stenton. New York: Harper & Row, 1964.
[84] Gerth, Hans. 'Max Weber vs. Oliver C. Cox'. *ASR* 11 (1950): 557–558.
[85] Gibson, Nigel. *Fanon: The Postcolonial Imagination.* Cambridge: Polity, 2003.
[86] Giddens, Anthony. *Capitalism, Ideology and Modern Social Theory: An Analysis of the Writings of Marx, Durkheim and Max Weber.* Cambridge: Cambridge University Press, 1971.
[87] ———. *Politics and Sociology in the Thought of Max Weber.* London, Toronto: Macmillan, 1972.
[88] ———. *Durkheim.* Hassocks: Harvester, 1978.
[89] Gilly, Adolfo. 'Introduction'. In *A Dying Colonialism,* edited by Frantz Fanon, 1–10. New York: Monthly Review Press, 1965.
[90] Gough, Kathleen. 'The Hindu Jajmani System'. *Economic Development and Cultural Change* 9 (1960).
[91] ———. 'Peasant Uprisings in India'. *Economic and Political Weekly* 9 (1974): 32–34 (Special Issue).
[92] Guha, Ranjit, ed. *Subaltern Studies, Writings on South Asian History and Society.* Delhi: Oxford University Press, 1982–1989.
[93] ———. *Elementary Aspects of Peasant insurgency in Colonial India.* Delhi: Oxford University Press, 1983.
[94] Guha, Ranjit and Gayatri Spivak, eds. *Selected Subaltern Studies.* New York: Oxford University Press, 1988.
[95] Gupta, Dipankar. 'Continuous Hierarchies and Discrete Castes'. In *Caste Hierarchy, and Individualism: Indian Critiques of Louis Dumont's Contributions,* 46–48. Delhi: Oxford University Press, 1984.
[96] ———. *Interrogating Caste.* New Delhi: Penguin, 2000.
[97] ———. 'Continuous Hierarchies and Discrete Castes'. In *Caste Hierarchy and Individualism: Indian Critiques of Louis Dumont's Contribution,* edited by R. S. Khare, 120–130. New Delhi: Oxford University Press, 2006.
[98] Habib, I. *Essays in Indian History: Towards a Marxist Perception.* London: Anthem Press, 2003.
[99] Harlan, Lindsey. *Religion and Rajput Women: The Ethic of Protection in Contemporary Narratives.* Berkeley: University of California Press, 1992.

[100] Hayes, Paul M. 'The Myth of Race'. In *Political Ideologies and Political Philosophies*, edited by H. B. McCullough, 187–192. Toronto: Thompson Educational Publishing, 1995.

[101] Hilton, Rodney. 'Medieval Peasants: Any Lessons'? *The Journal of Peasant Studies* 1 (1974).

[102] Hobsbawm, Eric. 'Karl Marx's Contribution to Historiography'. In *Ideology in Social Science: Readings in Critical Social Theory*, edited by Robin Blackburn, 265–283. London: Fontana, 1972.

[103] ———. *On empire: America, War, and Global Supremacy*. New York, Paris: Berghahn Books, 2001.

[104] ———. *On empire: America, War, and Global Supremacy*. New York: Pantheon Books, 2008.

[105] Hooks, Bell. *Yearnings*. Boston, MA: South End Press, 1990.

[106] Huberman, Leo. *We, The People*. London: Victor Gollancz Ltd., 1940.

[107] ———. *Man's Worldly Goods: The Story of the Wealth of Nations*. New York and London: Monthly Review Press, 1963/1936.

[108] Ilaiah, Kancha. 'Of Land and Dalit Women'. In *Gender and Caste*, edited by Anupama Rao, 325–335. London: Zed Books, 2005.

[109] ———. 'Childhood Formations'. In *Caste in History*, edited by Ishita Banerjee-Dube. New Delhi: Oxford University Press, 2010.

[110] ———. 'Caste, Corruption and Romanticism'. *The Hindu*, 22 March 2013.

[111] John, M. E. 'Dalit Women in Western Ethnography: A review of Siva and Her Sisters'. In *Gender and Caste*, edited by Anupama Rao, 218–222. London: Zed Books, 2005.

[112] Joshi, P. C. '1857 in Our History'. In *Rebellion of 1857: A Symposium*, edited by P. C. Joshi, 119–221. Delhi: Peoples Publishing House, 1957.

[113] Joshi, Varsha. *Plygamy and Purdha: Women and Society among Rajputs*. Jaipur and New Delhi: Rawat Publications, 1995.

[114] Kale, Madhavi. *Fragments of Empire: Capital, Slavery, and Indian Indentured Labor Migration in the British Caribbean*. Philadelphia: University of Pennsylvania Press, 1998.

[115] Kane, P. V. *History of the Dharmasastra* (Vol. 2, Part 1). Poona: Publication Department: Bhanadarkar Oriental Research Institute, 1941.

[116] Kapadia, Karin. *Siva and Her Sisters: Gender, Caste and Class in Rural South India*. Boulder, Co: Westview Press, 1995.

[117] Kaplan, Steven Laurence. *Farewell Revolution: The Historians' Feud, France 1789/1989*. Ithaca and London: Cornell University Press, 1995.

[118] Kelly, John. *A Politics of Virtue: Hinduism, Sexuality, and Counter Colonial Discourse in Fiji*. Chicago: University of Chicago Press, 1992.

[119] Khaldun, T. 'The Great Rebellion'. In *The Rebellion of 1857: A Symposium*, edited by P. C. Joshi, 1–69. Delhi: Peoples Publishing House, 1957.

[120] Khare, R. S., ed. *Caste Hierarchy, and Individualism: Indian Critiques of Louis Dumont's Contributions*. Delhi: Oxford University Press, 2006.

[121] ———. 'Introduction: Value Oppositions and Hierarchy, Indian Discussions of Louis Dumont's Work'. In *Caste Hierarchy, and Individualism: Indian Critiques of Louis Dumont's Contributions*, edited by R. S. Khare, 1–35. Delhi: Oxford University Press, 2006a.

[122] ———. 'A Theory of Pure Hierarchy'. In *Caste Hierarchy, and Individualism: Indian Critiques of Louis Dumont's Contributions*, edited by R. S. Khare. Delhi: Oxford University Press, 2006b.

[123] Khare, R. S. 'Dumontian Sociology and Since: Challenges Facing South Asian Anthropology'. In *Caste Hierarchy, and Individualism: Indian Critiques of Louis Dumont's Contributions*, edited by R. S. Khare, 206–212. Delhi: Oxford University Press, 2006c.

[124] Ki Zerbo, Joseph. 'The Mental Route of the Slave: A Few Thoughts Inspired by the Present-day Situation of the Black Peoples'. In *From Chains to Bonds: The Slave Trade Revisited*, edited by Doudou Diène. New York, Paris: Berghahn Books, 2001.

[125] Kosambi, D. D. *An Introduction to the Study of Indian History*. Bombay: Popular Book Depo, 1956.

[126] Kosminsky, E. A. *Studies in the Agrarian History of England in the Thirteenth Century*. London: Kelley & Millman, (1947)1956.

[127] Krauze, Enrique. 'Chiapas: The Indian Prophet'. *New York Review of Books* 46 (1999): 20.

[128] Kumar, Satendra. *Socio-political Concerns in Dalit Literature: A Critical Survey*. Jaipur: Yking Books, 2012.

[129] Lal, Brij. 'Veil of Dishonor: Sexual Jealousy and Suicide on Fiji Plantations'. *Journal of Pacific History* 20 (1985a): 3–4.

[130] ———. 'Kunti's Cry: Indentured Women on Fiji's Plantations'. *Indian Economic and Social History Review* 22 (1985b): 55–72.

[131] Laurence, K. O. *A Question of Labor: Indentured Immigration into Trinidad and British Guiana 1875–1917*. New York: St Martin's Press, 1994.

[132] Leach, Edmond. 'Caste, Class and Slavery: The Taxonomic Problem'. In *Caste and Race: Comparative Approaches*, edited by Anthony de Reuck and Julie Knight, 5–16. London: J. & A. Churchill Ltd.

[133] Leach, E. R., ed. *Aspects of Caste in South India, Ceylon and North—West Pakistan*. Cambridge: Cambridge University Press, 1960.

[134] Lee, Richard B. 'Politics, Sexual and Non-Sexual, in an Egalitarian Society'. In *Social Inequality: Comparative and Developmental Approaches*, edited by Gerald Berreman, 83–102. New York: Academic Press, 1981.

[135] ———. *The !Kung San: Men, Women, and Work in a Foraging Society*. Cambridge: Cambridge University Press, 1990.

[136] Lefebvre, Georges. *The Great Fear of 1789: Rural Panic in Revolutionary France*. New York: Schoken Books, 1973.

[137] Lyall, Alfred. Introduction, *The Ruling Princes, Chiefs and Leading Personages in Rajputana and Ajmer*, 6th edition. Calcutta: Government of India, 1931.
———. *Asiatic Studies* (2 Vols). London: Murray, 1899/1849.

[138] Madan, T. N. 'Louis Dumont and the Study of Society in India'. In *Caste Hierarchy and Individualism: Indian Critiques of Louis Dumont's Contributions*, edited by R. S. Khare, 40–58. New Delhi: Oxford University Press, 2006.

[139] Maitland, F. W. *The Constitutional History of England*. Cambridge: Cambridge University Press, 1946.

[140] Malik, Bela. 'Untouchability and Dalit Women's Oppression'. In *Gender and Caste*, edited by Anupama Rao, 102–107. London: Zed Books, 2005.

[141] Marx, K. 'The Secret of Primitive Accumulation'. In *Capital* Vol. I. Moscow: Progress Publishers, 1975.

[142] Marx, K. and Engels, F. *The German Ideology*. Moscow: Progress Publishers, 1976.

[143] ———. *On Colonialism*. Moscow: Progress Publishers, 1978.

[144] ———. *The First Indian War of Independence, 1857–59*. Moscow: Progress Publishers, 1978.

[145] ———. *The Communist Manifesto*. Edited by Jack Wayne. Toronto: Canadian Scholars Press, 1987.

[146] Mayaram, Shail. 'The Sudra Right to Rule: Caste, Clan, Community, and State in Nineteenth-Century Mewat'. In *Caste in History,* edited by Ishita Banerjee-Dube. New Delhi: Oxford University Press, 2008.

[147] Mayer, A. C. 'Discussion'. In *Caste and Race: Comparative Approaches,* edited by Anthony de Reuck and Julie Knight. London: J. & A. Churchill Ltd., 1967.

[148] Mehta, A. *1857: The Great Rebellion.* Bombay: Hind Kitabs Ltd., 1946.

[149] Meillassoux, Claude. 'Are There Castes in India'? *Economy and Society* 2 (1973): 1.

[150] Mencher, Joan. 'The Caste System Upside Down, or the Not-So-Mysterious East'. *Current Anthropology* 15 (1974).

[151] Metcalf, Thomas. *The Aftermath of Revolt: India, 1857–1870.* Princeton, NJ: Princeton University Press, 1964.

[152] Milner, Murray. *Status and Sacredness: A General Theory of Status Relations and an Analysis of Indian Culture.* New York: OUP, 1994.

[153] Moore, Barrington Jr. *Social Origins of Dictatorship and Democracy: Lord and Peasant in the Making of the Modern World.* Boston: Beacon, 1966.

[154] Mukherjee, R. K. *Rise and Fall of the East India Company.* New York and London: Monthly Review Press, 1974.

[155] Neal, W. C. 'Land is To Rule'. In *Land and Social Control in Indian History,* edited by R. E. Frykenberg. Madison: University of Wisconsin Press, 1969.

[156] Noah, Timothy. 2012. *The Great Divergence: America's Growing Inequality Crisis and What We Can Do about It.* New York: Bloomsbury Press.

[157] North-Coombes, M. D. and Kay Saunders. 'From Slavery to Indenture: Forced Labor in the Political Economy of Mauritius, 1834–1867'. In *Indentured Labor in the British Empire,* edited by K. Saunders. London and Canberra: Croom Helm, 1984.

[158] Omvedt, Gail, ed. *Land, Caste and Politics in Indian States.* Delhi: Authors Guild Publication, 1982.

[159] Pandey, Gyanendra. 'Peasant Revolt and Indian Nationalism'. In *Selected Subaltern Studies,* edited by Ranjit Guha and Gayatri Spivak. New York: Oxford University Press, 1988.

[160] ———, ed. *Subaltern Citizens and their Histories: Investigations from India and the USA.* London and New York: Routledge, 2010a.

[161] ———. 'Can There be a Subaltern Middle Class'? In *Subaltern Citizens and their Histories: Investigations from India and the USA.* London and New York: Routledge, 2010b.

[162] Pandian, M. S. S. 'Writing Ordinary Lives'. In *Subaltern Citizens and their Histories: Investigations from India and the USA,* edited by Gyanendra Pandey, 96–108. London and New York: Routledge, 2010.

[163] Pillay, G. R. 'An Investigation into the Caste Attitudes amongst Hindus in the Durban Metropolitan Area'. Documentation Centre, University of Durban, Westville, 1991.

[164] Pool, Gail and Hira Singh. 'Indentured Indian Women of the Empire: Between Colonial Oppression and the Brahmanical Tradition'. *Plantation Society in the Americas* 6 (1999).

[165] Prakash, Gyan. 'Can the Subaltern Ride: A Reply to O'Hanlon and Washerbrook'. *Comparative Studies in Society and History* 34 (1992).

[166] Quigley, Declan. *The Interpretation of Caste.* Oxford: Clarendon Press, 1993.

[167] Rajshekar, V. T. *Hinduism vs Movement of Untouchables in India.* Bangalore: Dalit Sahitya Akademy, 1983.

[168] Ratnagar, S. 2006. 'Agro-Pastoralism and the Migrations of Indo-Iranians'. In *India: Historical Beginnings and the Concept of the Aryan,* edited by Romila Thapar et al., 157–192. New Delhi: National Book Trust, 2006.

[169] Rao, Anupama. *Gender and Caste*. London: Zed Books, 2005.
[170] Roosa John. 'Passive Revolution Meets Peasant Revolution: Indian revolution and the Telangana Revolt'. *The Journal of Peasant Studies* 28 (2001).
[171] Rousseau, J. J. *Discourse on Inequality*. Translated by F. Philip. Oxford: Oxford University Press, 1994.
[172] Roy, Tirthankar. 'Law and Nationalism'. *Economic and Political Weekly* xlvi (2011): 33–34.
[173] Rude, Georges. *The Great Fear of 1789: Rural Panic in Revolutionary France*, 13. New York: Schoken Books, 1973.
[174] Ryan, Alan. 'Apocalypse Now'? *The New York Review of Books* 41–19 (1994): 7–11.
[175] Sainath, P. 'Unmusical Chairs'. In *Gender and Caste*, edited by Anupama Rao. London: Zed Books, 2005a.
[176] ———. 'Head-Loads and Heartbreak'. In *Gender and Caste*, edited by Anupama Rao. London: Zed Books, 2005b.
[177] Sanderson Committee Report, I & II (1909).
[178] Sanyasi, B. D., ed. *Public Opinion on the Assisted Emigration Scheme Under Indo-South African Agreement*. Patna (Bihar): Pravasi Bhavan, 1931.
[179] Sartre, Jean-Paul. 'Preface', *The Wretched of the Earth: The Handbook for the Black Revolution That is Changing the Shape of the World*. New York: Groove Press, 1968.
[180] Sathamurthy, T. V., ed. *Region, Religion, Caste Gender and Culture in Contemporary India*. Delhi: Oxford University Press, 1996.
[181] Shah, Ghanshyam. 'Caste in Contemporary India'. In *Caste, Caste Conflict and Reservations*, edited by I. P. Desai. Surat: Ajanta Publications, 1985.
[182] Sharma, R. S. *Aspects of Political Ideas and Institutions in Ancient India*. Delhi: Motilal Banarasidass, 1968.
[183] ———. 'How Feudal Was Indian Feudalism'? *The Journal of Peasant studies* 12 (1985): 2–3.
[184] ———. *Sudras in Ancient India: A Social History of the Lower Order Down to Circa A D 600*, 3rd revised edition. Delhi: Motilal Banarsi Das, 1990.
[185] ———. *Looking for the Aryans*. Delhi: Orient Longman, 1995.
[186] ———. *Indian Feudalism*, 3rd revised edition. Delhi: Macmillan, 2005a.
[187] ———. *Aspects of Political Ideas and Institutions in Ancient India*, 5th revised edition. Delhi: Motilal Banarasidas, 2005b.
[188] ———. *Rethinking India's Past*. Delhi: Oxford University Press, 2009.
[189] Sharma, G. D. *Rajput Polity: A Study of Politics and Administration of the State of Marwar, 1638–1749*. Delhi: Manohar Publishers, 1977.
[190] Shaw, Martin. 'The Coming Crisis of Radical Sociology'. In *Ideology in Social Science: Readings in Critical Social Theory*, edited by Robin Blackburn, 32–44. London: Fontana, 1972.
[191] Singh, H. *Colonial Hegemony and Popular Resistance: Princes, Peasants, and Paramount Power*. Delhi: SAGE Publications, 1998.
[192] ———.'Confronting Colonialism and Racism: Fanon and Gandhi'. *Human Architecture: Journal of the Sociology of Self-Knowledge* 5 (2007a).
[193] ———. 'Colonial & Postcolonial Discourse and the Princely States: Relations of Power and Rituals of Legitimation'. In *The Other India: Of People, Princes, and Colonialism*, edited by Waltraud Ernst and Biswamoy Pati. London: Routledge, 2007b.
[194] ———. 'The Real World of Caste in India'. *The Journal of Peasant Studies* 35 (2008).
[195] Singh, Rajendra. 'Caste, Land and Power in Uttar Pradesh: 1775–1970'. In *Land, Caste and Politics in Indian States*, edited by Gail Omvedt. Delhi: Author's Guild Publishers, 1982.

[196] Sinha, Surajit. 'State Formation and Rajput Myth in Tribal Central India'. *Man in India* 42 (1962).
[197] *Slavery and the Making of America* (Vols. 1–4). New York: Ambrose Video Publishing, 2004.
[198] Smaje, Chris. *Natural Hierarchies: The Historical Sociology of Race and Caste*. Oxford: Blackwell, 2000.
[199] Sreenivasan, Ramya. The Many Lives of a Rajput Queen: Heroic Pasts in India c. 1500–1900, Seattle: Washington University Press, 2007.
[200] Srinivas, M. N. *Caste in Modern India and Other Essays*. Bombay: Asia Publishing House, 1962.
[201] ———. 'Some Reflections on the Nature of Caste Hierarchy'. In *Caste Hierarchy, and Individualism: Indian Critiques of Louis Dumont's Contributions*, edited by R. S. Khare, 93–109. Delhi: Oxford University Press, 2006.
[202] Stuart, Andrea. *Sugar in the Blood: A Family's Story of Slavery and Empire*. New York: Alfred Knopf, 2012.
[203] Tambiah, S. J. 'Discussion'. In *Caste and Race: Comparative Approaches*, edited by Anthony de Reuck and Julie Knight. London: J. & A. Churchill Ltd., 1967.
[204] ———. 'From Varna to Caste through Mixed Unions'. In *The Character of Kinship*, edited by Jack Goody. Cambridge: Cambridge University Press, 1973.
[205] Teltumbde, Anand. 'Ambekarites against Ambedkar'. *Economic and Political Weekly* 47 (2012): 10–16.
[206] Thapar, Romila. *Interpreting Early India*. Delhi, New York: Oxford University Press, 1992.
[207] ———. *Cultural Pasts: Essays in Early Indian History*. Delhi: Oxford University Press, 2000.
[208] ———. 'The Historiography of the Concept of Aryan'. In *India: Historical Beginnings and the Concept of the Aryan*, 1–40. New Delhi: National Book Trust, 2006.
[209] Tharakam, Bojja. 'Laxmipeta: Deadly Combination of Caste and Political Power'. *Economic and Political Weekly* 47 (2012).
[210] Thorat, Sukhadev. 'Caste Identity and Economics', Review of *The Grammar of Caste: Economic Discrimination in Contemporary India* by Ashwini Deshpande. New Delhi: Oxford University Press, 2012.
[211] Tinker, H. *A New Form of Slavery: The Export of Indian Labor Overseas*. London: Oxford University Press, 1974.
[212] Tod, James. *Annals and Antiquities of Rajasthan*. London: Routledge, 1920.
[213] Weber, Max. 'Class, Status, Party'. In *From Max Weber: Essays in Sociology*, edited by Gerth, H. and C. Wright Mills. New York: Oxford University Press, 1958a.
[214] ———. *The Religion of India: The Sociology of Hinduism and Buddhism*. Translated by Hans H. Gerth and Don Martindale. New York: The Free Press, 1958b.
[215] ———. *The Protestant Ethic and the Spirit of Capitalism*. Translated by Talcott Parsons. New York: Charles Scribner's Sons, 1958c.
[216] ———. *The Agrarian Sociology of Ancient Civilizations*. Translated by R. I. Frank. London: New Left Books, 1976.
[217] Westergaard, J. H. 'Sociology: The Myth of Classlessness'. In *Ideology in Social Science: Readings in Critical Social Theory*. London: Fontana, 1972.
[218] Widlok, Thomas. 'Conversation about Social Inequality'. In *Property and Equality: Ritualization, Sharing, Egalitarianism (Vol. I)*, edited by Thomas Widlok and Wolde Gossa Tadesse. United States: Berghahn Books, 2005.
[219] Williams, Eric. *Capitalism and Slavery*. Chapel Hill: The University of North Carolina Press, 1966.
[220] Wilnetz, Amy. 'Masters and Slaves: Sugar in the Blood by Andrea Stuart'. *New York Times*, Sunday Book Review, March 29, 2013.

[221] Wood, E. *The Revolt in Hindustan: 1857–59*. London: Methuen & Co, 1908.
[222] Wood, Gordon. 'Jefferson at Home'. *New York Review of Books*, 13 May, 1993.
[223] Woodburn, James. 'Egalitarian Societies Revisited'. In *Property and Equality: Ritualization, Sharing, Egalitarianism (Vol. I)*, edited by Thomas Widlok and Wolde Gossa Tadesse, 18–31. United States: Berghahn Books, 2005.
[224] Wolf, Eric. *Europe and the People without History*, Berkeley: University of California Press, 1982.
[225] Zelliot, Eleanor. 'Gandhi and Ambedkar—A study in Leadership'. In *The Untouchables in Contemporary India*, edited by J. Michael Mahar. Tucson, Arizona: The University of Arizona Press, 1972.
[226] Zigler, Norman. 'Marwari Historical chronicles: Sources for the Social and Cultural History of Rajasthan'. *Indian Economic and Social History Review* 13 (1976).

Archival Sources

(a) Rajasthan State Archives, Bikaner (RSAB)
Jagir and Thikana Files (General)
Jagir and Thikana Files (Complaints against Jagirdars)
Jagir and Thikana Files (Grievances of Jagirdars)
Jagir and Thikana Files (Revenue Powers of Jagirdars)
Jagir and Thikana Files (Judicial Powers of Jagirdars)
(b) National Archives of India, New Delhi
Overseas Dept
Revenue and Agriculture Department
Emigrant Registers
(c) Nehru Memorial Museum Library, New Delhi
Jainarain Vyas Papers
(d) India Office Library and Records (London)
Indian States (Fortnightly Reports)
Indian States (Protection against Agitation)
(e) Documentation Centre, University of Durban, Westville, South Africa
Ships Lists
Family History project
(f) Natal State Archives, Pietermaritzburg, South Africa
Protector of Immigrants Files
(g) Family Archives, Courtesy Gianella Samaroo.

内容提要

abstract

尽管印度的种姓制度一直是社会学的热门研究课题，但到现在为止，种姓制度的理论研究还有待加强。这是因为关于种姓的社会学研究存在严重的脱节，即在种姓制度中，经济—政治的现实和意识形态之间存在着脱节。在对社会学、人类学和历史文献进行梳理的基础上，本书以批判的视角评析了经典的种姓理论，聚焦种姓的内部差异，指出种姓等级是扎根于受宗教和世俗意识形态支持的土地权利与政治权力的垄断基础之上的。由此，本书旨在开辟种姓研究理论的新方向。